全国革命老区县发展史丛书·广东卷

汕头市潮阳区革命老区发展史

汕头市潮阳区革命老区发展史编委会 编

SPM 南方出版传媒·广东人民出版社
·广州·

图书在版编目（CIP）数据

汕头市潮阳区革命老区发展史／汕头市潮阳区革命老区发展史编委会
编.—广州：广东人民出版社，2019.11
（全国革命老区县发展史丛书·广东卷）
ISBN 978 - 7 - 218 - 13962 - 3

Ⅰ. ①汕… Ⅱ. ①汕… Ⅲ. ①区（城市）—地方史—汕头
Ⅳ. ①K296.54

中国版本图书馆 CIP 数据核字（2019）第 237567 号

SHANTOUSHI CHAOYANGQU GEMING LAOQU FAZHANSHI

汕头市潮阳区革命老区发展史

汕头市潮阳区革命老区发展史编委会 编

版权所有 翻印必究

出 版 人：肖风华

出版统筹：钟永宁
责任编辑：梁 茵
装帧设计：张力平
责任技编：周 杰 周星奎

出版发行：广东人民出版社
地 址：广州市海珠区新港西路 204 号 2 号楼（邮政编码：510300）
电 话：(020) 85716809（总编室）
传 真：(020) 85716872
网 址：http://www.gdpph.com
印 刷：广州市浩诚印刷有限公司
开 本：715 mm×995 mm 1/16
印 张：23.125 插 页：10 字 数：300 千
版 次：2019 年 11 月第 1 版
印 次：2019 年 11 月第 1 次印刷
定 价：89.00 元

广东省编纂《革命老区县发展史》丛书
指导小组

组　长：陈开枝（广东省老区建设促进会会长）

副组长：林华景（广东省老区建设促进会常务副会长）

　　　　宋宗约（广东省农业农村厅副巡视员、广东省老区
　　　　　　　　建设促进会副会长）

　　　　刘文炎（广东省老区建设促进会副会长）

　　　　郑木胜（广东省老区建设促进会副会长）

　　　　姚泽源（广东省老区建设促进会副会长兼秘书长）

　　　　谭世勋（广东省老区建设促进会副会长）

办公室

主　任：姚泽源（兼）

副主任：廖纪坤（广东省农业农村厅扶贫协作与老区建设处
　　　　　　　　处长）

　　　　柯绍华（广东省老区建设促进会副秘书长）

　　　　伍依丽（广东省老区建设促进会副秘书长）

《汕头市潮阳区革命老区发展史》编委会顾问

《汕头市潮阳区革命老区发展史》编纂委员会

主　　　任：庄儒忠

常务副主任：陈海峰

副　主　任：黄少和　倪万春　翁仁宣　王宜强

委　　　员：（按姓氏笔画为序）

刘　容　刘清湖　杜建鹏　李永强　吴华瑾

张君雄　张朝汉　张瑞洲　陈　乔　陈坚如

陈茂荣　陈英选　陈南泰　陈悦和　陈新文

陈潮填　林友强　林爱熙　欧镇武　郑永雄

郑远钦　姚泽建　姚学智　郭鸿杰　黄伟立

黄厚杰　葛镇文　蓝少恒　蔡树勃

主　　　编：陈海峰

副　主　编：黄少和　王宜强　翁仁宣　郑会侠　林汉添

郭亨渠

在举国欢庆新中国成立 70 周年前夕，中国老区建设促进会王健会长请我为《全国革命老区县发展史》丛书作序，作为一名在老区战斗过并得到老区人民生死相助的老兵，回首往事，心潮澎湃，感慨万千，深感义不容辞，欣然应允。

中国革命老区，是以毛泽东为代表的中国共产党人在领导人民推翻帝国主义、封建主义和官僚资本主义三座大山，争取民族独立和人民解放伟大斗争中建立的革命根据地，在这片红色的土地上，诞生了无数可歌可泣的革命英雄儿女，为后人树起了一座不朽的丰碑，她是新中国的摇篮，是党和军队的根。

在艰苦卓绝的战争年代，老区人民把自己的命运与中华民族的命运紧紧地联系在一起，与中国共产党和人民军队的命运紧紧地联系在一起，他们生死相依，患难与共。我曾亲历过战争年代，并得到过老区红哥红嫂的救助，切身感受到发生在身边的一幕幕撼天动地的革命故事，在那极其艰难的条件下，老区人民倾其所有、破家支前，不怕艰难困苦，不怕流血牺牲。"最后一碗米送去做军粮，最后一尺布送去做军装，最后一件老棉袄盖在担架上，最后一个亲骨肉送去上战场"，这是当时伟大的老区人民为建立新中国做出巨大牺牲的真实写照，它将永远镌刻在中国共产党、中国人民解放军、中华人民共和国的历史丰碑上。他们的光辉业绩永载史册，他们的革命精神必将影响一代又一代的革命新人，造就一代又一代的民族脊梁。

在社会主义革命和建设时期，革命老区和老区人民响应党的号召，面对落后的面貌、脆弱的经济、恶劣的生态环境，他们本色不变，精神不丢，自力更生，艰苦奋斗，干一行爱一行。始终坚持"革命理想高于天"，自觉做共产主义远大理想的坚定信仰者和忠实实践者，勇于向恶劣的自然环境和贫穷落后宣战，他们在各条战线上为国建功立业，用平凡的双手创造了一个又一个不平凡的奇迹，彰显了老区人的崇高精神和人格力量。

在改革开放的伟大进程中，老区人民解放思想，勇于创新，发奋图强，攻坚克难，老区的经济社会建设取得了辉煌成就。特别是在改变中国的面貌、中华民族的面貌、中国人民的面貌、中国共产党的面貌的伟大实践中发挥了至关重要的作用。老区人民既是改革开放的参与者，也是改革开放的推动者。

艰苦练意志，危难见精神。老区人民在近百年的革命战争、社会主义建设和改革开放的伟大实践中，孕育形成了伟大的老区精神：爱党信党、坚定不移的理想信念；舍生忘死、无私奉献的博大胸怀；不屈不挠、敢于胜利的英雄气概；自强不息、艰苦奋斗的顽强斗志；求真务实、开拓创新的科学态度；鱼水情深、生死相依的光荣传统。这是党和人民宝贵的精神财富、丰厚的政治资源，是凝心聚力、振奋民族精神的重要法宝，也是社会主义核心价值观的重要内容。

中国老区建设促进会怀着强烈的政治责任感和历史使命感，组织全国各地老促会人员克服困难，尽心竭力编纂《全国革命老区县发展史》丛书，记录老区的光辉历史和辉煌成就，传承红色基因，弘扬老区精神，是功在当代，利及千秋的一件大事。手捧这部丛书的部分书稿，读着书中的故事，倍感亲切，深感这部丛书具有资政、育人、存史的社会功能，有着重要的时代和历史价值。它是不忘初心、牢记使命的源头活水，是赞颂共产党、讴歌老区人民的一部精品力作，是弘扬老区精神、传承红色记忆的丰厚载体，是一项继承优秀传统文化、弘扬革命文化、发展社会主义先进文化，坚定"四个自信"的宏大文化工程。它必将成为一种文化品牌，为各界人士了解老区宣传老区支持老区提供一部有价值的研究史料。希望读者朋友们能从中了解并牢记这些为党和民族的利益不断奉献的老区人民，从中得到教益，汲取人生奋斗的精神动力。

新时代赋予新使命，新起点开启新征程。让我们更加紧密地团结在以习近平同志为核心的党中央周围，坚持以习近平新时代中国特色社会主义思想为指导，增强"四个意识"，坚定"四个自信"，做到"两个维护"，弘扬老区精神，铭记苦难辉煌。为实现"两个一百年"奋斗目标，实现中华民族伟大复兴的中国梦作出新的更大的贡献！

谭泽田

2019 年 4 月 11 日

  2017 年 6 月，中国老区建设促进会组织全国各地老促会启动编纂《全国革命老区县发展史》丛书，按照"建立中国共产党、成立中华人民共和国、推进改革开放和中国特色社会主义事业"三大里程碑的历史脉络，系统书写革命老区百年历史，深入挖掘革命老区红色文化资源，这对于充实丰富中国革命史籍宝库、在新时代传承红色基因、弘扬革命精神、强固根本，对于激励人们在新的历史条件下夺取中国特色社会主义伟大胜利，实现中华民族伟大复兴的中国梦具有重要意义。

  丛书编纂以习近平新时代中国特色社会主义思想为指导，以《中国共产党历史》《中国共产党的九十年》等重要文献为基本依据，以党的领导为核心，以老区人民为主体，以老区发展为主线，体现历史进程特征，突出时代发展特色，坚持辩证唯物主义和历史唯物主义相统一、历史真实性与内容可读性相统一的原则，书写革命老区从站起来、富起来到强起来的光辉革命史、不懈奋斗史、辉煌成就史，把老区人民的伟大贡献、伟大创造、伟大成就、伟大精神充分展示出来，形成一部具有厚重历史特征和鲜明时代特色的精品力作。这是一部培根铸魂、守正创新，既为历史立言，又为时代服务，字里行间流淌着红色血脉、催生着革命激情的传世之作。丛书的编纂出版将成为讴歌党讴歌人民讴歌时代、传播红色文化、为革命老区和老区人民树碑立传的重要载体。

丛书按照编年体与纪事本末体相结合、以编年体为主的编写体例确定框架结构；运用时经事纬、点面结合的方式记述史实；坚持人事结合、以事带人的原则处理人与事的关系；采取夹叙夹议、叙论结合以叙为主的方法展开内容。做到了史料与史论、历史与现实、政治与学术统一，文献性、学术性、知识性相兼容。

为编纂好《全国革命老区县发展史》丛书，打造红色文化品牌，中国老区建设促进会认真组织积极协调，提出政治立场鲜明、史料真实准确、思想论述深刻、历史维度厚重、时代特色突出、编写体例规范、篇目布局合理、审读把关严格、出版制作精良的编纂出版总要求，力求达到革命史籍精品的精神高度、思想深度、知识广度、语言力度，增强丛书的权威性和社会影响力。各省（区、市）、市（州、盟）、县（市、区、旗）老促会的同志，以强烈的使命感、责任感和紧迫感，勇于担当，积极作为，认真实施，组织由老促会成员、专家学者等参加的十余万人编纂队伍。编纂工作主体责任在县，省、市组织协调、有力指导、审读把关。各方面人员以高度负责的精神和科学严谨的态度，满腔热情地投入工作，为丛书编纂出版做出了重要贡献。丛书编纂工作还得到了党和国家有关部委、地方各级党委政府及有关部门的大力支持和积极参与，社会各界也给予了热情帮助。中共中央政治局原委员、中央军委原副主席、原国务委员兼国防部长迟浩田上将，对老区人民怀有深厚感情，对革命老区建设发展十分关注，欣然为《全国革命老区县发展史》丛书作总序。

丛书由总册和1599部分册（每个革命老区县编纂1部分册）组成，共1600册。鉴于丛书所记述的史实内容多、时间跨度长和编纂时间紧，不妥之处，敬请批评指正。

中国老区建设促进会

彭湃和许玉磬（庆）

红场镇（现属潮
南区）潘岱彭湃
洞（英雄石洞）

大南山石刻革命
标语

大南山石刻革命
标语

大南山石刻革命
标语

大南山石刻革命
标语

中共潮阳部委遗址

原潮阳县总工会遗址

潮阳农民自卫军总部遗址

天后古庙碑铭（潮阳双
望村农民协会旧址）

文光街道双望天后古庙

天后古庙周围环境幽雅

城南清武庙碑铭（1927年4月中下旬中共潮阳部委机
关和武装队伍退驻清武庙）

城南清武庙内景

潮阳南侨中学第三分校遗址

西胪镇东凤村凤山庄抗日
杀敌自卫中队旧址（绍聪
祖祠）碑铭

西胪镇东凤村凤山庄抗日杀敌自卫中队旧址（绍聪祖祠）碑铭

潮阳县凤山庄抗日
杀敌自卫中队旧址
牌匾

西胪镇东凤村绍聪祖祠

铜盂镇潮港村郭氏祖
祠历史文物纪念园地

铜盂镇潮港
村郭氏祖祠
绥成堂

谷饶镇张氏宗祠

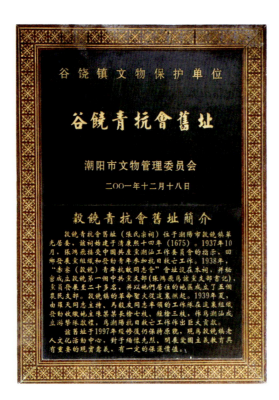

谷饶青抗会旧址碑铭

谷饶镇若光楼

棉城姚氏大
宗祠

姚氏大宗祠碑铭

赤杜岭红军纪念碑

赤杜岭红军纪念碑碑文

赤杜岭红军纪念碑远景

赤杜岭红军纪念碑（背面）

赤杜岭红军纪念碑广场

赤杜岭感天大帝古
庙（1927年10月1日
曾为南昌起义军临
时司令部）

赤杜岭石刻标语

赤杜岭石刻标语

小北山革命烈士纪念碑（正面）

小北山革命烈士纪念碑
（侧面）

金灶镇徐寮村"红军洞"全貌

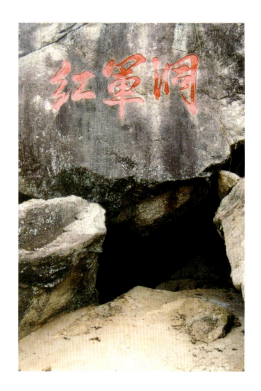

金灶镇徐寮村"红军
洞"洞口

老游击队员向游客讲"红军洞"的革命故事

龙港革命纪念馆

中共龙港地下交通情报站联络点旧址——龙春庵

龙春庵简介之碑

"卢根烈士从事革命活动旧址"——爱国主义教育基地

党员干部、青少年列队瞻仰"卢根烈士从事"革命活动旧址

卢根烈士遗像

金灶镇外美村革命烈士墓碑

学生们瞻仰小北山革命烈士纪念碑

前　言 / 001

第一章　区域和革命老区概况 / 001

　　第一节　基本情况 / 002

　　　　一、区域概况 / 002

　　　　二、历史沿革 / 002

　　　　三、自然特点与资源优势 / 004

　　第二节　革命老区概况 / 015

　　　　一、历次评定革命老区镇、老区村的政策 / 015

　　　　二、潮阳区革命老区镇、老区村 / 017

第二章　党的创建和大革命、土地革命战争时期 / 023

　　第一节　潮阳党组织的建立 / 024

　　　　一、为潮阳建党准备条件 / 025

　　　　二、中共潮阳县第一个支部成立 / 028

　　　　三、潮阳区是海陆丰革命根据地重要组成部分 / 029

　　　　四、彭湃播下革命火种 / 031

　　第二节　根据地的创建阶段 / 034

　　　　一、组织武装暴动　策应南昌起义军进潮阳 / 034

二、"潮汕七日红"对潮阳的历史影响 / 035

三、中共大南山临时军委与红军第 47 团的成立 / 038

四、潮阳海门洪洞等地农运、工运的蓬勃兴起 / 039

五、潮阳和平抗租、抗债和借水斗争的胜利 / 047

第三节 根据地的发展阶段 / 052

一、闽粤赣边区党代会与中共潮普惠县委成立 / 052

二、海陆丰小北山革命根据地的创建 / 053

三、苏区文化建设 / 055

四、苏区土地制度改革 / 056

第四节 反"围剿"斗争阶段 / 058

一、"左"倾错误对潮阳的危害 / 058

二、艰苦战斗破"围剿"/ 059

三、苏区人民守望信仰 / 062

第三章 抗日战争时期/ 063

第一节 党组织的恢复发展与抗日救亡运动的高涨 / 064

一、"九一八"后潮阳的抗日救亡运动 / 064

二、党组织在抗日救亡运动中恢复发展 / 067

三、青年救亡同志会的建立 / 070

四、抗日统一战线的扩大 / 074

五、开辟抗日教育文化阵地 / 077

六、大力发展党员 加强党的建设 / 079

七、贯彻岐山会议精神 积极准备武装抗日 / 081

第二节 党组织转入隐蔽斗争 / 086

一、做好应变准备 巩固党的组织 / 086

二、荫蔽精干　蓄力待机 / 089

三、坚持隐蔽斗争　打击走私资敌 / 091

四、党组织暂时停止活动 / 093

五、潮阳人民的抗日斗争 / 096

第三节　夺取抗战的最后胜利 / 099

一、党组织全面恢复活动 / 099

二、抗日武装与情报交通的建立发展 / 101

三、青、妇抗会恢复活动 / 104

四、团结一切力量　发展抗日武装 / 105

五、抗日战争的胜利 / 107

第四章　解放战争时期 / 109

第一节　争取和平民主　坚持隐蔽斗争 / 110

一、抗战胜利后的形势及党的方针 / 110

二、中共潮阳县委的建立和加强组织建设 / 113

三、隐蔽待机　保存力量 / 114

四、反"清乡"　搞统战 / 117

五、争取和平民主　揭穿和谈骗局 / 118

第二节　恢复发展武装　发动群众反"三征" / 120

一、开辟大北山、大南山根据地 / 120

二、武工队与情报交通站的建立 / 125

三、开展平原游击斗争 / 127

四、完善基层工委　建立民主政权 / 132

五、建立人民民主统一战线 / 133

第三节　配合主力部队　解放潮阳全境 / 137

一、贯彻大岭下会议精神 / 137

二、加强党的建设 发展人民武装 / 138

三、配合主力部队 解放陈店两英 / 140

四、发动政治攻势 做好攻心策反 / 143

五、活捉黄少初 抗击胡琏部队 / 145

六、配合主力部队 解放潮阳全境 / 149

第五章 复兴岁月 开创未来 / 155

第一节 革命老区的建设发展（1949.10—2003.1） / 156

一、大力发展农、林、渔、畜牧业生产 / 157

二、发展工业生产 / 161

三、水利设施和电力工程建设 / 163

四、城乡交通运输建设 / 168

五、教育、卫生、科技、文化事业的发展 / 170

六、建立社会主义市场经济体制 / 175

第二节 全区现代化建设与发展（2003.2—2018.12） / 177

一、建设现代农业，推动农业科技发展 / 177

二、大力兴办工业，发展工业园区经济 / 181

三、拓展交通建设，发展现代立体交通 / 185

四、建设大型电网，电力事业走向辉煌 / 188

五、创建教育强区，提升教育综合实力 / 190

六、构建民生工程，推进社会和谐进步 / 192

七、精准扶贫到位，提升脱贫攻坚成效 / 194

八、区老促会在"促"下功夫，在"进"见成效 / 198

九、潮阳区被广东省列入重点老区苏区振兴发展政策
支持范围 / 199

第三节 奋进新时代 / 202

一、深化学习贯彻习近平总书记重要讲话精神，开创

潮阳工作新局面 / 204

二、抓住潮阳发展主旋律，营造共建共治共享社会治理
新格局 / 206

三、贯彻新时代党的建设总要求，为实现"四个走在
全国前列"提供坚强政治保证 / 222

附　录 / 227

附录一　革命遗址 / 228

附录二　革命烈士纪念碑、革命纪念馆 / 234

附录三　革命历史文献资料 / 242

附录四　革命领导人物、英烈 / 267

附录五　重大历史事件 / 302

大事记 / 321

后　记 / 346

汕头市潮阳区是被广东省人民政府列入海陆丰革命根据地 13 个老区县（区）之一，是海陆丰革命根据地的重要组成部分。潮阳区委、区政府，以及区老促会遵照中国老区建设促进会的统一安排，编纂潮阳区革命老区县（区）发展史。

编纂《汕头市潮阳区革命老区发展史》（以下简称《发展史》），是潮阳加快革命老区建设发展及实现全面小康的一件大事。为确保修史的质量，我区及时成立《发展史》编委会，组织起熟悉革命老区史的编纂人员，在编委会的领导下，区老区建设促进会有序开展工作。编纂者孜孜矻矻，调查史实，求真求准，反复提炼，一丝不苟，秉笔直书。本书历时一年有余，撰稿者倾注了大量的心血与汗水，数易其稿，终于付梓，为 2019 年建国 70 周年献上一份厚礼。本书史实准确，取材丰富，立意紧跟时势，章节明了，地方色彩鲜明，结构规范严谨，是可信、可读、可用的《发展史》。

潮阳县置县迄今一千六百多年，是一个具有特殊地缘关系和政治、经济、人文条件底蕴深厚的地区。以文农为书记的中共潮阳县第一个支部创建于 1925 年 12 月，从此，潮阳人民的革命斗争就有了中国共产党地方组织的领导，其带领潮阳人民为推翻帝国主义、封建主义和官僚资本主义，以及国民党反动派，进行了长期的、全面的、前仆后继的英勇斗争，直至取得胜利，走过了大革命、土地革命战争、抗日战争和解放战争长达 24 年的艰苦卓绝的战斗历程。1949 年 10 月 22 日，潮阳全境解放。

早在 1928 年夏，东江特委书记彭湃先后亲临棉城五仙、金玉徐寮等乡村，播下了革命火种。潮阳是一片英雄辈出的红土地，在凤凰涅槃、浴火重生的峥嵘岁月里，铭刻着彭湃等老一辈无产阶级革命家的英雄事迹，记载着南昌起义红军将士浴血奋战的一个个红色印记，谱写着无数革命先辈可歌可泣的壮烈诗篇。赤杜岭红军纪念碑、小北山革命烈士纪念碑、徐寮红军洞、潮阳县部委机关和武装队伍退驻清武庙旧址、东凤绍聪祖祠抗日杀敌自卫中队旧址、柳岗卢根烈士革命活动旧址、龙港革命纪念馆、潮港解放战争游击根据地旧址郭氏祖祠、解放谷饶激战旧址若光楼等遗址，是弥足珍贵的"红色资源"，是当代的爱国主义教育基地，是一部浓缩的"发展史"，是绝世遗珍。它蕴藏着革命精神，像一座座丰碑，永远屹立在潮阳的大地，滋养后代。中华人民共和国成立后，潮阳高度重视，发动乡贤捐资，修葺保护，镌刻青史，传芳百世。每逢重大节日，潮阳都会组织干群、师生瞻仰革命烈士纪念碑，让先烈的信仰追求、价值取向内化于心、外化于行，激发磅礴的前行力量。

潮阳为粤东古县，有深厚的历史文化底蕴，2017 年底，荣膺中国地名文化遗产"千年古县"称号。2018 年 6 月 7 日，这里举行了隆重的揭牌仪式，"千年古县"与革命老区遗址相得益彰。

全体党员、干部要以上率下带领全区人民学习贯彻习近平总书记重要讲话精神，以实际成效践行"四个走在全国前列"，学用《发展史》，回眸昨天，珍爱今天，展望明天，传承红色基因，弘扬老区精神，牢记先烈遗志，完成先烈未竟事业，充分发挥《发展史》"前事不忘，后事之师""以史为鉴，资政育人"的作用。抓住省政府批复《海陆丰革命老区振兴发展规划》的契机，潮阳要用准、用足、用好各项扶持政策，加快汕头西翼现代化新城区建设，在党的十九大精神指引下，奋进新时代，奋斗新征程。

汕头市潮阳区革命老区发展史编委会

1

第一章

区域和革命老区概况

第一节 基本情况

一、区域概况

潮阳市潮阳区位于广东省东南部、汕头市西南部，东南濒临南中国海，西接普宁市，南与潮南区接壤，北隔榕江与揭阳市相望。至 2017 年，潮阳区区域总面积 666.63 平方公里，占汕头市总面积的 32.7%，总人口 180 多万人。下辖文光、城南、棉北、金浦 4 个街道和海门、贵屿、谷饶、铜盂、和平、河溪、西胪、关埠、金灶 9 个镇，有 272 个农村基层组织，其中村委会 179 个，居委会 93 个，区政府驻地为文光街道办事处。地理坐标为东经 116°17′~116°43′，北纬 23°19′~23°33′。海岸线长 26.3 公里，海域 4000 多平方海里。①

二、历史沿革

潮阳地区于新石器时代已有部落聚居。春秋战国时，地属岭南百越。秦属南海郡地。汉属南海郡揭阳县地。西晋为揭阳县地；东晋隆安元年（397）始置县于海之北，称潮阳，属义安郡，于今已有一千六百多年。唐永徽元年（650）并入海阳县；先天元

---

① 潮阳年鉴编纂委员会、潮阳区地方志办公室编：《潮阳年鉴·2018》，汕头大学出版社，2018 年，第 58—61 页。

年（712）复置潮阳县，县治设在临昆山。唐元和十四年（819），潮州刺史韩愈决定迁潮阳县治于新兴乡棉阳（今棉城镇）。郡、州几度更易，潮阳县都系潮州属县。南宋绍兴二年（1132）再度并入海阳县，绍兴十年（1140）复置潮阳县。元代属潮州路。明代属潮州府；嘉靖四年（1525）划出大坭、酉头、惠来3个都，和隆井都的三分之一地域并入新置的惠来县；嘉靖四十五年（1566）又划出洋乌、泧水、黄坑3个都置普宁县；万历九年（1581）洋乌、泧水两都复归潮阳。清代属潮州府。中华民国建立后，先后属广东省都督府，巡按使署潮循道，直属广东省，东江行政委员公署，东区绥靖委员公署，广东省第五、第六、第七行政督察专员公署。1933年划出两英圩及河浦寮等18个乡村置南山移垦委员会（1925年改称南山管理局，县级）。

1949年10月1日，中华人民共和国成立。10月22日，潮阳全境解放（20日，县城解放），潮阳县人民政府成立。潮阳县先后隶属潮汕临时专员公署、潮汕区行政督察专员公署、潮汕专员公署、粤东行政公署、汕头专区行政专员公署、汕头地区军事管制委员会、汕头地区革命委员会、汕头地区行政专员公署。1983年7月汕头地市合并，潮阳县属汕头市。1984年，全县（包括今潮阳区、潮南区）行政区分为2镇24区（相当于今天的乡镇一级），下辖316个乡（相当于行政村）、12个管理区、14个街道办事处、12个渔业队。全县（包括今潮阳区、潮南区）总户数31.65万户，总人口178.03万人，平均每平方公里1360.7人，是全省人口平均密度的4倍多，全国人口平均密度的12倍。居民中，汉族人口占绝大多数，壮、黎、侗等少数民族及华裔华人共100人，不足总人口的0.01%。

1993年4月，经国务院批准，民政部以民行批〔1993〕78号文批复广东省政府，同意汕头市撤销潮阳县，设立潮阳市（县级）。同时，广东省政府决定，将潮阳市委托汕头市代管，不增加机构和人员编制。

1994 年 4 月，国务院以国函〔1994〕35 号文，批复广东省政府，同意汕头市将潮阳市的河浦镇划归汕头市区。

同年 11 月，经广东省政府批准，广东省民政厅以粤民基〔1994〕62 号文批复汕头市政府，同意撤销潮阳市棉城镇、海门镇、金浦镇建制，改设文光、棉北、城南、海门、金浦 5 个街道办事处，作为潮阳市政府的派出机构。

1999 年 1 月，经广东省政府批准，广东省民政厅以粤民基〔1999〕2 号文批复汕头市政府，同意潮阳市撤销海门街道办事处，设置海门镇建制。

2003 年 1 月 29 日，国务院以国函〔2003〕11 号文批复广东省人民政府，同意调整汕头市行政区划。撤销县级潮阳市，分别设立汕头市潮阳区、潮南区。以原潮阳市文光、城南、金浦、棉北 4 个街道，海门、河溪、和平、西胪、关埠、灶浦、金玉、谷饶、贵屿、铜盂 10 个镇行政区域为潮阳区行政区域；区政府驻中华路（原潮阳市政府驻地）。

同年 11 月 23 日，经广东省政府批准，广东省民政厅以粤民区〔2003〕163 号文批复汕头市政府，同意撤销灶浦镇和金玉镇建制，合并设立金灶镇。

三、自然特点与资源优势

潮阳区地形地貌以丘陵、平原为主，自南向北，分布着江—平原—山地—平原—江，成东南—西北走向，山地和平原相间，呈条带状分布。榕江和练江大致自西向东横贯注入汕头湾、海门湾。中部小北山自西北向东南延伸，花果飘香，风光秀丽。榕江、练江与小北山之间在潮阳区内分别形成榕江平原带和练江平原带。总体而言，潮阳区地形地貌特征为"一山两江两平原"。"一山"即潮阳区中部从西北向东南贯穿的小北山，系普宁县境内铁山余脉，由铁山蛇仔陵进入潮阳，起于金灶镇高斗村，自西北向东南延伸，山体狭长，丘陵起伏，岗岭连绵。主峰大尖山海拔447.2米，为潮（阳）、普（宁）分水岭，北侧自金灶、关埠、西胪至河溪。此外，海拔200～300米的中低丘陵及海拔100米以下的岗地和台地不胜枚举。"两江"即哺育潮阳区英雄儿女的母亲河练江及榕江。"两平原"即为由小北山分割而成的练江流域平原地区和榕江流域平原地区，潮阳区的城镇群就分布在这两处流域沿岸。

沿海是带状沙滩地，分布于海门等沿海镇（街道），经过营造防护林，已成为固定或半固定沙土。练江横亘区境中部，自西向东贯穿练江平原；榕江从西北转东南流经北界，环绕区境榕江平原。

全县共有大小河道8条，一级支流27条，加上与其交织的大小河涌，总长1095公里。其中练江经13个镇（街道），流程86.9公里，流域面积237平方公里，是该区灌溉、排涝和航运的主动脉。[①] 榕江为潮（阳）、揭（阳）两地之界，流经区境7个镇（街道），水资源丰富，航运可达揭阳和汕头市区。1950年以来，政府加强水利建设，采取蓄、泄、防、排、截、抽等措施，对练江、榕江流域进行综合治理。1990年，练江干流裁弯改直9段，疏浚55公里，整理南北岸排水系统，建成南山截洪渠等工程，截洪面积216.3平方公里；修筑练江中下游和榕江围垦区的沿江、

---

① 潮阳年鉴编纂委员会、潮阳区地方志办公室编：《潮阳年鉴·2018》，汕头大学出版社，2018年，第59页。

沿海防潮堤 496 公里，其中石堤 154 公里；建铜盂练江水闸、海门湾桥闸等大小水闸 314 座；建河溪等中小型水库 336 宗，总库容 31101 万立方米；榕江潮水溪和三洲引水工程 2 宗；电动排灌站装机 515 台，功率 18981 马力，保证灌溉，旱涝保收。

该区属亚热带季风气候，海洋性气候明显。夏无酷暑，冬无严寒，夏长冬短，无霜期长；光照充足，雨量充沛，历年平均气温 22.0℃，年平均日照时数 2137.3 小时，年平均降水量 1720.7 毫米。[①] 灾害性天气主要有夏秋间的强台风、大暴雨，冬春季的干旱、低温，早造"龙舟水"和晚造"寒露风"。全区土壤分赤红壤、水稻土、海滨砂土、滨海盐渍沼泽土四个土类。1956 年起，滨海砂荒原广植木麻黄，形成木麻黄与绿竹间栽的防护林带，发展山、滩地造林和"四旁五边"绿化。

潮阳的农业久负盛名，农民有精耕细作的传统和丰富的经验，给农业生产开拓了增产增收的前景。农作物有粮食类、油类、蔬菜类、果类及纤维作物等 100 多种。林（竹）木 47 科 125 种（主要树种 18 科 40 多种），花卉近 100 种，已查明的中（草）药 133 科 402 种。家养动物 20 多种，常见的野生动物有 60 多种。粮食作物有稻、薯、麦、花生等。1955 年水稻平均亩产 503.8 公斤，是全中国三个粮食亩产千斤县之一，曾获中华人民共和国国务院表彰奖励。1979 年平均粮食亩产 850 公斤、水稻年均亩产 805 公斤，成为广东省第一个粮食、水稻双跨《纲要》县。1989 年和 1990 年连续实现粮食、水稻年亩产双超 1 吨，成为全中国的"吨谷县"。

2017 年，潮阳区实现农业总产值 46.65 亿元。全区粮食种植

① 潮阳年鉴编纂委员会、潮阳区地方志办公室编：《潮阳年鉴·2018》，汕头大学出版社，2018 年，第 58 页。

面积 39.4 万亩，总产量 17.55 万吨。是年继续执行省、市将种粮农民直接补贴、农资综合补贴、农作物良种补贴"三项补贴"落实到户，强农惠农，全面推广农业新技术。做好"百村示范，千村整治"美丽乡村建设，提升群众生产生活幸福感。

经查明，潮阳发现的矿点有 95 个，矿产资源有 30 多种，其中石英砂储量约 1 亿吨、花岗岩石储量多，外贸编号"436"（肉红色）、"437"（金黄色）的花岗岩是理想的现代化建筑高级装饰材料，世界上少见。

潮阳水产资源丰富，海淡鱼类 220 多种，其中主要经济鱼类 100 多种。被命名为国家级特色小镇的海门镇，主要水产资源有马鲛、百鲳、鱿鱼和乌贼等 30 多种，是广东省优质渔港之一，早在 1956 年就发展机械化生产，1958 年水产品总产量 17997 吨，比 1949 年增产 97%，曾被评为全国水产先进单位。1990 年，海门镇水产品总产量 52906 吨，其中海捕 44731 吨，海养 2416 吨，淡捕 628 吨，淡养 5131 吨。海门镇渔场广阔，海洋捕捞作业可达水深 112 米；海水养殖面积 23277 亩，其中利用海滩养殖对虾 8596 亩，养殖膏蟹、鳗、蚶、蚝等 2814 亩；淡水养殖面积 39626 亩，主要养殖鲩、鳞、鲮、鲤等品种，鱼池年单位面积产量 1300 公斤。2017 年围绕打造"特色小镇"目标，结合"创文强管"和"美丽乡村"建设，现代效益农业稳步发展，全年水产品总产量 4.7 万吨。海门港"改木建钢"稳步推进，全港累计拥有钢质渔船 31 艘，辅助船 50 艘，传统渔业得到巩固提升。当地大力发展与渔业相关产业，引导扶持锦泰、志远等水产品加工企业技术改造，实现转型升级，提高水产品深加工附加值。近年来，海门镇被评为"省文明镇""市文明镇"。

潮阳畜牧业名列广东省前茅。畜牧饲养以猪为主，牛羊次之。

鸡、鹅、鸭很普遍,家家拥有饲养能力。1979 年实现一亩地一头猪,生猪出栏率达 105%,处于全省领先地位。年上市量万头以上的有新广大、顺兴、智业、佳鑫等养猪场。2017 年,创历史新高,家禽饲养量 315 万羽,产值约 0.59 亿元,以鸭为主,约占家禽的 55%,此外鸡占 38%,鹅占 7%;是年全区生猪饲养量 42.2 万头,产值 5.4 亿元。其时,全县扶持肥鸡饲养基地 56 个,出口肥鸡 31 万只。潮阳草鸡皮薄肉嫩,名闻中外,大有市场。

潮阳工业发端较早,有造诣的能工巧匠众多。传统工业有砖瓦、贝灰、制盐、石雕、木雕、铸铜、铁器、抽纱等,有的始于唐以前,有的始于唐或宋,磨薯、锡箔、渔网、木器、纺织、小五金等始于明或清,不少产品以轻、巧、精、美驰名中外。民国时期陆续出现一些半机械化、机械化工厂和铸造、机械维修作坊。日军侵潮期间,工业遭受严重摧残,战后恢复缓慢。1949 年,全县有手工业和私营工业 2553 户,从业人员 5000 多人,工业总产值 1745.6 万元。中华人民共和国成立初期,人民政府着力恢复和发展传统工业。1956 年,对手工业和私营工业进行社会主义改造,同时大力兴办国营工业。1957 年,潮阳共有国营和公私合营工业企业 48 家、手工业合作社 38 个,从业人员 2.5 万人,产值 4500 万元,比 1949 年大幅增长。此后,由于"大跃进"和"文化大革命"影响,工业生产出现萎缩、停滞。经过 1962—1964 年和 1980 年后的两次国民经济调整,工业步上了正轨,出现了国有企业、二轻集体企业、乡镇企业、个体企业、"三资"(中外合资、中外合作、外商独资)企业等多种所有制经济齐头并进的局面。其中,乡镇企业异军突起,支撑起潮阳经济的"半壁江山"。

2017 年,潮阳区经济和信息化局围绕市、区部署,发挥主动性,应对经济下行压力的不利形势,全力以赴推动全区经贸、工业、科技平稳增长，是年完成规模以上工业总产值 928 亿元，比 2016 年增长 12.5%。

潮阳建筑业历史悠久，传统建筑美轮美奂，名扬海内外。区内现存的始建于唐宋时期的祠堂、寺庙、宅院等建筑物众多，布局合理、用料考究，配以石雕、木雕等装饰工艺，使建筑物平添异彩，体现了潮阳人的工匠精神。清咸丰十一年（1861 年）汕头开埠后，潮阳众多的建筑工匠因技艺精湛、勤劳守信，成为汕头建筑业的主要招募对象。民国时期，建筑业向外发展，新加坡的星洲公园、香港的虎豹别墅等建筑，都留下了潮阳建筑工匠的足迹，传颂着匠人匠心的故事。中华人民共和国成立后，建筑业进入新的发展时期，建筑队伍不断壮大，施工设备日臻完善，建筑技术迅速提高。特别是改革开放以来，建筑业"立足广东，面向全国，走向世界"，施工队伍遍布省内各地，国内 14 个省（自治区、直辖市）和港澳特别行政区，以及伊拉克、利比亚、美辖塞班岛及天灵岛等国家和地区。1985 年，全县有四级以上建筑企业 30 家，建筑队伍 4 万多人，施工设备净值、完成建筑安装总量，居汕头各县之首，建筑业的崛起为该区支柱行业。

2017 年，全区建筑业抓好建筑市场秩序，加强安全监管，加强工程文明管理，促进建筑企业发展，完成建筑安装工作量 76 亿元，比 2016 年增长 9.24%，比 1990 年增长 19 倍；完成外税转移 1.81 亿元。是年深入开展"潮阳区建筑施工项目文明创建主题活动"，有 2 项工程被评为汕头市"双优"工地，1 项工程被评为广东省"双优"工地。

潮阳的城乡建设明代发展较快，至清代已初具规模。居民从合围式的院落、竹竿厝发展到极具地方特色的"下山虎""四点金""驷马拖车"民居以及小洋房、小别墅等。20 世纪 80 年代以来，各式新型民居多姿多彩，"下山虎""四点金"叠楼逐渐增多，四层以上的新式楼房不断涌现，临街商住楼鳞次栉比。

潮阳的乡学始创于唐元和十四年（819年）。宋绍定三年（1230年）始建儒家官学，历经元、明、清，除县学、私塾外，还有社学、书院、义学等。清光绪三十年（1904年）废科举，创办现代学校教育。民国时期开始发展女子教育。1949年，全县有中学10所、小学407所、幼儿园1所、学生5.25万人，教职工2001人，学龄儿童入学率32.6%，成年人中文盲占八成。此后，教育事业不断发展。1983年基本完成扫盲任务。1984年基本普及初等教育，经省、市检查验收，中小学达到"校校无危房，班班有教室，学生人人有课桌椅"的要求，被广东省人民政府评为集资建校特级县。学龄儿童入学率97%，比1949年增长约5倍。全县人民热心兴学育才，蔚然成风。

2017年是潮阳区创建"广东省推进教育现代化先进区"的启动年，职能部门围绕"办好人民满意的教育"目标，以"保安全、促稳定、提质量"为主线，计划投资1.68亿元，维修改造校舍项目256个，已竣工项目247个，使教育事业呈现良好发展态势。全区学校硬件设施大幅度改善，新增电教平台4528套、教室电脑3830台，多媒体网络教室、专用制作室234间，计算机室、语音室237间。340所学校实现光纤改造，高中教室都拥有电教平台，实现优质资源"班班通"，义务教育学校84%的教室拥有电教平台，信息化应用水平不断提升。

潮阳中医历史久远，西医于清光绪三十一年（1905年）传入。民国末年，潮阳有县立医院1所，区（镇）卫生院8所，私立医院、诊所436个，病床41张，从医512人。由于医疗卫生状况落后，人民缺医少药，传染病和地方病连年发生。中华人民共和国成立后，贯彻"预防为主"的方针，深入持久地开展爱国卫生运动与除病灭病工作，推行预防接种，实施计划免疫，提高人民的抗病能力。20 世纪 50 年代初根除了鼠疫、天花等烈性传染病。1959 年基本消灭疟疾。1985 年基本消灭小儿麻痹症；百日咳、白喉、流行性乙型脑炎、流行性脑膜炎、病毒性肝炎、麻风等传染病也得到控制。推行新法接生，计划生育取得显著成效。

2017 年，是实施"十三五"规划、实施全面两孩和卫生创强的关键年，职能部门全面深化医药卫生体制改革，加强基本公共卫生服务均等化和重大疾病防控，推进全面两孩政策稳妥扎实有序实施，依法行政和优质服务，全区出生人口素质和人民群众健康水平得到有效提高。至 2017 年底，全区共有医疗卫生机构 326 家，在职人员 2772 人，拥有美国 GE64 排 128 层螺旋 CT、GE 磁共振（MR）、GE800MA 全数字化 X 光机等先进设备。潮阳为粤东古县，2017 年底，潮阳区荣膺中国地名文化遗产"千年古县"称号，2018 年 6 月 7 日，举行了隆重的授牌揭牌仪式。

潮阳区成为南海之滨熠熠生辉的明珠，历史悠久，积淀深厚，文化、革命古迹众多，文化内涵丰富，民间艺术多姿多彩，有着深厚的历史文化家底。

国家级重点文物保护单位文光塔与其周边的潮阳博物馆、文化馆、图书馆、影剧院、文化公园形成了千年古县主城区的"文化圈"。

潮阳区博物馆馆藏近 4000 件文物，翻开千年画卷。从 4000 多年前的新石器时代晚期追溯起，到宋元明清，一直到今天。近 4000 件赋予着历史印记的文物精美古朴，别具一格。当您一瞥，仿佛穿越时光隧道，人文历史、乡土民情如画卷般徐徐展开了。东晋青釉卧羊、唐代青釉碗、明代白玉苍龙教子玉带钩等石器精品，慈禧题字、徐悲鸿虎画、齐白石画、刘海粟及其夫人夏伊乔字画，以及刘大同、陈树人等名家作品，十分珍贵。其中唯一一件国家一级文物清光绪年间的金漆木雕"羊城八景"屏风，可谓镇馆之宝。

2018 年，潮阳区的古墓、古塔、古桥、岩寺、祠庙、园林等共 128 处，公布为文物保护单位共 111 处。其中，国家级 1 处（文光塔），省级 6 处（唐大颠祖师塔、万人冢、莲花峰摩崖石刻群、东岩摩崖石刻、四序堂石刻、大峰禅师墓）。

"六个一"焕发夺目光彩。与潮阳区博物馆毗邻，一座历经800 多年风风雨雨的国家级文物文光塔巍峨耸立。这座高 42.3 米的七层阁式石塔，始建于宋代，经历代修缮，至今保持明代样貌外观。除了"一塔"之文光塔外，还有"一门"之海门、"一寺"之灵山寺、"一桥"之和平桥、"一乐"之笛套音乐、"一舞"之英歌舞等，"六个一"凸显了潮阳多彩厚重的历史文化底蕴。

此外，现有的四项国家级非遗项目分别是：刚劲雄浑的英歌舞；精巧雅致的剪纸；典雅幽逸的笛套音乐；"中华一绝"之称的贵屿街路棚。这都是宝贵的原生态文化财富。

这些文物古迹充分地反映了祖辈先民独具匠心和聪明才智，许多名胜古迹在潮阳民众和华侨、港澳同胞、外籍潮人的热心资助下，得到不断修葺开发，吸引了海内外游客络绎登临、一览风采。

各个时期的红色革命遗址，主要分布于金灶、谷饶、和平、铜盂、金浦等镇（街道）；文物古迹遗址主要分布于棉城、铜盂、西胪等镇（街道）；摩崖石刻集中于东岩、海门莲花峰、大峰风景区。

据初步普查统计，全区有一定档次的非物质文化遗产共有50 多项。至 2018 年底，潮阳已有国家级、省级、市级、区级"非遗"名录分别为 4 项、7 项、9 项、17 项，国家级、省级、市级、区级"非遗"名录传承人分别为 2 名、17 名、51 名、99 名，省、市、区级传承基地 24 处，非遗保护成果和数量在全市名列前茅。非遗文化在这片肥沃的土地有了充足的养分，生机勃发、百花齐放。

潮阳地处沿海，历史悠久，人文荟萃，邑中山川灵秀，风光绮丽，历代名臣和文人学士游踪所至，感触万千，留下了众多隽永的吟咏题刻。曾任潮州通判的北宋著名诗人、名宦陈尧佐（今阆中人）的七言绝句《送王生及第归潮阳》诗谓"休嗟城邑住天荒，已得仙枝耀故乡。从此方舆载人物，海滨邹鲁是潮阳"。又在《送潮阳李孜主簿》诗中说："潮阳山水东南奇"，"而今风俗邹鲁为"。对潮阳（泛指潮州）赞誉有加。这些诗篇历久弥新，诗中描绘了潮阳璀璨深厚的人文底蕴。

"千年古县"人文荟萃。潮阳区是广东省乃至全国著名的侨乡之一，地灵人杰，历史名人有"唐宋八大家"之首的韩愈、高僧惠照、大颠、大峰，位列唐宋潮州八贤的许申、吴复古，明浙江道监察御史萧端蒙等。现当代名人有电影艺术家蔡楚生、书画家陈大羽、心理学家郭任远、红学家郭豫适、经济学家萧灼基及物理学家马大猷等院士、重要学者等。海外尚有 200 多万潮阳籍华侨、华人以及港澳台同胞，他们心系家国，其中在政界、商界、实业界和文化界，都不乏叱咤风云、事业有成、盛享时誉的人物。在改革开放各个时期走出去的潮阳人，涌现了林百欣、陈有庆、陈汉士、刘遵义、非马等各界精英。他们身在海外，不忘故土，桑梓情深，热衷公益，慷慨捐资，泽被桑梓。改革开放以来，干群一心，充分发挥潮阳山、海、平原兼备的自然优势，进一步开发丰富的自然资源。勤劳聪明的潮阳人民大展身手，海内外乡亲共筑"振兴梦"，潮阳的经济建设和社会各项事业蒸蒸日上，日新月异，成绩斐然，成为粤东大地上的佼佼者。如今，在党的十九大精神指引下，把天时、地利、人和拧成一脉，沿着一条永葆初心、凝聚力量的复兴之路，和时间赛跑，让梦想放飞，实干苦干，全面建成小康社会，从胜利走向胜利。

革命老区概况

中国革命老根据地简称革命老区或老区，是指土地革命战争时期和抗日战争时期，在中国共产党领导下创建的革命根据地。

在战争年代，老区人民养育了中国共产党及其领导的人民军队，提供了坚持长期斗争所需要的大量人力、物力和财力，为壮大革命力量、夺取人民民主革命的最后胜利付出了巨大的牺牲，作出了巨大的贡献。新民主主义革命胜利后，老区人民一如既往，再接再厉，为社会主义革命和建设事业作出了新贡献。老区革命斗争和建设的丰富经验，以及在老区孕育和形成的革命传统、老区精神，成为中国共产党、中国人民解放军、中国各族人民取之不尽的宝贵精神财富。

2017 年 6 月，潮阳区被广东省人民政府列入海陆丰革命根据地 13 个老区县（区）之一。2018 年 8 月，被省政府列入《海陆丰革命老区振兴发展规划》县（区）之一，享受各项扶持政策。

一、历次评定革命老区镇、老区村的政策

新中国成立以来，特别是中共十一届三中全会以来，在中共中央、国务院的关怀和领导下，高度重视革命老区，针对老区大都属于边远穷山区，交通不便，经济基础薄弱，科技教育落后，经济发展一般滞后，许多老区还没有从根本上改变贫困状态的短板的现状，各级党政干部殚精竭虑，致力于建设老区、宣传老区，

争取社会各界对老区发展的支持，同时也注重老区子孙后代的革命传统教育。不仅如此，党和政府高度关注革命老区的认定划分。1979 年，为了全面调查革命老区的情况，经国务院批准，在国家民政部、财政部颁发的《关于免征革命老根据地社队企业工商所得税问题的通知》中，规定了关于划定革命老根据地的标准，即：土地革命战争时期根据地的标准是，曾经有中共组织，有革命武装，发动了群众，进行了打土豪、分田地、分粮食、分牲畜等运动，主要是建立了工农政权并进行了武装斗争，坚持半年以上时间的；抗日根据地的标准是，曾经有中共组织，有革命武装，发动了群众，进行了减租减息运动，主要是建立了抗日民主政权并进行了武装斗争，坚持一年以上时间的。

根据上述规定，后来，有革命根据地的各省、自治区、直辖市民政部门进行了调查、登记，并经人民代表大会和人民政府审批划定了各省、自治区、直辖市的革命老区。

广东省根据中央的规定和标准，结合实际，要求划分革命根据地，应以行政村（居委会）为最小的计算单位，如果一个镇（街道）革命根据地村庄人口总和超过该镇（街道）总人口一半以上者，可申报评划为革命老区镇（街道）。根据省的通知精神，在 1957 年和 1989 年评定的基础上，于 1993 年，由原潮阳市（现为潮阳区、潮南区）民政局牵头，市党史办公室参与，在市委、市政府的重视和领导下，组成调查组，根据省政府的有关评划、补评的政策规定，严格按照标准，在镇（街道）、村（居委会）的全力配合下，有序地开展评划、补评工作。当时的工作重点是评划解放战争游击根据地村庄和遗漏的土地革命战争时期红色根据地、红色游击区。其政策标准为"四有"：曾经有中共地下组织、或有地下党员；有建立交通站、联络点；有发动群众，为主力部队、武工队输送兵员；有掩护隐蔽的革命领导、同志，为地下党组织、主力部队、武工队提供情报、给养等。在原潮阳市（现为潮阳区、潮南区）调查组的指导下，相关镇（街道）、村（居委会）高度重视，根据实际情况，有的放矢，先后组织专人，访问接头户、老地下党员、老苏委（包括赤卫队员）、老游击队员、老交通员等"五老"，由市调查组协助，求真、求实、求准地撰写书面材料，由市民政局按程序统一上报，最后经省政府批复，省民政厅行文正式确认。

二、潮阳区革命老区镇、老区村

原潮阳市（现潮阳区、潮南区）的大南山、小北山和部分平原地区是海陆丰革命根据地的重要组成部分，为革命做出重要贡献和巨大牺牲。

经 1957 年、1989 年和 1993 年评划、补评、承认的红色根据地、游击区以及 1993 年评定的解放战争游击根据地，经广东省政府批复，潮阳区共有革命老区镇 4 个（和平、金灶、河溪、金浦）；革命老区村庄 89 个、91491 户、452363 人、耕地面积 122397 亩、山地面积 228348 亩。其中红色根据地革命老区村庄 13 个、5429 户、26916 人、耕地面积 9714 亩、山地面积 67909 亩；解放战争游击根据地 76 个、86062 户、425447 人、耕地面积 112683 亩、山地面积 160439 亩。（详见《潮阳区重点老区村基本情况表》）

潮阳区重点老区村基本情况表

镇（街道）	村名	革命战斗时间	老区类型	户数	人数	耕地面积（亩）	山地面积（亩）	地形
西胪镇	内峑	1930—1933年	土地革命时期	1647	8597	1960	12374	山区
	外峑	1930—1933年	土地革命时期	500	2584	913	4130	山区
	尖山	1930—1933年	土地革命时期	249	1202	407	4000	山区
	岩前	1930—1933年	土地革命时期	325	1538	590	6300	山区
	龙溪	1930—1933年	土地革命时期	328	1633	502	2400	山区
	里溪	1930—1933年	土地革命时期	152	854	300	3000	山区
	乌岩	1930—1933年	土地革命时期	480	2604	1200	6356	山区
	泉塘	1947—1949年	解放战争时期	2340	10536	2639	3005	平原
	海田	1947—1949年	解放战争时期	1250	5567	1635	1949	平原
	龙寮	1947—1949年	解放战争时期	102	889	322	1021	平原
	西寮	1947—1949年	解放战争时期	136	716	177	148	平原
	青山	1947—1949年	解放战争时期	1185	5869	1000	6340	平原
金灶镇	官坑	1930—1932年	土地革命时期	377	1732	360	3306	山区
	徐寮	1930—1932年	土地革命时期	312	1336	241	2931	山区
	乐安	1930—1932年	土地革命时期	177	739	176	1154	山区
	高斗	1930—1932年	土地革命时期	171	768	208	2294	山区
	下寮	1930—1932年	土地革命时期	435	2113	588	5520	山区
	外美	1930—1932年	土地革命时期	276	1216	309	1770	山区
	东坑	1946—1949年	解放战争时期	900	3425	1517	12720	山区
	柳岗	1945—1949年	解放战争时期	1642	7099	3038		山区
	玉浦	1948—1949年	解放战争时期	1572	6000	1980	3450	平原
	新陈	1948—1949年	解放战争时期	232	1114	210	490	平原
	新林	1948—1949年	解放战争时期	336	1655	407	900	平原
	芦塘	1946—1949年	解放战争时期	1039	4857	900	6000	山区
	桥陈	1948—1949年	解放战争时期	200	830	310		平原
	径头	1948—1949年	解放战争时期	648	2736	630	1500	平原
	花园	1947—1949年	解放战争时期	547	2256	734	320	平原
	宫山	1947—1949年	解放战争时期	582	2447	780	1500	平原

（续上表）

镇（街道）	村名	革命战斗时间	老区类型	户数	人数	耕地面积（亩）	山地面积（亩）	地形
金灶镇	波头	1947—1949年	解放战争时期	660	2590	3100	830	平原
	新安	1948—1949年	解放战争时期			98	4000	平原
金浦街道	南门	1945—1949年	解放战争时期	2389	11936	2703	1750	平原
	寨外	1945—1949年	解放战争时期	2272	11539	3500	5000	平原
	三堡	1945—1949年	解放战争时期	2540	13904	1050		平原
城南街道	五响	1947—1949年	解放战争时期	1570	7074			平原
文光街道	兴归	1946—1949年	解放战争时期	10732	44592			平原
铜盂镇	潮港	1945—1949年	解放战争时期	875	4166	125		平原
	岐美	1945—1949年	解放战争时期	849	4766	1250	625	平原
	华岐	1945—1949年	解放战争时期	427	2208	545		平原
	壶豆	1947—1949年	解放战争时期	160	900	340		平原
	岐内	1946—1949年	解放战争时期	170	950	280		平原
	屿北	1947—1949年	解放战争时期	612	3219	1200	18	平原
	树香	1947—1949年	解放战争时期			620		平原
	河陇	1946—1949年	解放战争时期	1102	5769	1250	3500	平原
	洋美	1946—1949年	解放战争时期			595	300	平原
	溪边	1947—1949年	解放战争时期	571	2828	591	20	平原
	方港	1947—1949年	解放战争时期	146	852	304		平原
贵屿镇	龙港	1945—1949年	解放战争时期	1340	7389	2237		平原
	上彭	1945—1949年	解放战争时期			205		平原
	华美	1948—1949年	解放战争时期	2673	13080	3473	250	平原
	石夹	1947—1949年	解放战争时期	160	1050	285	230	平原
	渡头	1947—1949年	解放战争时期	998	5080	1853		平原
	华东	1947—1949年	解放战争时期			256		平原
	新乡	1945—1949年	解放战争时期	560	3013	520	500	平原
	坑仔	1945—1949年	解放战争时期			983	1080	平原

（续上表）

镇 （街道）	村名	革命战斗 时间	老区类型	户数	人数	耕地面积 （亩）	山地面积 （亩）	地形
河溪镇	东陇	1945—1949年	解放战争时期	1461	8021	2245	3639	平原
	西陇	1945—1949年	解放战争时期	2180	10274	2629	3845	平原
	上坑	1945—1949年	解放战争时期	344	1746	552	2471	平原
	华东	1945—1949年	解放战争时期	1783	8871	2207	2400	平原
	南田	1945—1949年	解放战争时期	1500	7180	1497	2717	平原
	河溪	1945—1949年	解放战争时期	543	2980	687	150	平原
	湖东	1945—1949年	解放战争时期	418	2008	570	600	平原
谷饶镇	上堡	1945—1949年	解放战争时期	3769	19397	4200	2400	半山区
	官田	1945—1949年	解放战争时期	838	4384	1200	3200	半山区
	东明	1946—1949年	解放战争时期	652	3691	678	1200	半山区
	东星	1945—1949年	解放战争时期	517	2766	605	450	半山区
	华光	1945—1949年	解放战争时期	1889	10525	2974	1214	平原
	深洋	1945—1949年	解放战争时期	1303	6324	1678	4250	半山区
	横山	1945—1949年	解放战争时期	597	3066	783	41	半山区
	新厝黄	1945—1949年	解放战争时期	565	2934	875		半山区
	木丹坑	1945—1949年	解放战争时期	470	2429	436	2891	半山区
和平镇	里美	1946—1949年	解放战争时期	2279	13408	3637	1200	平原
	塘围	1945—1949年	解放战争时期	1750	10077	1878	1050	平原
	下寨	1946—1949年	解放战争时期	3370	18535	4000	800	平原
	新龙	1947—1949年	解放战争时期	3008	16920	3544		平原
	下厝	1947—1949年	解放战争时期	3033	18042	4450		平原
	安轿	1947—1949年	解放战争时期	116	650	170	300	山区
	丰民	1947—1949年	解放战争时期	73	408	150	1200	山区
	练岗	1947—1949年	解放战争时期	101	565	160	2080	山区
海门镇	新地	1948—1949年	解放战争时期	615	3555	12600	300	半山区
	洪洞	1948—1949年	解放战争时期	967	5728	1950	2850	半山区
	坑尾	1948—1949年	解放战争时期	376	2069	953	450	半山区
	湖边	1948—1949年	解放战争时期	450	2425	1512	1200	半山区

（续上表）

镇（街道）	村名	革命战斗时间	老区类型	户数	人数	耕地面积（亩）	山地面积（亩）	地形
关埠镇	上仓	1945—1949年	解放战争时期	700	2760	1216		平原
	下底	1945—1949年	解放战争时期	1460	6209	2600		平原
	埔上	1945—1949年	解放战争时期	950	3575	1650		平原
	洋贝	1946—1949年	解放战争时期	1084	4519	1400	2600	平原
	堂后	1945—1949年	解放战争时期	480	2042	1043		平原
	玉一	1945—1949年	解放战争时期	2700	13558	4000	1200	平原
	圆丰	1947—1949年	解放战争时期	186	905	370	120	平原

注：数据截止到2004年。

第二章

党的创建和大革命、土地革命战争时期

第一节 潮阳党组织的建立

　　第一次鸦片战争以后，中国闭关锁国的大门被帝国主义列强打开，从此，帝国主义加紧控制中国的主权和经济命脉，使中国逐渐沦为半殖民地半封建的国家。潮阳社会和全国一样，百孔千疮，积重难返。无论仁人志士或村野匹夫，都曾以一腔热血奋起抗争。辛亥革命前的潮阳经济，是半殖民地性质的封建自然经济。全县的经济主体是封建土地制度下的农业经济，广大农民无地或少地，而封建官僚地主豪绅通过巧取豪夺却占有大量土地。帝国主义的侵略和封建统治者的腐败无能，激发了已接受近代自然科学的新式知识分子的强烈爱国热情。他们积极主张和支持走"实业救国""教育救国"的道路。潮阳人民在痛苦中逐渐苏醒，在旧社会的裂变中挣扎，新的社会力量在孕育和成长。于是捐资兴学成风，促成了潮阳近代教育事业的进步，也造就了先进的知识分子队伍，这就为马克思主义在潮阳的传播创造了条件。

　　1917年，俄国的"十月革命"取得了胜利，第一次把社会主义从书本上的学说变成了现实。1919年5月4日，北京爆发了以学生为先导的"外争国权，内惩国贼"的反帝爱国运动。这是中国革命史上具有划时代意义的大事件，它标志着中国新民主主义革命的伟大开端。

一、为潮阳建党准备条件

"五四"运动消息传到潮汕，5月6日，汕头《公言日报》特此发出《五四号外》，潮阳人民，首先是青年学生，群情激昂，纷起响应。潮阳县立东山中学学生率先集会游行，在街头讲演，向群众进行爱国宣传。其时，多名就读北京高校的潮阳籍学生返回家乡，如亲历过北京"五四"运动的北大学生（棉城人）姚华萼、肖德宣等，他们应邀到县立东山中学向师生作"五四"运动经过的报告。随后，在姚华萼等的指导下，东山中学率先成立了学生会，县城其他学校及乡村的学校也先后建立了学生会。为响应北京学生提出的"全国学生联合起来"的号召，东山中学学生会发起成立了"潮阳县学生联合会"，会址设于棉城培元堂（今潮阳电影院址），会长姚绍棠（后郑之朴、郑有涯），副会长郭功荣，秘书肖国澄。在汕头粤东学联总会的领导下，县学联代电声讨北洋政府，反对卖国签字，还组织学生开展救国宣传。

11月5日，在县学联的组织发动下，县城学生举行反帝爱国大行动。县城率先组织罢课，并组织查禁日货的队伍，开展抵制日货的斗争，把历次查获的日本火柴集中在培元堂前焚毁。潮阳各地学生和工商界也积极响应，相继举行罢课罢市。

"五四"运动的杰出历史意义，在于它带着辛亥革命还不曾有的姿态，彻底不妥协的反帝和反封建。"五四"运动加速了中国人民的思想解放，推动了新文化运动的进一步开展，推动了马克思主义在中国的传播。"五四"运动以后，研究和宣传马克思主义、社会主义逐渐成为进步思想的主流。潮阳华侨众多、文化较为发达，海外侨胞和在国内外求学的青年学生，通过各种渠道把外地各种宣传新文化、新思想的报刊传进了潮阳。如《新青年》《新潮》《少年中国》等在潮阳各阶层，特别是在知识分子中影响很大。东山中学等和农村部分学校，相继出现了文学团体和自行创办的刊物，以民主与科学为中心内容，宣传新文化、新思想，反对旧文化、旧思想。同时，"教育救国"的思想也进一步得到发扬，一些有识之士积极捐资办学，各地先后兴建的新式学校成为城乡新文化、新思想的传播中心，广大师生和社会青年在新文化运动中，树起了提倡科学、反对封建迷信的旗帜。

1921 年 7 月，中国共产党成立，给灾难沉重的中国人民带来了光明和希望。自从有了中国共产党，中国革命的面目就焕然一新。

1922 年春，广东社会主义青年团负责人委托汕头的叶纫芳在汕头建立分团。4 月 19 日，少共国际代表苏联人 C. A. 达林和中国社会主义青年团全国大会筹备处代表张太雷等人途经汕头，与汕头的先进青年会晤，介绍俄国十月革命情况，并在一所中学作《社会主义问题》的报告。他们在汕头期间，起草《中国社会主义青年团纲领和章程（草案）》、社会主义青年团第一次全国代表大会主要议程和决议草案。5 月，潮汕地区社会主义青年团、工运负责人叶纫芳参加了在广州召开的社会主义青年团第一次全国代表大会。1923 年初，由潮州进步青年经营三年之久的"新刊贩卖部"发展为"青年书店"。该书店经营《新青年》《共产党》《新潮》《新妇女》《新生活》《解放与改造》《社会主义史略》和《五一劳动节史略》等进步书刊，并在潮阳进步知识界中传阅。社会主义青年团在汕头活动的影响和"青年书店"的进步书刊在潮阳的流传，进一步促进了社会主义和马克思主义的思想在潮阳的传播。

1923 年，中共三大确定了联合国民党进行国民革命的统一战线政策。1924 年 1 月，孙中山在中国共产党的帮助下，在广州召开了有共产党人参加的国民党第一次全国代表大会，通过了以反帝反封建为主要内容的宣言，确定了"联俄、联共、扶助农工"三大政策，广东成为国民革命中心，以国共合作为基础的国民革命运动很快发展到潮阳。1925 年 2 月，广东国民革命军举行第一次东征，于 3 月底击溃了盘踞惠州、潮汕一带的军阀陈炯明部。3 月，为响应东征军，建国潮梅军第一路司令周潜（峡山溪尾人，后背叛革命）在潮阳起义，改称潮阳民军，配合张民达师（叶剑英为参谋长）攻克潮阳，进逼汕头。6 月，潮汕党组织指派方惟精、方方（方思琼）到峡山建立潮汕地区第一支武装队伍——农民自卫军独立营。独立营以周潜部队作为掩护，营部设于峡山的关帝庙，营长方惟精，方方任共青团支部书记。参加这支队伍的有潮阳、普宁、潮安县的工人、农民近 100 人。

9 月 27 日，国民革命军举行第二次东征，为配合东征军的行动，动摇在汕头的军阀洪兆麟部队，峡山农民自卫军独立营夜袭驻关埠洪兆麟辖下谢文炳师部的留守处。是夜，独立营包围了关埠谢文炳部驻地的义仓、奎光书院，组织了几次冲锋，都未能奏效，天亮前部队撤出。后转移到潮安庵埠，在双溪嘴铁路桥上的铁轨插上铁锲片，以破坏敌人列车。11 月，东征军再次占领汕头。在国民革命运动的推动下，孙中山的三大政策深入人心，马克思主义和社会主义思想在潮阳也得到了进一步的传播。

"五四"运动，新文化运动和第一次国共合作条件下开展的国民革命运动，对于潮阳的社会变革产生了深远的影响，有力地冲击了根深蒂固的封建思想，使马克思主义和社会主义思想在潮阳有了初步的传播，并锻炼了一批先进的革命分子。在全国工人运动高潮和彭湃领导的海陆丰农民运动影响下，潮阳的工会、农会相继成立，革命老区人民打先锋，工农运动兴起，涌现了一批先进革命分子和工农革命群众运动的领导骨干。所有这些，为尔后中共潮阳地方组织的建立，夯实了思想、人才和群众基础。

二、中共潮阳县第一个支部成立

在第一次国共合作的国民革命运动中，国民革命军两次东征的胜利，为中共组织在潮汕地区的建立创造了条件。周恩来以国民党东江党务组织主任身份主政东江期间，潮梅地区的国民革命运动得到了很快的发展。潮阳的东山中学、师范讲习所和端本、崇礼、西园及成田的启元，贵屿的界河，谷饶的植基、有源、启新等中小学的学生组织恢复了活动，并联合起来成立了潮阳县新学生社，负责人为肖永锡。中共组织也在一些地方秘密建立。1925 年 3 月，中共汕头特别支部和共青团汕头特别支部（党团混合）建立。8 月，共青团汕头地委成立。12 月，中共潮梅特别委员会成立，辖潮汕、梅县两地党组织。

中共潮阳县第一个支部创建于 1925 年 12 月，书记文农。1927 年 1 月建立了中共潮阳部委员会，部委书记文农。文农原名文景献，湖北省沙市人，广州铁路专科学校学生，他是中共潮阳组织的创始人。1925 年国民革命军第一次东征胜利后，于是年 3 月，国民党省党部派文农到潮阳改组国民党县党部。文农又是中共广东省区委派出的共产党员，其任务是以国民党特派员的公开身份，在改组国民党县党部的同时，秘密创建中共潮阳组织。文农以县立东山中学和县师范讲习所为重点，吸收在学生运动中成长起来的学生干部郑之朴、肖建勋、游昌华、陈展澜、罗铭等为共青团团员，成立了共青团小组。是年 11 月 12 日，经团汕头地委决定成立了共青团支部，团支部书记肖建勋。是年 12 月，由团员转为正式党员，创立了中共潮阳支部。1927 年 1 月，中共潮阳县支部已有党员 40 多名，经报中共汕头地委批准，中共潮阳部委员会于棉城大盐巷同善社乾坛楼秘密成立。中共汕头地委书记郭瘦真亲临讲话。部委机关秘密设于棉城文祠，后迁石狮巷。从此，潮阳人民的革命斗争，就有了中国共产党地方组织的领导，播下了建立海陆丰大南山和小北山革命根据地的火种。中国共产党潮阳地方组织的建立，是潮阳近代社会发展的必然，是在潮阳具体的历史条件下，人民大众、尤其是工农阶级求生存、谋解放的客观要求。中共潮阳组织从诞生开始，就带领潮阳人民为推翻帝国主义、封建主义和官僚资本主义及国民党反动派，进行了长期的、全面的、艰苦曲折的英勇斗争，直至取得胜利，走过了党的创建和大革命、土地革命战争、抗日战争和解放战争长达 24 年的艰苦卓绝的战斗历程。

三、潮阳区是海陆丰革命根据地重要组成部分

清末以来，地处边远穷的潮阳革命老区人民受压迫剥削的程度更为深重，反压迫求解放的愿望更为强烈。革命老区人民走在最前列，反封建的斗争此起彼伏，从 1919 年"五四"运动到大革命时期，潮阳县的革命先辈和一批知识青年，或积极参加和领导爱国学生运动，或在家乡组织进步社团、创办革命刊物、传播马列主义、进行反帝反封建的革命启蒙教育，早就为海陆丰革命根据地的创建打下了思想基础。

海陆丰革命根据地是中国第一个苏维埃政权诞生地，是全国十三块革命根据地之一，是被毛泽东称之为"农民运动大王"的中国农民运动先驱、中国共产党早期重要领导人彭湃的故乡。在新民主主义革命初期，海陆丰人民在彭湃的领导下，敢为人先，掀起了轰轰烈烈的海陆丰农民运动，建立了全国最早的农会和苏维埃政权，最早实行土地革命，为中国革命胜利和中华人民共和国的成立付出了巨大的牺牲和贡献。

回顾历史，红军第 2、4 师和海陆丰苏区广大人民英勇地苦斗一个多月，由于敌众我寡和国民党反动派不断"围剿"，东江特

委机关被迫于 1928 年 3 月 27 日，在东江特委书记彭湃和红军第 2、4 师董朗、叶镛、徐向前、颜昌颐的率领下，从海陆丰转移到大南山。此后，大南山和小北山便成为了海陆丰革命根据地党、政、军领导机关所在地，是该地土地革命战争的领导和指挥中心。大南山和小北山革命根据地是中央革命根据地南方外围屏障的前哨。1928 年 3 月至 10 月，1930 年 10 月至 1935 年 6 月，东江特委机关两次驻留在这里。著名的无产阶级革命家彭湃、徐向前、李富春、邓发、颜昌颐、古大存、方方等先后在这里指挥过革命斗争，在革命根据地史上占有重要地位。1928 年 2 月 14 日，徐向前率领红军与彭湃率领的队伍会合，同大南山农民自卫军和赤卫队一起，攻打惠来县城，由于敌人反扑而腿部负伤，伤口化脓。彭湃派人护送徐向前至雷岭济美尖石洞疗伤 18 个昼夜，济美村地下党支部书记蓝坤和陈巧莲与其单线联系，竭尽全力为他提供情报、送饭、送药，照料他到康复（2013 年 3 月，该洞被批准为汕头市文物保护单位，命名"革命石洞"，亦称"徐帅洞"）。

1928 年春至 11 月间，彭湃及许玉磬（庆）曾隐蔽于红场潘岱石洞，领导指挥革命斗争，为尔后的革命斗争创造了有利条件和积累了经验，现保存有革命遗址"英雄石洞"，亦称"彭湃洞"。这里的人民在党的领导下，为捍卫海陆丰大南山和小北山革命根据地，百折不挠，浴血坚持反"围剿"斗争，为尔后的革命斗争创造了有利条件和积累了经验，为中国革命的胜利做出了重要贡献和巨大牺牲。

潮阳区是新设区，在上级党委政府的关怀下，被确认为海陆丰革命根据地 13 个革命老区县（区）之一，是海陆丰革命根据地的重要组成部分，又被确认为国家级"千年古县"，有着绵长悠久的历史和光荣的革命斗争史。

四、彭湃播下革命火种

如今，小北山青山绿水，自然环境得天独厚，红土地，山巍巍、史悠悠，构成了山辉川媚的红色风光。90 多年前红土地上的枪林弹雨、腥风血雨已化成天边一缕缕彩霞，载入了中国革命斗争史册。红土地上盛开的山花分外烂漫，年年如斯，一派壮丽、雄奇、古朴、深幽的景象。近年小北山一带振兴发展，历经沧桑的小北山英雄儿女笑逐颜开。那不老的松柏依然青青郁郁，代代不朽，那涵元塔仿佛在诉说当年活跃在战火纷飞、硝烟弥漫的小北山中的党、政、军、民立下的卓越功勋。潮阳区革命老区人民追忆彭湃和许玉磬（庆）的音容笑貌，讲述他们为党为民忠贞不屈的英雄气概，历数他们爱民如子的鱼水情谊，好似一幕幕的电影映现眼前。

彭湃隐蔽于潘岱石洞期间，不顾个人安危，昼伏夜出，灵活机动，避过敌人耳目，在身手不凡的红军、赤卫队队员的掩护下，足迹遍及大南山、小北山和平原地区，播下了海陆丰革命根据地的革命火种。1926 年秋，原潮阳县第一区（棉城）五仙乡农协会成立时，彭湃委派海陆丰农运干部吴涵专程前往指导，后该会转为潮阳县第一区（棉城）农协会。1928 年夏，肩负东江特委书记重任的彭湃，亲临五仙乡农协会参加党支部会议，第一区农协骨干列席，海门（第二区）洪洞乡农协会会长李求闻讯，风尘仆仆，一早赶到会场，此时人群济济。彭湃平易近人，和农民群众亲如兄弟，会议气氛活跃，掌声阵阵。彭湃说话风趣，生动易懂，感染力强。在论述壮大党组织时点明当时"头大脚小，走路不稳，"发展地下党组织是当务之急；强调党员胆要大、心要细、眼要明、步要稳，不能作威作福，更不能想升官发财；号召党员要学马克思、毛泽东著作，不论姓氏，不搞宗派，破除迷信，坚守信仰，牢记使命，共产主义一定会实现。

当时，作为听众的县委马英俊、农会负责人姚少悟和洪洞乡李求，对彭湃的贴心讲话，心领神会，带头鼓掌。临别时，彭湃拍着他们的肩膀道："这里和海门'外四乡'一带的农运领导重任就落在你们的肩上呀!"马英俊、姚少悟、李求异口同声："坚决完成任务!"人群相送，惜别依依。彭湃的亲临，对第一、二区的农运产生了巨大的动力。始建于清代咸丰年间的五仙乡清武庙，成为农运的指挥中心。1927年4月中下旬间，为抗击国民党反动派的大屠杀，中共潮阳部委率县农民自卫军退驻清武庙，后转移至沙陇，配合潮阳地下党组织的武装暴动，协同红2、4师进攻港头、沙陇之敌，坚持革命斗争，为东江革命力量的壮大做出贡献。

彭湃还十分关注海陆丰小北山革命根据地的创建，于关键时刻翻山越岭亲临出谋支招。

彭湃为革命英勇献身虽已90年，但他和伴侣许玉磬（庆）却永远活在潮阳人民的心中。

当年跟随彭湃、许玉磬（庆）战斗过的革命老战士李坚真出自肺腑赋诗:

一

南山北山两相朝，南北二山搭天桥。

游击健儿施神勇，革命烽火遍地烧。

二

南山高高立宇寰，巉岩密洞巧周旋。

天兵击敌凭天险，更赖人民好靠山。

从1927年大革命失败后到1935年，这里坚持了8年艰苦卓绝、英勇顽强的斗争，沉重地打击了当地的反动势力，有效地牵制了国民党一部分正规军，带动了潮阳革命老区的革命斗争，有力地配合了其他革命根据地的斗争。革命老区人民用生命和鲜血燃烧彭湃播下的革命火种，让革命烈火越烧越旺，使国民党反动派的"王朝"化为灰烬，完成历史赋予的使命。其历史功绩永远不可磨灭，名垂青史，彪炳千秋。

曾是海陆丰革命根据地的小北山，集革命性、独特性、故事性于一体，成为潮汕乃至全国的一部浩浩史册，一份有丰富内涵、魅力的党的地方历史读本。小北山老区人民顾全大局，自加压力，缩短与先进地区的差距，做活绿色文章，把这一带的革命老区建成春有桑葚，夏有杨梅，秋有柿子，冬有三棱橄榄，果子四季飘香的"绿色银行"。金灶镇革命老区桥陈村被省、市委组织部定为重点"红色村"党建示范工程村庄，建设湿地农民公园。柳岗村被评为省美丽老区村。这里已成为红色、绿色旅游资源十分丰富的"世外桃源"。青山有幸成史迹，绿水润心引来客。

如今，小北山和潮阳革命老区人民学习党的十九大精神，学习习近平新时代中国特色社会主义思想，不忘革命初心，牢记历史使命，永葆革命老区政治本色，当好新时代的奋进者。

根据地的创建阶段

1927 年 8 月，中国革命进入了土地革命战争时期，革命的中心逐步由城市转移到农村，开始走农村包围城市，武装夺取政权的道路。

一、组织武装暴动　策应南昌起义军进潮阳

1927 年"八一"南昌起义后，起义军挥师南下广东。中共广东省委根据中央的决策，指示中共潮梅特委要迅速做好恢复各级党组织，举行武装暴动，以策应起义军等工作。

是年 8 月中旬，时任潮阳部委委员林国英于武汉接受彭湃的指示赶回潮阳，与隐蔽在潮阳的地下党员取得联系，通过秘密串联、口头传播、散发传单等方式，宣传起义军进军潮汕的消息，号召工农群众行动起来，打倒国民党反动派。8 月 31 日，林国英、马英俊等同从汕头回到潮阳组织武装暴动的方惟精一起率领各区农民武装，同前来援助的普宁农军 300 多人在华阳会合，部署农民武装攻打潮阳县城，策应起义军进军潮汕，兵分两路，前后夹攻：一路从县衙后城墙上放土炮攻进去；一路从县衙正面进攻。由于县衙内的国民党官员和军警人员早已闻风逃跑，农军顺利占领了县衙。此役，击毙了敌警长等 2 名，缴获了一批枪支弹药和各种物资，并破开狱门，解救了被囚禁的革命者及进步人士 100 多人。后因汕头警备司令何辑伍派兵救援，农军于 9 月 1 日

主动撤出县城。期间，八区地下党负责人林国际、林锡祺也在小北山上组织了一支农民武装队伍，到东湖村惩办谋杀该村农会主席陈炎元的恶霸地主，烧毁该地主代理经营的大成轮船，还切断了通往汕头、揭阳、潮阳的电话线，破坏国民党反动派的通讯联络。

二、"潮汕七日红"对潮阳的历史影响

1927 年 9 月 24 日，南昌起义军进抵潮汕后，汕头市迅速建立了工农政权——革命委员会。英、日、美、法等帝国主义，调集了近 10 艘军舰帮助运载国民党军队向汕头市登陆反扑。此时，由于受军阀陈济棠部队的攻击，9 月 30 日潮州失守，汕头市已失去依托。在敌强我弱的严峻形势下，起义军难以继续在汕头市坚持下去，以周恩来为书记的起义军前敌委员会和汕头市革命委员会领导当晚果断作出决定：撤离汕头，转战海陆丰，与当地农民运动相结合，开展土地革命战争。于是起义军在揭阳县炮台镇会合，渡过榕江，取道潮阳县境，经过关埠、赤寮、贵屿等地，开赴海陆丰。因南昌起义军在潮汕前后达 7 天，故称"潮汕七日红"。

起义军撤离汕头市前，林国英等根据上级的指示，及时组织隐蔽的地下党员骨干，积极做好起义军通过潮阳县境的各项工作，全力组织发动关埠的群众为起义军准备船只、物色船工挑夫、运送伤病员和辎重。

10 月 1 日黎明，榕江南岸的京北路口，人头攒动，秩序井然。当先头部队横渡榕江上岸时，群众热情接应，人群之中，有的当翻译、做向导，有的帮助战士背包袱，有的端茶送水送甜粥。身材魁梧的贺龙军长，接过群众热情送来的开水连饮数口，激动地说："感谢父老兄弟，我永远记住榕江两岸人民火一般的热

情。"傍晚，部分起义军在关埠宿营。福仓乡农会领导人帮助起义军指挥部安置于"永思"祠堂驻扎，并派农军队员陈阿蚁、农会干部陈素存等人协助司务长购买生活必需品。一些走不动的伤病员则由农会安置于港底村程厝庵隐蔽下来治疗。那一夜，宿营地长达1.5公里，村里的祠堂、埠头和海堤都睡满了起义军战士。农协会员值班保卫，军民鱼水情谊浓浓，至今成为潮阳革命史的闪光一笔和最美好的回忆。当晚，起义军其他部队也分别由关埠地下党员林声亮、陈茂志带路抵达贵屿华美、南安、玉窖村宿营，得到当地党组织和人民群众的热情接待。

1927年10月1日，起义军前敌委员会机关及贺龙、叶挺率领的南昌起义部队数千人，路经巷内、巷口、宅美、上仓、路外、井尾等村，沿途群众热情迎送，再经关埠、西胪青山古驿道，急行军抵达今潮阳区谷饶镇深洋村附近的赤杜岭，这里有方圆8000多平方米的平坦山脊，起义军于岭上驻军扎营，以感天大帝古庙作为临时军事指挥部，并刻石为记，周围岩石上錾刻"红军万岁""拥护红军"等革命标语。从此，工农革命红军的足迹，于赤杜岭上留下了光辉的历史印记（该址于2016年被定为第六批汕头市文物保护单位）。

为铭记历史，传承弘扬爱国主义、红军革命精神，缅怀先烈，保护红色革命遗迹历史风貌，深洋全村上下在市、区、镇党委、政府的重视支持下，于2016年"八一"建军节鼎建"赤杜岭红军纪念碑"，开国元勋刘伯承元帅之子刘蒙将军题额碑名，为该碑增辉添色。铭曰："红军精神，气壮山河。世人瞻仰，千古流芳。"

1927年10月1日晨，贵屿玉窖村农协会顷接上级党组织通知，为迎接南昌起义军预作准备。村民和村农军争先清洗云祖祠周围空阔地带、村道，农协会做好保卫、迎送安排。是夜12时许，起义军终于赶到该村，家家户户抢先送饭、送开水，军民亲胜一家。深夜，起义军在云祖祠周围席地而睡，农协会员轮班守卫，劝哨兵争取时间休息。天蒙蒙亮，起义军便登程，村民沿途送别，军民热泪盈眶，感人至深。

后来，起义军在海丰的中峒和朝面山改编为工农革命军，与当地工农武装相结合，开展革命斗争。

在起义军进驻潮汕的日子里，"一切权力归工农市民""打倒国民党反动派""实行土地革命""耕者有其田""实行武装暴动"等口号广为流传，给潮阳区人民以巨大的启迪和鼓舞，为尔后建立大南山和小北山革命根据地，开展土地革命战争打下了坚实的思想基础。起义军在潮汕期间，还为潮（阳）、普（宁）、惠（来）三县留下一批武器和军事人员。贺龙部队给地方留下的炮兵连连长邓宝珍、贺志中等，成为后来创建大南山和小北山革命根据地的骨干，他们以大南山和小北山为第二故乡，真诚培养赤卫队队员，在大南山和小北山建军史上立下了功勋。

起义军艰苦转战，征途跋涉，处处保护人民利益，军纪严明。部队经过潮阳不宿民房，不拿群众一针一线，买卖公平，给潮阳人民留下深刻的印象，起义军从谷饶东寮村柑园经过后，群众发现园边有少量被剥下的柑皮，但地面上却存放着银元和铜钱，显然是起义军战士饥渴不得已所为。而两天后，国民党陈楷枢部队也从此地经过，满园柑果几乎被采光，柑树也被践踏损坏，两种军队截然不同的表现，在群众眼中形成鲜明的对比。

南昌起义军在潮汕时间虽短，但对潮汕的革命斗争产生了巨大的影响。南昌起义军进军潮汕和时任潮阳县部委林国英受命返回潮阳，促使潮阳迅速恢复了党组织活动，扭转了1927年蒋介石反共逆潮之后潮阳党组织被迫停止活动的局面，党的组织在斗争中也得到了发展壮大。南昌起义军既是战斗队，又是宣传队、工作队、播种机,在潮阳人民群众中播下了革命火种,唤醒了潮阳人民为自身的解放而奋起斗争。

三、中共大南山临时军委与红军第 47 团的成立

1929 年 5、6 月间,东江特委副书记方汝楫和特委秘书方其颐二人往省委汇报请示工作,途经潮阳县和平,在中寨大街上被国民党驻和平的警卫队拦捕,并立即被解往潮阳县城。方汝楫从狱中设法传给潮阳县委密信,提示营救他们的唯一办法是武装解决。潮阳县委立即组织营救,调动大南山基干队武装力量 50 人,协同一、二、三、四区农民武装力量共 160 多人,由海门洪洞农运领头人李求等打头阵,于一个夜间进攻县署。营救队伍进入县署时,因暴露目标,敌人居高临下扫射,营救队伍损失很大,只好撤退。次日晨,方汝楫、方其颐便被杀害。

此后,中共潮阳县委有鉴于大南山伏击战的经验及营救方汝楫等失败的教训,为改变潮普惠三县武装力量各自孤军作战、势单力薄的局面,于 1929 年 6 月发起成立了中共大南山临时军事委员会。陈海云任临时军委主席,陈锦、方光庆为临时军委常委,蔡端、吴峰为委员。由于统一了大南山革命武装力量的调度指挥,大大地增强了部队的战斗力。中共南山临时军委成立后不久,在临时军委的统一指挥下,大南山的革命武装相继两次击溃了进犯之敌,打死打伤敌军近 80 人。是年 7 月 5 日,当敌人大队人马再次进犯大南山时,大南山的武装队伍便迂回到仙城乡打游击,毙伤敌数人并缴获部分枪支。

1929 年 7 月,经广东省委请示中央同意,东江地区建立了中国工农红军第 6 军,潮普惠三县原来的工农革命军 3 个团队和部分县区精干的常备赤卫队合编为中国工农红军第 6 军第 16 师第 47 团。潮阳编为第 2 营第 5 连,惠来编为第 2 营第 6 连,普宁编为

第 2 营第 7 连。

7 月中旬的一天，三县武装力量 130 人集中于大南山林者世（现苏林）乡进行编队，并开赴林招乡参加第 47 团成立大会，正式宣告中国工农红军第 6 军第 16 师第 47 团成立，何石任团长，陈开芹任政委。当时由于第 16 师师部尚未建立，军事行动由东江特委和东江军委统一指挥。在其直接领导下，全团在对敌战斗中不断扩大力量，至 1930 年便发展为 300 多人，新增编 4 个连。随后，潮普惠三县县委又根据东江特委指示和第 47 团组建后的斗争实践，把分散的武装队伍统编为赤卫队常备大队。潮阳编为第 1 大队，大队长刘明合，惠来为第 2 大队，普宁为第 3 大队。并在大南山各乡村普遍建立、扩充赤卫队，使三县在大南山的红色区域不断扩大。从红军第 47 团的组建以至县、区、乡村赤卫队组织的建立，革命武装队伍接连的行动，使潮阳城乡人民深受鼓舞，而国民党反动派则惶恐不安。

四、潮阳海门洪洞等地农运、工运的蓬勃兴起

海陆丰农民运动的怒潮席卷潮阳，一区（棉城）、二区（海门）、三区（河浦）传扬着彭湃和其革命伴侣的英雄事迹。当时，革命形势喜人，二区与三区首尾呼应，位于潮阳县城之东南，村落星罗棋布，似成一勾弓形"新月"。从外四乡（包括洪洞、湖边、新地、坑尾）、内四乡、到塘边、下底及河浦大乡，距县城各仅二三十华里，这一带的农民运动刚出现，就给县城形成一个半月形的包围圈，对国民党反动派的政权是一大威胁。道高一尺，魔高一丈，反革命气焰十分嚣张，棉城风声鹤唳，弥漫着白色恐怖，被通缉的有林国英、郑之朴、刘大刚、马英俊等赫赫有名的革命领导人。

海门外四乡，东与河浦接壤，西与海门渔港毗连，北临内四

乡岗头等乡，南濒浩瀚南海，出太平洋。外四乡依偎大湖山，大湖山出自东山一脉，经径门岭转东南至龙头山。大湖山随着峰峦起伏，可分为一平一波三峰，可谓得天独厚的地形。洪洞村于龙头山下，龙头山昂首雄踞，望海腾跃，下有龙潭，势若伏龙潜海；湖边村的山头起峰，慢坡伏伸；新地村随着龙鳍峰腾起，依山而建；坑尾村依山脊起伏弯曲分布。四村四状，连成峰腾坡转的曲线，海面方圆数十里，海涛在村口洄漩，发出哗哗吼声，浪花飞溅，射出闪闪银光，笼罩了大湖山。这里耕地为海沙冲积土，土质贫瘠。由于海风巨浪搏击，滨海沙滩朝为沙丘，暮成洼堀。夏日烈焰如火，似沙漠滚烫；冬日走石飞沙，风沙蔽日，这片沙滩成为不毛之地。农民耕种的土地，除部分属该乡地主占有外，大部分为海门、凤岗、棉城、河浦四大乡大姓地主占有。高租勒逼，重利盘剥，杂税苛捐，民不聊生。几百年来，外四乡成为封建势力的"食邑"。出身外四乡洪洞村的李求，在农友介绍下与一区（棉城）农会领导人马英俊等接上线，1926 年入党，历练成为二区（海门）农运的组织、领导者，被潮阳部委任命为二区区委书记。他又与海门的工运领导人成文迪及三区区委书记郑金莲（岗头凤北人）紧密配合，唇齿相依，患难与共。他们对中国"农民运动大王"彭湃十分敬仰，坚信共产主义一定会实现。因而，互通农运、工运信息，互相壮胆，明知山有虎偏向虎山行，千方百计使工农大翻身，成为一、二、三区和小北山的革命先驱。

斗争的起伏，是对革命者一次又一次的锻炼和考验，1928 年至 1929 年，外四乡洪洞、湖边村率先组建农协会、农民自卫军，高竖起一面鲜红的犁头红旗，农协会会员和农军聆听了彭湃的精彩演说，激情澎湃。外四乡这一带农协会、农军组织十分出色，农民运动方兴未艾，气势磅礴，大湖山下的农村显现生机。洪洞、湖边村农协会牵头，海门、棉城、河浦的农协会、农军也行动起来，呼应洪洞、湖边村，摸准"抗租废债"重点对象，一起展开声势更大、效果更好的"抗租废债"的斗争，农民扬眉吐气，地主豪绅满脸颓丧。1928年夏收，棉城、岗头、河浦、外四乡等地的地主不敢前来催租逼债，有的逃往汕头等地，惶惶不可终日。李求坚定记住彭湃的教导，守望信仰，深入发动群众。海门洪洞村的农运蓬勃兴起，农民自卫军训练出色，该村一马当先，为海陆丰大南山革命根据地输送红军15名。在该村带动下，外四乡各村先后输送红军共48名。李求智勇双全，摸清一区、二区的革命斗争情况，想尽一切办法，保护海陆丰大南山、小北山革命根据地派来的联络员的安全，在敌人的心脏地区活动，使联络员在敌人的严防死守中仍能冲破封锁线，从田心危险地带安全转移至大南山、小北山。党的负责人林国英、刘大刚、马英俊等先后到过海门外四乡各村，对洪洞、湖边村的农运高度评价，称赞"李求领导有方，这里的农民很强悍！"洪洞、湖边村成为这一带的农运中心。

洪洞村附近有一座突兀的龙头山，位于大湖口湾的海边，从明朝以来一直是海防的一个知名哨口。这里，天风海涛涤荡，南眺大海过往船只，北指岗头来路。龙头山有两处龙喉洞口，上下迭连，幽径相通。前沿的刺仔岭野刺荆棘丛生，通往龙喉洞口，是进洞的必经之暗道，可通里外。农运领导人李求和农运悍将执委邻居李老天是患难相交的好兄弟。他俩不顾安危，经常聚集农运、工运领导骨干，在此商谈密策，龙头山洞是个安全的秘密隐蔽处所。很多地下党组织的领导人，在敌人追捕的危难关头，由当地农军当向导，到此隐蔽，避过锋芒，安全转移。人们称此洞为外四乡农运指挥部。

当时，在彭湃的关怀下，党组织派杨石魂、吴涵、林国英分别领导汕头、潮阳的工运、农运。他们悉心挑选工运、农运的骨干，终于物色发现了年仅 19 岁的成文迪，经促膝谈心，让他扮成小贩，奔走于汕头至河浦、棉城一带，为汕头、潮阳地下党带信，传递情报。经策划发动，1927 年，终于在海门詹家堀杨厝祠秘密创建了潮阳第一个海门造船工会，发展会员 100 多人，成文迪任海门工会负责人，他与当地农运领导李求取得横向联系，拜李求为师，他们亲如兄弟，互相配合。李求经常给其提供工运之策，开展革命活动。其时，反动势力上下勾结，千方百计残酷镇压工农运动，海门工运、农运的火种没被扑灭。

1927 年末，成文迪在杨石魂、吴涵、林国英的悉心帮助下，奔走于汕头、潮阳海门及棉城之间，广泛发动工人投身工运，他从秘密组织工会、组织集会到举行公开游行，在海门发动船工、渔工为提高工资、减轻劳动强度而进行经济斗争，与外四乡李求发动的农民抗租抗债斗争遥相呼应。密契配合。海门在洪洞、湖边村的带动下，农运、工运蓬勃兴起，成为全县的一面旗帜。

1928 年农历正月初的一次示威游行，就是在工农运动互相配合下海门镇进行的一次有声有势的斗争行动。成文迪率船工几百人，高喊"打倒臭十家"的口号（"臭十家"系指海门十家恶贯满盈的渔霸、资本家），冲击各渔船主、资本家行业，大振人心。他行进在队伍的前列，历数"臭十家"的罪恶，号召工人、渔民、农民联合起来进行斗争，海门的大街沸腾起来，声势迫人。这时，县侦缉队赶来，发起袭击，几十名工会会员被俘，工会会址也被焚毁。

成文迪没有被吓倒，急忙赶到洪洞村，在李求的指导下，见机行事，转入农运，协同李求在海门一带组建、发展农协会，发动群众抗租抗债，组织和发展工农自卫军队员。洪洞、湖边等村的自卫军组织健全，训练十分出色，冲杀在抗租抗债的前列，受到上级的表彰。外四乡的农民自卫军大智大勇，成为农运的佼佼者，在李求的率领下，逐步把武装斗争的范围扩大到海门和河浦、棉城一带。

正当海门农协会第3分会开展"抗租抗债"斗争的第3天，被国民党警察郑某盯梢了。在侦缉队围捕成文迪的千钧一发之际，老渔工广利伯挺身而出，掩护他安全转移。随后广利伯还火速赶到成文迪家中，通知其家人转移躲避，给侦缉队设下了"空城计"。当晚，侦缉队毫无所获，恼羞成怒，鸣了几十发子弹，愤愤而归。

1928年农历正月十三日，成文迪等人准备当晚惩办郑某，但反动派先走一步。不久后，郑某等人竟把成文迪家的房屋、家私用煤油浇烧，并宰食其家大猪，然后逃遁。成文迪的父亲被迫抛妻离子出走"过番"。而其母带着两个幼女东逃西避，无家可归，只好在厕所的废地，搭起一间简陋茅寮，用破船枋当铺盖，借以栖息。成文迪在这次劫难中，不但不灰心，反而决心重振声威，他率领工人群众公开捣开海门的"当铺"，查处不法粮商，开仓济贫，此举为满城群众拍手称快。他在海门"守府衙"住过3天，组织工会会员，继续向群众宣传革命道理，他年轻有为，亲自上场演讲，听众很多，都称赞这个有胆略、有口才的青年。有的说，成文迪聪明英勇，是"鬼生的"好后生。成文迪还配合县城地下党组织捣毁县城烟膏局、海门烟膏馆，在曾厝间杀掉一名叫"四舍"的地痞，缴获其几支枪支。他紧密配合县城革命活动，于1927年秋，率工会会员参与攻打潮阳县署，营救"四一五"被反动派拘禁的共产党员、农会干部，"劫狱"斗争一举成功。他还在李求（时任二区区委书记）的指挥下，和李老天、工会会员一起筹集转运炸炮、火药、枪弹，支持县城和大南山、小北山的革命斗争。

成文迪拼命投身工运、农运，最终积劳成疾，但还是咬紧牙关，无怨无悔。1928 年仲春，形势告急，由于叛徒出卖，他在重病无力回击时被捕，受尽严刑拷打，没有吐露一点机密。1928 年 3 月 31 日，被押至棉城龙井"坛坪埔"枪毙。临刑时他唾骂反动派，高呼口号，怒不下跪，从容就义，时年仅 19 岁。他被杀害后，敌人穷凶极恶，铡下其头颅，沿街向 18 家商贾勒索钱财，后将头颅悬挂于县城东门外树上示众 3 天，暴尸野外，后由善堂收殓。

中华人民共和国成立后，政府追授成文迪为革命烈士，并于烈士故乡海门镇莲花峰侧另建墓茔，把其遗骸迁葬于此，同南宋英雄文天祥丞相、抗元义士张鲁庵的忠魂安葬在一起，为莲峰正气增添一色，为教育后代增添一课。

其时，二区（今城南街道）岗头乡，是一个包括四个村的大乡，距县城仅七八公里，毗邻南塘乡，首尾相接，官府就在眼皮底下的城里，军警过往频繁。县委委员林国英、马英俊等坚决执行彭湃的部署，经常来岗头开展农运活动，筹建农会，郑金莲（今岗头凤北村人）在他们的教育启蒙下，觉悟提高，勇敢挑起重任，主持农会筹备处工作。他同海门洪洞村的李求分别组织、掌握内四乡和外四乡等村庄的农运活动，和郑长林、郑益林、姚管等人，根据上级指示，发动农民兄弟加入农协会，秘密组织农民自卫军。农会活动地址先是在凤上村的大厝内，后移于郑厝老祠，农民自卫军正面以保护洋坊、维持治安为名，暗中切断敌人的电话和通讯设施，配合红色地带的外四、河浦（三区）等乡村进行减租抗债斗争，在乡里进行重点打击高利贷剥削和抵制外乡地主逼租逼债活动，取得群众的拥护和支持，农协会会员和农军发展到几百人之多，人多势众，纪律严明，行动统一，地主、豪绅闻风丧胆。

根据上级党组织和彭湃的部署，以农村包围城镇，给反动派狠狠的打击，是当时斗争的重要策略。郑金莲铭记彭湃的贴心话，紧紧把握这个斗争大方向，他与洪洞的李求把岗头、南塘、塘边、下底等村庄，形成红色的包围圈，这对国民党统治中心的潮阳县城（棉城）构成严重的威胁。

1927年秋，郑金莲审时度势，相机行事，组织岗头乡农军60多人，连同海门洪洞、湖边等村的队伍，配合三区农军负责人郑明宪，农会干部蓝松坤等人，组织了200多人的武装队伍，经常活动于河浦乡、五南、钱塘、下底等地。在李求、郑金莲、郑明宪的率领下，在反屠杀的战斗中，洪洞、湖边等村的农民自卫军、农协会一起行动，利用高地、堤防等有利地势，和敌人斗智斗勇，一举击毙前来"围剿"的国民党军警80多人，缴获长短枪80多支，使敌人闻风丧胆。这一次战斗，给国民党县政府和军警以沉重的打击，威震棉城、海门、河浦，成为滨海的一面旗帜。

随着斗争形势的发展，郑金莲在政治、军事上取得进步，显得更加成熟。1928年，郑金莲被党组织调任中共潮阳县第三区（达濠河浦）区委书记，和蓝松坤紧密配合，领导潮阳县第三区河西23乡农民自卫军，坚持革命斗争。有一次，自卫军在浮山村祠堂开会，他们获悉敌人出动人马前来"围剿"，当机立断，宣布暂停会议，与会人员疏散，一面指挥农军掩护群众撤退到安全地带，一面组织农军绕道反"围剿"，伏击敌人，同敌军展开肉搏战。此役，歼敌9名，缴获短枪10支。次日，敌人大队人马进犯，他们率领队伍，殊死掩护群众转移，使敌人的疯狂进犯不能得逞。有一次夜里，第一、二、三区领导人正在洪洞村海滨龙头山石洞开会，李求警惕性极高，时刻关注细听洞内外的风声。果真不出其所料，由于叛徒告密，海门警察所出动人马前来搜捕。李求得到当年16岁的女儿李玉枝抢先前来报讯，他们果断转移，使反动军警扑了一空。

1928 年秋，由于革命形势逆转，海陆丰大南山革命根据地领导机关被敌人围攻，领导人突围脱险。平原地区斗争趋于低潮，形势急剧直下，革命队伍中一些不坚定分子动摇变节。第三区农军另一领导人产生悲观情绪，受到郑金莲的批评而不满，他暗中通敌，出卖情报。1929 年农历六月的一天深夜，正当第三区农民自卫军分为两部驻扎海门洪洞、湖边村和第三区塘边村时，郑金莲在象头村接到报讯，敌人分两路进犯，首尾包围洪洞、湖边村和塘边村农民自卫军的活动中心，郑金莲跃然而起，两手紧握双枪，冲出象头村，发现敌人大有"黑云压城城欲摧"之势，他急中生智，朝沙滩小路向塘边村疾跑，力图率农军抗敌，被敌发现，他为使农军得悉敌人前来"围剿"的信息，鸣枪击敌，自己陷入敌人的包围圈。他孤胆双枪，边打边退，进入蔗寮隐蔽。敌人集中火力向蔗寮射击，企图逼迫这一"双枪手"弹尽受擒。郑金莲在战斗中，不幸右腿被子弹击中，他坚定地突围，引敌人追捕以延长时间，可让农军队伍撤离村庄，由于伤口血流如注，精疲力尽，最终倒在坑沟之中，光荣牺牲。郑金莲的胞兄郑明宪也在当天的反"围剿"战斗中被捕遭枪杀。一门双烈，一代英风，金石隽永，莲峰增色。

1930 年 11 月中旬潮普惠工农兵代表大会在大南山革命根据地的大溪坝村召开，惊动了国民党反动派的潮汕当局，急忙派出密探、军警，盯梢、堵截、抓捕与会人员。

洪洞的土豪劣绅立即把李求参加潮普惠工农兵代表大会的消息密报反动当局，悬赏"花红"（奖金），截捕李求。洪洞乡的叛徒李某庚被敌奖金收买，摸准李求何时经何地返乡的路径。并于 1930 年 11 月 16 日充当向导，带驻岗头乡伪联团、爪牙等，提前等候伏捕，当李求经过小山道"径门"时，中计被捕。这伙反动派如获至宝，立即将其押赴国民党县署请赏邀功。李求被施用酷刑后囚禁于监狱。

李求之妻和担任村儿童团队长的女儿李玉枝伪装成同牢监犯河浦人的妻女前往探监，看到李求双重镣铐，举步艰难，悲痛欲绝。李求暗示妻女坚信共产主义一定能实现，设法通知革命农友，把其隐藏在家中牛舍的土炸炮、弹药等，秘密转移到湖边村农民自卫军的联络点。

敌人硬软兼施，毫无所获，恼羞成怒，于 1930 年 11 月 19 日（农历九月廿九日），把李求押到棉城北关大榕树下枪杀。李求正义凛然，从容就义。他面对刽子手斥责道："你们杀我一人，很多人会为我报仇，20 年后见分晓！"

20 年后，全国解放了，潮阳开展清匪反霸运动，当年杀害李求的刽子手终于受到人民政府的惩办，人民政府追认李求为革命烈士，缅怀这位曾和彭湃并肩战斗过的英雄。

如今，洪洞、湖边、新地、坑尾发展迅速，广汕高速公路的出入口飞桥高架就在山边，桑田金波绿浪，一片繁荣景象。2017 年，海门镇被评为全国特色名镇。洪洞、湖边等村以李求为榜样，完成先烈未竟的遗志，在新时代有新作为，在新征程建设社会主义新农村。

五、潮阳和平抗租、抗债和借水斗争的胜利

海陆丰革命根据地大南山和小北山，像一条振奋欲跃的巨龙，盘卧在潮、普、惠、揭诸县的交界处，山里淙淙的流水，汩汩地流向两侧山麓的溪河，灌溉着沃野田畴。在百里平川的北麓、练江平原出海口的潮阳县和平乡，当大南山革命运动遭敌骚扰之际，反动军警同当地豪劣重租迭税掠夺盘削，人祸加天灾，这里又遭遇了夏旱延续秋旱，和平农民如饥似渴地盼望老天下雨。

1929 年，和平（四区）各村水源枯竭，田园受旱，已插下的

稻苗开始焦黄，眼看旱灾在持续，天空虽时有密云涌现，而半滴甘露不洒，在田里就地凿井汲泉已无济于事，各村绅耆领头在下宫妈前设坛祈雨，可是任凭人们无限虔诚，叩头跪拜，老天毫不怜悯，人们愁眉苦脸，摇首叹息，这个地处练江下游的"鱼米之乡"碰到了缺水的威胁。救旱如救火，这里的中共地下党组织意识到这是一场严酷的斗争，与国民党反动派斗，与天斗，与地斗，更要与传统观念斗，这是其时当务之急的焦点。

这时东江特委委员、潮阳县委常委、县农协会主席马英俊（棉城五仙乡人），在这危急关头，被党派来兼任四区区委书记，秘密联络点就设在下寨村里，他眼看旱情，耳听农民呼声，肺腑如火烤燎。他立即秘密召开四区区委紧急会议，集思广益，研究对策，通过里美、下寨、高厝寮、白石等村的秘密农协会，发动100多名会员，秘密联络广大人民群众，向地主开展赖租斗争，统一以"先交多少（小部分），晚造还清"的说法顶住地主的催租逼债。正如马英俊的"众人脚毛打成索"的形象动员讲话那样，团结起来就有力量。地主无可奈何，只好点头答应。农民缓解了生活的困难，增强斗志，加深了对农会的信赖。于是，属于第四区辖下的中寨、下寨、梅花等村落都有很多人参加农协会。至中秋前后，农协会会员倍增，全区达200多人，燃起了史无前例的农运烈焰。

是年秋旱严重，练江水位大降，海水逆上，江水变成咸水，水田已被晒得龟裂。唯一可以解急的是当地300多口鱼塘的水，还可向距和平15公里远的两英古溪乡借水。但是，动用鱼塘水灌田必经鱼塘主同意并交付水费，以往负担的办法是"主佃两边开"，而当时的农民又普遍苦于无钱。于是，已经转移隐蔽在和平港尾村的中共潮阳县委和四区区委在调查掌握上述的情况后，组织和领导了一场借水赖债的斗争。开始，县委和四区区委通过秘密农协会的会员发动农民，提出先向鱼塘主借水，后向古溪乡借水，以"水钱主佃两边开（每亩各负担2块大洋），田主先出钱"的办法，一致对付田主。为收田租，田主只好应允。秋收前，稻田又需最后一次灌水，而当地的鱼塘水已降至最低水位，不能再动用，向古溪乡借水势在必行。中共潮阳县委和四区区委又不失时机地提出：借水事紧，筹款缓不济急，各房头（宗族派系）的公款应先垫付。并通过秘密农协会的会员在农民中达成一致，形成社会舆论，迫使乡公所召集各房头会议，限令先垫公款，由善堂向古溪乡联系借水。当古溪乡的水流进和平下寨的溪河时，乡公所规定每亩稻田应立即缴交借水费两块大洋，无交费者不准使用水，否则没收工具。对此，潮阳县委及时作出决策，以没有落款的告示形式张贴于街头巷口，向农民群众发出聚会通知："无钱不准车水，稻田就要晒死，大家如何主意？晚餐后请到高氏祖祠商议"。当晚，高氏祠堂前人群济济，县委、区委以及该乡的党团骨干都混在人群中帮助组织维持秩序。县委常委、四区区委书记马英俊公开出面主持，四区共青团负责人马毅友当场发表《由土地来源到土地革命》的演讲，浅显生动地揭示了农民无土地受剥削和农民要翻身就要团结起来斗争，开展土地革命的道理。马英俊一针见血地插话："脚马企得好，蚱蜢打赢老鸡母"，鼓励大家团结斗争。

紧接着，针对乡公所关于无交钱不准车水的规定，提出了应该怎么办的问题，组织引导大家讨论。当时，气氛热烈，群情激愤。讨论中，大家一致认识到地是地主的地，农民只是佃种交租，已受到了剥削，不应该再负担抗旱水费，应该团结起来，同田主和乡公所作斗争。同时，还挑选了几十位农协会会员组成护水保卫队伍，分工负责保卫车水的农民群众。第二天清早，农民群众理直气壮地到各溪河引水灌田，乡公所的职员不敢出面干涉，所丁们见各溪岸都有人监护，也不敢轻举妄动。

晚稻登场了，虽然收成只是往年的六成，但是照例要交租。这时，朱毛红军已攻入梅县、大埔，中共潮阳县委抓住这一有利时机，指示基层地下党组织书写"欢迎朱毛红军入东江"的标语遍贴于和平乡，并发动农民群众开展了抗租斗争。此时，很多农民主动要求加入农协会，党的影响空前提高。农民们说："今年地龙行到和平寨，赤派真正顾硗（穷）仔。"县委书记李绍发写了一首歌谣，在农民群众中传播，歌词是："嘟嘟嘟，田仔骂田主，田仔做田做到死，田主喝茶食白米。有做有好食，无做就着歇。大家起来手牵手，来跟地主见输赢，伊人少，俺人多，俺定胜利擎大旗！"这是一篇号召农民群众起来与地主作斗争的战斗檄文。此时，海陆丰农会印发的七字《秋收歌》也传到和平。"歌手的声音，可以唤起阶级觉悟"，这些歌谣把和平的农民群众的斗争情绪调动起来了。至此，县委、区委以和平抗租委员会的名义发动上寨、中寨、下寨以及附近各乡农会会员在群众中带头抗租，使海陆丰农运的先导革命于和平开花结果。

为配合和平的抗租斗争，中共潮阳县委还组织大南山的武装队伍开展游击战，袭击中寨、下寨两个乡公所，收缴他们的武器。还发动了金浦、梅花以至全县各地开展赖租、减租、抗租的斗争。通过抗租斗争，有效地打击了农村的反动势力，使农民群众减轻了经济负担，改善了生活，增强了革命热情。不仅如此，各地的秘密农协会在斗争中得到巩固发展，有的地方还新建立了秘密农协会。和平的借水斗争和全县抗租斗争的胜利，改变了1928年以后全县农民运动处于低潮的状况，开创了中共潮阳县委组织领导的农民运动的新局面，鼓舞了全县农民群众的斗志，为党领导农民开展革命斗争积累了经验，推进了全县农会组织的巩固和进一步发展。

　　1930 年，随着东江地区武装暴动的发展，各县农会转为县革命委员会，在大好形势的推动下，在中共潮阳县委的领导下，一区、二区、三区、四区、五区、九区等的区乡农会也相应改为区、乡革命委员会。县革命委员会成立后，很快颁布了土地纲领，开展土地革命，全面开展分配土地工作，海陆丰大南山、小北山革命根据地初步形成。

根据地的发展阶段

1930 年 9 月下旬，中共六届三中全会在上海召开，全会批评以李立三为代表的"左"倾错误，停止了组织全国总起义和进攻中心城市的冒险行动，结束了"左"倾冒险主义在中央的统治。

一、闽粤赣边区党代会与中共潮普惠县委成立

1930 年 10 月下旬，为贯彻中共六届三中全会精神，中共中央委员邓发和广东省委宣传部部长李富春来到东江特委所在地大南山。11 月 1 日在大溪坝村余氏祖祠主持召开了闽粤赣边区第一次党代会，参加会议的有东江各县代表 70 多人（闽西、赣南的代表未能赶到），方方担任大会秘书长。会议的主要内容是传达中共六届三中全会关于纠正李立三"左"倾冒险主义错误的决定，联系东江实际，批判此前"左"倾冒险强攻城镇，造成损兵折将的错误；会上确定了今后的战略方向，要在边区建立巩固的农村革命根据地，加强政权建设，深入进行土地革命，扩大武装力量，开展游击战争，扩大苏区，以实现党中央提出的把闽粤赣三省边区根据地连成一片并与中央苏区连接的战略意图。会议决定成立中共闽粤赣边苏区特别委员会，选举邓发为特委书记。同时决定在东江地区成立中共闽粤赣特委领导下的西南分委（辖潮阳、普宁、惠来、揭阳、海丰、陆丰、紫金 7 县）和西北分委（辖兴梅等 7 县），分别由颜汉章、刘琴西担任书记。还组建了潮普惠等 7

个边区县委和一个边区县工委。

这次会议对潮普惠的革命斗争具有重大意义，其停止了"左"倾冒险行动，使大南山革命根据地形成统一的整体，对大南山、小北山苏区的巩固和发展，红军和地方武装的壮大，土地革命的深入开展等都起到了积极的作用。会后，根据边区特委的决定，潮普惠三县党组织合并，成立中共潮普惠县委，书记陈醒光（海丰人）。

为了便于组织领导，中共潮普惠县委把原来潮阳、普宁、惠来三个县地域划分为棉城、玉峡、贵屿、普城、大坝、流沙、云落、惠城、靖海、葵潭 10 个区，并抓紧成立了 9 个区的委员会。1931 年夏又增设了南山与北山特区，并建立 2 个特区的委员会。当时中共潮普惠县委共有 260 个党支部，党员 1400 多人，其中南山特区的党员占全县党员人数的一半。西南分委和潮普惠县委先在大溪坝村，后在叠石村开办党校，培训县、区党员骨干。潮普惠县委也在机关所在地大陂村举办多期党员训练班，提高了党员的政治思想觉悟和政策水平。

二、海陆丰小北山革命根据地的创建

土地革命战争时期，地处潮（阳）普（宁）揭（阳）三县接合部的汕头市潮阳区金灶镇徐厝寮（徐寮）、官母坑（官安）、外美、下寮、高斗、乐安 6 村，是小北山中部的山村，在中华人民共和国成立前属揭阳县管辖，后划归原潮阳县金玉镇（现属金灶镇）。建制几经变迁，致地方党史资料缺失，历经当地文史工作人员深入调查取材、考证核实，才形成此翔实的小北山老区革命历程史实。

小北山层峦叠嶂，大尖山、羊路山绵亘陡陗，高低盘错，舒展百里，土质肥沃，宜林宜果，这一带的山脉天然雄奇，别具风韵，怪石嶙峋，岩洞密布，其战略地位可称险要。它和大南山南北鼎立，遥相呼应，当地百姓来往频繁，这两个兄弟区是海陆丰革命根据地的外围前哨。其时，这一带拥有 2000 余户、11000 余人，较长时期是粤东古邑揭阳的辖地，可谓地灵人杰，乡民尤以淳朴、勤劳、勇敢、智慧、机灵著称。

由于反动统治的腐败无能，榕江两岸，民不聊生，满目疮痍。"五四"运动后，这里的徐厝寮、官母坑、外美等六村的革命岁月开启了。在海陆丰革命的洪流中，这一带惨遭国民党反动派的蹂躏，村庄农舍散了又建，建了又散，经受了血与火的考验，为中国共产党的历史和海陆丰小北山革命根据地史增添了光辉的一页。在土地革命战争时期的 1927 年至 1935 年，小北山地区历经 8 年的革命洗礼，在揭阳县委和潮普揭县委（县工委）的正确领导下，保卫了海陆丰革命根据地，艰苦卓绝地坚持反"围剿"斗争。徐厝寮、官母坑、外美先后被国民党反动派焚烧 13 次，不少家庭家破人亡，妻离子散，甚至有些成为绝户。下寮、高斗、乐安等村也同遭洗劫，这一带村民弃村离舍，有的四处奔波长达 3 年之久。这里的革命同志和广大村民忍辱负重，勒紧裤腰带，把节省下来的粮食、衣被，无偿支援红军和县委机关同志，让血气方刚的儿女参加红军，投身革命。徐厝寮、官母坑、外美等六村的人民是坚韧不屈的英雄，他们咬紧牙关，为捍卫海陆丰小北山革命根据地做出了重要贡献和巨大牺牲。

据《中国共产党揭阳县组织史资料》记载，东江特委根据革命斗争形势的发展变化，于 1931 年春，任命广东省农运特派员、优秀党员梁良萼担任揭阳县委书记。他率委员陈达、叶静山于危难中赴任，审时度势，选择宜守宜攻的偏远山区作为根据地，因此把县委机关设于潮普揭三县交界处的现潮阳区金灶镇徐厝寮、官母坑、外美村。

1931 年 5 月，东江特委干部扩大会议后，以普宁县麒麟区为基础，成立小北山特区，随着革命斗争的发展，在特区的基础上，于 1932 年 8 月建立潮普揭县委会，受东江特委领导。1933 年 2 月，改为工作委员会，机关仍设于徐厝寮、官母坑、外美一带，书记张锄，委员卢笃茂、黄生、谢武。当时，徐厝寮、官母坑、外美村成为海陆丰小北山根据地党、政、军领导机关所在地，是小北山革命根据地的领导、指挥中心。揭阳县和潮普揭县委（县工委）历经艰难曲折，率领这一带的人民，开展反"围剿"的革命斗争，一直坚持到 1935 年。这六个山村肩负保障和掩护揭阳县委和潮普揭县委（县工委）机关所在地的历史重任。这六个山村，在革命的危难岁月，仍前仆后继地用鲜血和生命在人民心中筑起了一座不朽的丰碑，成为海陆丰革命根据地小北山地区一面鲜艳的红旗。

海陆丰小北山革命根据地基本形成，小北山的革命红旗飘拂，揭开了潮阳历史光辉的一页。

三、苏区文化建设

小北山革命根据地学习借鉴大南山革命根据地彭杨军事纪念学校的经验，也举办各类学习班，培训党员和农协会会员、农民自卫军、赤卫队的骨干。同时，小北山革命根据地从大南山军事纪念学校获得教材。《东江红旗》《潮普惠红旗》《红五月》《革命画报》等刊物相继传到小北山，成为小北山各类学习班的教材。

1931 年，大南山革命根据地在四面环山的大溪坝村建起了戏台、球场、秋千场，东江特委书记徐国声把这里命名为红场。翁千在巨石上雕刻"巩固苏维埃政权"的大标语，还凿了 16 级石阶通往巨石的顶部，使巨石成为天然的阅兵台。从此，红场便成为苏区军民的政治文化活动中心，练兵、阅兵、集会及文体活动都在这里进行。这里的硬件设施建设、红色石刻标语等，吸引了到过大南山的小北山红军、赤卫队员、农会骨干。徐厝寮有一赤卫队员从大南山带来了"巩固苏维埃政权"这幅珍贵的石刻革命标语的照片，由村里的秀才仿效照片的字体精心书写，挂在农协会最显眼的大门口，附近村庄的农协会员看了赞不绝口，翁千石匠的名字在小北山传开了。

1928 年 3 月，革命石匠翁千受命于东江特委书记彭湃，先后率一家三代奔赴大南山，以巨石为笺雕刻革命标语，在大南山和惠来、普宁辖区的巨石上及山路边刻下了"拥护中国共产党红军苏维埃""实行土地革命""工农兵团结起来"等大量的石刻革命标语。为此，翁千一家三代中先后有五个人在潮普惠献出生命，石刻革命标语字字含血。大南山石刻革命标语，是全国罕有的、数量多、保存完整的红色石刻群，是彭湃书记和海陆丰大南山革命根据地的杰作，它给后人留下了极其珍贵的精神财富，是广东省级文物保护单位。

四、苏区土地制度改革

中共潮普揭县委（县工委）和县苏维埃政府成立后，把土地革命作为巩固和发展小北山革命根据地的首要任务。苏区的土地革命，是根据中共六大通过的《土地政纲》、东江特委的《关于没收分配土地问题的决议》的政策原则执行的。县委和县苏维埃政府成立土地委员会，苏区各乡任命了土地委员。小北山组织了雇农工会和贫农团，其主要任务有两个：一是坚决贯彻雇贫农当家做主，与中农建立巩固的联盟，集中力量斗争地主、富农，没收地主的土地和富农多余土地的阶级路线和政策；二是纠正只分配土地，不分配山林果树的错误。

土地改革的基本原则是：没收豪绅地主的财产土地和富农出租的土地，分配给农民；保留中农的土地；土地分配按人口计算。在分配中，贫、雇农分得好地。此外，尚留一部分土地作为公田，池塘则为公有，统一由苏维埃政府管理。小北山区的徐厝寮、官母坑、外美等六村至1932年10月，已将1200多亩土地、3600多亩山地全部分给农户。根据地和附近平原地区流传着"地主土地来没收，贫雇中农免愁忧，男女老少都有份，丰衣足食乐悠悠"的歌谣，红色苏区人民意气风发。

第四节 反"围剿"斗争阶段

一、"左"倾错误对潮阳的危害

1931 年 1 月召开的中共六届四中全会后，以王明为代表的"左"倾教条主义错误在党内占了统治地位。正当大南山、小北山革命根据地取得节节胜利的时候，遭到了王明"左"倾错误的干扰和危害。

1931 年 5 月 18 日至 20 日，广东省委派徐德主持召开中共东江特委扩大会议，传达中共六届四中全会精神和广东省委的指示。会议宣布取消中共闽粤赣特委西北、西南分委，恢复中共东江特委，由徐国声任书记，受省委直接领导。并决定停止潮普惠县委的工作，由东江特委直接领导所属区委。由于这一决定受到潮普惠县委的抵制，省委对此认为是"反布尔什维克团（AB 团）""社会民主党"和地主富农控制了潮普惠县委和苏维埃的领导机关。于是决定在大南山领导机关中开展肃反斗争，并于 6 月派省委委员兼军委负责人袁策夷到大南山担任军委主席，负责主持肃反工作，组织了政治保卫队，设置监狱，大搞刑讯逼供，造成了恐怖的气氛。

从 1931 年 8 月至 1932 年 3 月，肃反工作遍及整个大南山苏区，从东江特委、军委等党、团、政、军的负责人到区、乡、村的基层干部，都有人被捕被杀。就连红 10 军军长古大存及团中央巡视员吴义也被诬为"AB 团"，而被扣留险遭杀害。这次针对纯属子虚乌有的"AB 团"的肃反运动，错杀了一批党政军的领导骨干。潮阳地区也遭到波及，革命事业遭受挫折，一段时间里潮阳党的领导机关暂停活动。

错误地开展肃清党内根本就不存在的所谓"AB 团"和"社会民主党"反革命组织的斗争，给海陆丰小北山革命根据地造成了严重的危害：一是严重削弱了各级的领导力量，使部分领导机关的工作处于停顿或半停顿的状态，不能正常组织和领导当时的革命斗争；二是严重削弱了革命力量，部队中排级以上干部受审查的占 50％以上，造成部队减员；三是伤害了民心，动摇了苏区的基础，使亲者痛、仇者快，为国民党反动派"围剿"革命根据地提供了可乘之机。历史的悲剧和教训，值得人们深思和引以为戒。

二、艰苦战斗破"围剿"

1932 年 3 月开始，在国民党第 3 军军长李扬敬的指挥下，第 3 军的两个师和黄任寰的独立第 1 师、张瑞贵的独立第 2 师、张权新的第 4 师等 5 个师，以及陈腾雄的独立团，共 1.5 万人，向东江各革命根据地展开大规模进攻，重点为潮普惠的大南山、海陆惠紫苏区。而当时在大南山的东江红军只有两个团，加上常备赤卫队和游击队也只有 1500 多人，仅是敌人兵力的十分之一。东江一带革命形势陡然逆转，面临严峻局面，大南山和小北山根据地进入了艰难困苦的反"围剿"斗争阶段。

小北山区徐厝寮、官母坑、外美等六村的土地革命声势震撼着潮普揭三县，成为海陆丰小北山革命根据地的旗帜。因此，国民党反动派视其为眼中钉，必欲荡平而后快，先后派出密探，乔装成农民、商人，搜集小北山情报。经多方密谋策划，1932 年 9

月 30 日，国民党驻揭阳军队派出 3 个加强连的兵力，由徐厝寮村富农分子许某带路，气势汹汹地扑向徐厝寮、官母坑、外美村。驻扎在这几个村的潮普揭县委机关同志和红军、农民赤卫队一道，充分利用山峦绵亘错落的优势，与敌人展开了一场殊死的血战，几度拦阻与击退敌人的猛烈进攻。最后，敌人倚仗兵力和武器装备的优势，攻进徐厝寮村。潮普揭县委（县工委）和红军为保护人民生命财产，且战且退，一方面组织尖兵队阻击敌人，一方面组织和掩护群众转移到大尖山、羊路山，保存实力。最后，因敌强我弱，无法击退敌人进攻，潮普揭县委和红军主力不得不撤出徐厝寮、官母坑、外美村。

在这次反"围剿"战斗中，农民赤卫尖兵队队员许进运、许宝春、许亚凸、许亚音等，在危难关头，把生的希望让给群众，把死的危险留给自己，灵活地指挥群众绕小道转入安全地带。他们因掩护群众撤离而来不及转移，不幸被捕。他们面对凶狠的敌人，经受了多次酷刑，依然面不改色，保守党和农协会、农军、赤卫队的机密，最后被敌人残忍地杀害了。敌人进村，烧、杀、抢、掠，无恶不作，疯狂地焚烧村庄里的房屋、山寮、果树、山林，连片的甘蔗被烧成灰烬，所有耕牛和牲畜被抓走，生产工具和生活用具也被烧毁，来不及撤离的妇女被奸淫，到处腥风血雨。国民党反动派又欠下了徐厝寮、官母坑、外美等六村人民的一笔血债。

这四位捍卫海陆丰小北山革命根据地的英雄，是革命老区人民的骄傲，他们的英名和大智大勇、顾全大局、献身家国的英勇义举及光辉形象，永远活在小北山一带人民的心中。

敌人的"围剿"和烧杀，并没有吓倒小北山一带的徐厝寮、官母坑、外美等六村人民，反而更加激起了他们的阶级仇恨，他们以彭湃夫妇的革命英雄事迹为榜样，在潮普揭县委（县工委）

的领导下，逃到平原地区的村民擦干眼泪，又回到故乡，重整旗鼓。当地农协会、农军配合红军、赤卫队开展反"围剿"斗争，筑碉堡，挖战壕，在红军、农民自卫军的带动下，夜间练武，整队列，学射击，学投掷手榴弹，时刻准备与敌人展开更加艰苦和英勇的斗争。

道高一尺，魔高一丈。国民党反动派某正规部队团长何宝书拍着胸脯说："一定要铲平小北山"。他把团部设于普宁广太，在潮属金玉东坑村设"剿共"联络处。1932年10月8日，在其率领下，向以徐厝寮、官母坑、外美为中心的小北山革命根据地发起反革命军事"围剿"。面对凶残的敌人，中共潮普揭县委（县工委）、驻小北山红军与这一带的人民同仇敌忾，依据大尖山、羊路山山峦高低盘错的地形特点，采取灵活机动的战略战术，居高临下，阻击敌人。不仅如此，附近青壮年村民携带大刀、尖串、长矛，纷纷赶来助战，全民皆兵，锣声阵阵，声东击西，誓与来犯之敌决一死战。战斗中，机智的外美村农军尖兵队从高山之处抛下巨石，挡敌之道。敌军很快溃退，有的落溪汹水逃命，有的脱掉军服逃跑，十分狼狈。此役，击毙敌人80多名，缴获枪支、弹药一批。团长何宝书险些丧命，骑马逃遁。徐厝寮、官母坑、外美农协会在协助红军清整战利品的同时，惩治帮助国民常反动派的富农和狗腿分子，缴获他们私藏的枪支弹药，武装农民自卫军。此战，大灭了敌人的威风，大长了小北山革命根据地的志气。

1935年秋，敌军压境，小北山革命乡村丧失，村民弃舍离乡，革命活动处境艰难，军民缺衣少食，形势逆转，游击队只好分散活动。是年6月以后，革命者有的被杀，有的被捕，有的不知去向。一些经不起严酷斗争考验者先后逃跑离队，潮阳等地的革命斗争处于低潮时期。

三、苏区人民守望信仰

"野火烧不尽，春风吹又生"。海陆丰小北山革命根据地，由于植根于彭湃领导的海陆丰革命根据地农民运动的深厚土壤，又受到周恩来参与领导的两次东征、主政东江和"八一"南昌起义军南下的影响，加之在这个时期能把建立根据地、坚持武装斗争与开展土地革命三者紧密结合起来，紧紧依靠群众，所以有很强的生命力。

小北山苏区和潮阳人民在上级和潮普揭县委（县工委）的领导下，坚信彭湃关于共产主义一定会实现的教诲，不忘初心，守望信仰。隐蔽中的小北山一带的徐厝寮、官母坑、外美等六村的党员、团员、农协会员、农军、赤卫队员，面对低潮逆境，在失去组织联系的严峻时刻，仍主动地与上级派来的党员骨干接上线，自觉地同青年学生的抗日活动相结合，积极投身抗日救亡运动。他们认真贯彻中共中央的指示，巧妙隐蔽，积蓄力量，采取灵活的应变措施，积极开展统战工作。不仅如此，他们还抓紧组建抗日武装，配合潮汕抗日游击队作战，继续为抗日战争做贡献。

第三章

抗日战争时期

党组织的恢复发展与抗日救亡运动的高涨

一、"九一八"后潮阳的抗日救亡运动

1931 年 9 月 18 日深夜,侵华日军发动"九一八"事变,4 个多月后,完全侵占中国东北,并成立伪满洲国。而蒋介石政府在日本的大举侵略面前却一再退让。中国共产党从"九一八"事变起就坚决主张对日抗战。9 月 20 日,中共中央发表了《为日本帝国主义强暴占领东三省事件宣言》。11 月 27 日,刚宣告成立的中华苏维埃共和国临时中央政府又发表对外宣言,号召全国人民动员起来,武装反对日本的侵略和国民党的反动统治。全国抗日的热情空前高涨,各地纷纷成立抗日组织,开展抗日救亡运动。

潮汕大地,抗日热情迅速点燃。汕头的"学生抗日救国联合会"组织中小学的抗日罢课和示威游行,并到国民党市党部请愿,要求惩办贩卖日货奸商,还捣毁了国民党市党部。潮阳东山中学率先成立了"学生抗日救国会",组织抗日罢课和游行示威,学生轮流到车站、码头查禁日货,还开展抗日救国文艺宣传,募捐筹款支援东北抗日联军。在东山中学的带动影响下,全县城乡各地都相继成立了抗日联合会,开展抗日宣传和查禁日货运动。在六区南阳乡高级小学校长、地下党员郭基声,联合各分校、村校的郭启木、郭绍正等,成立了学校师生宣传队,在南阳、贵屿一带掀起了抗日救国、抵制查禁日货的行动。

1932 年 4 月 18 日，仍在大南山坚持反"围剿"斗争的中共东江特委召开扩大会议，作出了《关于目前政治任务及一般工作决议案》。提出加强领导青年学生参加抗日运动。潮普揭县工委派张声久到潮阳六区横窖小学任教，负责联系贵屿、南阳一带的地下党员开展抗日救亡斗争。这一带形成了一个宣传抗日救国的"练江文化社"文化组织，油印出版宣传抗日救国的小报，揭露国民党统治者"攘外必先安内"的阴谋，举办农民和妇女识字班。直至 1935 年 7 月遭国民党镇压才停止活动。郭启木、郭秀和被捕牺牲，其他人逃亡异地。

继东北三省沦陷后，日本帝国主义又加紧了对华北、上海的入侵。

在中共北平临时工作委员会的领导下，北平学生在 1935 年 12 月 9 日举行了声势浩大的抗日示威游行，同前来阻拦的国民党军警发生冲突，学生 40 多人受伤。次日，北平各校学生举行了全市总罢课。"一二·九"运动迅速得到全国各地的响应，从 11 日开始，天津、上海、广州等大中城市先后爆发学生的爱国集会和示威游行。许多地方的工厂举行罢工。

"一二·九"风暴传到潮阳，全县的中小学生在县立一中"学生抗日救国会"的组织带动下，连续罢课 3 天，强烈抗议日本帝国主义的侵略。在一中校长姚华萼的支持下，一中学生救国会会长王维礼与该校进步老师一道，组织学生队伍冲出校门走上大街，举行有声有势的抗日救国示威游行，高唱《义勇军进行曲》《大刀进行曲》《大路歌》，呼吁"国家兴亡，匹夫有责"。潮阳简易师范学校在进步教师的组织带动下，组成了一支由学生骨干张希非、李琅等 20 多人的宣传队，编演《前夜》，在县城和沙陇、成田、赤寮、贵屿、和平等农村开展募捐宣传，并把募捐到的钱物速寄东北的抗日部队。各地再度掀起了抵制日货高潮，有力地声援"一二·九"抗日救亡运动。

1935 年底，中央红军长征到达陕北后，于 12 月 17 日至 25 日在瓦窑堡召开了中央政治局扩大会议，通过《中央关于目前政治形势与党的任务决议》，纠正了长征前一段时期内"左"倾冒险主义和关门主义的指导思想，不失时机地制定了抗日民族统一战线的政策。

大南山革命根据地丧失后，潮阳的革命斗争处于低潮。但是，隐蔽中的共产党员、共青团员在失去组织联系的情况下，仍自觉地同青年学生的抗日运动相结合，组织群众开展抗日救亡斗争。为促进"一二·九"学生运动后日益高涨的抗日救亡浪潮，上级党组织也陆续派遣在外地潮籍共产党员、共青团员回到自己的家乡，为发展潮阳的抗日救亡斗争和党组织的恢复创造了条件。

1934 年春，共产党员马士纯和进步教师邱秉经从暹罗（今泰国）崇实学校赴上海找不到党组织，于年底回到自己的家乡。1935 年春，马士纯受聘于兴文中学，他以该校为据点，在潮普一带组织进步师生和社会青年开展抗日救亡活动。马士纯在自己的家乡和平里美的进德小学中把原来"励学社"的进步青年重新组织起来，先后建立"流萤社""和友会""新文字研究会""御侮救亡工作队"及读书会，创办抗日救国的刊物。他还介绍共产党员杜军英、陈郁到陈禾陂小学任教，并在该校建立了进步学生叶常青任队长的"御侮救亡工作队"。

1936 年，共产党员钟萍洲受中共广州市委外县工作委员会的派遣来到大南山开展抗日活动，当地国民党官员以他能流利翻译广州话和普通话的特长，任用他为南山第一联乡办事处文书。他利用任职之便，在两英圩益兴菜脯行开办广州话、普通话夜学班，联络大南山进步青年，开展抗日救亡的宣传。进而组织了方维新、钟廷明、钟震等有 30 多名基本会员的"南山青山进德会"，开展抗日救亡活动。

同年 9 月，中共南方临时工作委员会在香港成立。10 月，南方临时工委派李平到汕头恢复发展党的组织，开展抗日救亡斗争。此间，曾与李平在上海参与学生抗日救国活动的郑餐霞从上海美专毕业回到家乡金浦，在乡立小学当教务主任，经李平介绍参加了"华南抗日义勇军"组织，他利用自家的房屋组织青年读书会，向进步师生传播抗日救国的进步思想。12 月，华南抗日义勇军潮汕大队部在汕头市成立，在潮汕各县发展义勇军队员。潮阳的贵屿小学校长蔡义略、南阳上乡绥成小学教师李鸿基、上练公学教师郭启澄、张伍云；仙城小学教师郭琴、深溪小学教导主任余永端、峡山义英小学郭惠声，都是该会的成员。

1936 年 12 月 11 日，潮汕国民党当局为贯彻"攘外必先安内"的反动政策，出动了大批军警特务，包围了位于汕头盐埕街主张并宣传抗日救亡的《海岸线》编辑部，逮捕了主编和发行的共产党员杜桐。同一天，潮阳的国民党当局也调动了军警包围了位于上练公学，把销售发行《海岸线》的上练公学郭启澄、郭沙当作要犯逮捕。此事震动了潮汕大地，史称"《海岸线》事件"。1937 年春，陈店文光乡进步学生陈克平，在该乡组织了有 70 多人参加的"华声社"，编演《张家店》《烈女传》等话剧。全县各地抗日救亡的读书会相继成立，《大众哲学》《阿 Q 正传》《母亲》等都成为读书会必读的红色抗日救亡刊物。

二、党组织在抗日救亡运动中恢复发展

1937 年"七七"卢沟桥事变发生的第二天，中共中央发出《中国共产党为日军进攻卢沟桥通电》，向全国人民呼吁实行全民族抗战。同日，毛泽东、朱德、彭德怀等红军领导人致电蒋介石，表示了愿意合作抗战的诚意。7 月 15 日，中共代表周恩来等将

《中共中央为公布国共合作宣言》（简称《宣言》）交给蒋介石，强调"在民族生命危急万状的现在，只有我们民族内部的团结，才能战胜日本帝国主义的侵略。"《宣言》提出发动全民族抗战，实行民主政治和改善人民生活等三项基本要求，重申中共为实现国共合作的四项保证。

9月22日，国民党中央通讯社发表了《中共中央为公布国共合作宣言》。23日，蒋介石发表了实际上承认中国共产党合法地位的谈话。国共两党重新合作和中国抗日民族统一战线宣告形成。但是，国共两党在抗战路线上一开始就存在严重分歧。蒋介石集团为防止人民力量在抗战中发展，坚持实行一党专制下的单纯依靠政府和军队的片面抗战路线。中国共产党代表中华民族的根本利益，提出抗战力量最深厚的根源是在广大人民当中，必须动员、组织、武装民众进行抗战，使抗日战争成为人民战争的全面抗战路线。这两条截然不同的抗战路线的矛盾和冲突贯穿在抗日战争的全过程，中国共产党坚持了在抗日统一战线中的独立自主原则。

1937年7月间，中共韩江临时工委改为中共韩江工作委员会，并部署潮汕的抗日救亡工作：继续以开展抗日群众运动为中心，加快建立由党秘密领导的公开合法的抗日群众团体；加快发展党的组织，壮大党的力量；开展统一战线工作，推动国民党当局采取抗战措施。中共韩江工委和汕头市工委先后调派一批党员骨干分别到潮汕各地开展工作。

8月下旬，中共汕头市工委调派共产党员王波到潮阳县加强青救会的组织领导。11月间，中共韩江工委又调派从北平回潮汕的共产党员吴英和"汕青救"戏剧演出队的马毅友到潮阳和平里美下寨开展工作。

1937年底，刚从泰国回到汕头的共产党员姚念经组织安排也到井都开展抗日救亡活动。因"《海岸线》事件"被捕刚获释不久的郭启澄在普宁县参加了中国共产党，并被派遣到六区上练乡开展抗日救亡活动，由吴英直接与他单线联系。

1938年春，中共普宁县工委受上级组织的委托，选派共产党员曾鸣、洪幼樵、黄淑瑶到峡山乡校和六都中学受聘任教，开展抗日救亡活动。这批由上级党组织派遣到潮阳各地的党员骨干，先后在工作地建立起由党秘密领导的具有公开合法地位的"青救会"，培养了一批党员对象，为潮阳党组织的恢复奠定了基础。期间，和平的抗日救亡活动尤其活跃。吴英和马毅友到和平后，马士纯与他们密切配合，迅速以"和友会"为基础，建立了和平里美下寨青年救亡同志会，成为全县抗日救亡的中心。

1938年3月，中共潮汕中心县委建立。中心县委基于对时局的分析，预感汕头可能沦陷，党组织必须向广阔农村发展，而潮阳的地理位置很重要，和平乡则是潮阳的中心，是潮普惠南通往汕头的必经之地，因此，调派了党员骨干余永端、何史到和平里美乡校分别受聘任校长和教务主任。

3月，经潮汕中心县委批准，中共潮阳县中心区委在和平里美下寨的乡校成立，书记余永端，组织委员吴英，宣传委员何史。是月，中共胜前支部与和平里美下寨乡校支部也相继建立，从汕头转来组织关系的共产党员林川任胜前支部书记，何史兼任里美下寨乡校支部书记。4月，和平里美下寨又建立了农民支部，书记马智才。5月，中心区委任职作了调整，宣传委员由张鸿飞担任，何史改任青年委员，刚由潮汕中心县委转来组织关系的马毅友任军事统战委员。同月，中共潮阳五区委员会和峡山乡校党支部、六都中学党支部相继建立。五区委员会书记林野寂，组织委员洪幼樵，宣传委员林川。林野寂兼任六都中学支部书记，曾鸣任峡山乡校支部书记。7月，潮阳中心区委改为中共潮阳县工作委员会，隶属潮汕中心县委领导。之后，又相继建立井都的农民党支部和赤寮义学、神山乡校、上练公学、金浦乡校等 10 多个党支部，县城也建立了两个党支部。至此，全县共有 100 多名共产党员。

中共潮阳中心区委及其基层组织的建立，改变了土地革命失败后潮阳党组织没有领导机构的状况，使全县抗日救亡斗争有了坚强的领导核心。

三、青年救亡同志会的建立

1937 年 8 月 13 日，汕头市的抗日救亡团体在中共汕头市工作委员会的秘密组织下，联合成立了具有合法地位的汕头青年救亡同志会（简称"汕青救"）。这是贯彻落实潮汕抗战部署的重大行动。为了迅速打开局面，汕青救借助国民党军队的力量组建了有 35 人参加的"155 师随军工作队"，深入潮汕各县开展活动，建立青年救亡同志会。

由于抗日统一战线中存在着两党在抗战路线上的矛盾和斗争，潮汕国民党当局企图控制共产党组织起来的民众抗日团体。8 月下旬，潮阳国民党党部特派员姚云帆抢先在县党部召开了由潮阳一中和师范学校及部分小学教师代表参加的联席会议，宣布成立潮阳民众抗敌后援会青年救亡同志会，县立第一小学教务主任王维礼为负责人，并把该会活动的场所限制在县党部内。

为了坚持党在抗日民族统一战线中的独立自主原则，摆脱国民党对潮阳青救会的控制，中共汕头市工委及时把汕青救发起人之一、潮阳籍的共产党员王波派到潮阳县立第三小学任教，以此为落脚点，加强对潮阳青救会的领导。王波与王维礼迅速在县城开展青救会的活动，揭穿姚云帆企图控制潮阳民众抗日运动的阴谋，并不顾姚云帆的限制，把青救会的活动引向社会。他们以县立第一小学和第三小学作为阵地，用流动的方式集会、演讲、散发传单，宣传党的抗日救国主张，动员群众起来抵抗日寇的侵略，从而摆脱了潮阳国民党当局的控制，迅速打开局面。10 月初，汕青救 155 师随军工作队及其抗日戏剧演出队到潮阳县城开展抗日救亡宣传，县城青救会主动配合，在县城、和平、峡山、成田、沙陇等地联合组织演出。潮阳县城青救会发展更快，成为党秘密领导下的公开合法的抗日救亡团体。

在抗日救亡怒潮的推动下，大南山两英地区也燃起了抗日烽火。大南山两英南山青年进德会钟萍洲等取得中共韩江工委的指导，利用他在南山管理局民众教育馆和抗敌后援会任职的合法身份，广泛联系各阶层进步力量，积极开展党的抗日民族统一战线，争取社会上的开明绅士、爱国归侨的支持，于 9 月上旬建立了有 700 多名会员的南山青年救亡同志会，并在两英圩公园礼堂举行成立大会。参加大会的有南山青年进德会的全体成员、各乡小学校长、教职员工、文科班学生、商店店员和古溪、深溪乡织布厂男女工人等，共 1000 多人。钟萍洲当选该会总干事，方维新、钟廷明、钟震、陈数苗、章萍影、钟国雄等为常务干事。南山青救会成立不久，适逢"九一八"东北沦陷六周年，青救会便与南山民众教育馆联合组织了有 2000 多人参加的抗日示威火炬大游行，燃起了抗日烽火，把抗日救亡运动推向高潮。

同年 11 月，吴英、马毅友受中共韩江工委的派遣，以汕头青救会代表身份到和平里美下寨乡组织青救会。他们同已在当地开展组织活动的中共普宁县工委组织部长马士纯密切配合，以"和友会"为基础，于当月下旬便成立了和平里美下寨乡青年救亡同志会，马奕亮任总干事，吴英任组织干事，马毅友任宣传干事。至年底，共有会员 200 多人。之后，他们积极争取上级党组织和当地上层社会人士的支持，创办了和平里美下寨乡立小学。和平中寨等乡的青年救亡同志会也相继成立，抗日救亡活动搞得有声有色，社会影响很大，成为潮阳抗日救亡活动的中心。

当月，中共韩江工委宣传部长曾应之指示在赤寮植基学校任教的共产党员张鸿飞在当地组织青救会，发展党的组织。张鸿飞以赤寮义学为立足点，积极开展活动，迅速在当地的四所学校发展了20多名进步青年教师，成立了赤寮青年救亡同志会。张鸿飞、张彦军、张应松为青救会理事成员。他们深入小北山区村庄开展抗日救亡宣传活动，开创了六区前所未有的抗日救亡新局面。

同年12月，中共韩江工委根据青救会在潮汕各地普遍建立的情况，指示汕头青救会尽快发起成立"岭东青救总会"。1938年1月5日，岭东各地21个救亡团体的71名代表在汕头市举行座谈会，决议于1月15日在汕头市成立岭东青救总会，并立即成立筹委会开展筹备工作。但岭东青救总会筹委会申请成立总会的备案遭到了国民党当局拒绝。

1938年1月15日上午，筹委会在总会成立的预备会议上向各地代表汇报了向国民党第五区行政专员公署申请备案遭拒绝的情况。下午，代表大会在汕头同济中学礼堂举行，到会代表600多人。中共韩江工委宣传部长李平等潮汕地区党的负责人均以青救会员的公开身份参加大会。会议开始不久，国民党汕头当局派大批武装警察包围了会场，阻挠会议进行。为避免发生流血事件，与会代表在议决了"一切事项托交筹委会办理"之后，高唱抗日救亡歌曲，从容列队退出会场，时称"1·15"事件。1月18日，"汕头青年救亡同志会"正式改名为"汕头青年抗敌同志会"，随之，潮阳、大南山各地青救会也改名为"青年抗敌同志会"（简称"青抗会"）。

"1·15"事件后，潮汕国民党顽固派加紧压迫"青抗会"，制造各种事端，企图"统制"青抗会，以达到瓦解"青抗会"的目的。于是，各地青抗会在党组织的领导下，同国民党当局展开了一场反"统制"的斗争。当惠来青抗会被顽固派诬为"汉奸组织"并捏造罪名逮捕了两名常务干事时，潮、普、惠、南的"青抗会"在中共韩江工委的指导下，立即派出代表团到大南山两英圩汇集，以召开联席会议的形式向国民党当局发出通电，提出抗议。南山"青抗会"也组织1000名会员集会抗议，从而有力地声援了惠来县青抗会的反迫害斗争，迫使顽固派释放被捕人员。

2月上旬，根据党的指示，潮汕青抗会在名称上作出让步，将"岭东青抗总会"改为"岭东各地青抗会通讯处"，并于下旬争取获得广东省党政军联席会议承认，取得合法地位。"通讯处"实际就成为"岭东青抗总会"的代称。

同时，韩江工委从青抗会中派出共产党员钟骞到和平里美乡校应聘担任代理校长。又派林秀华、张灵夫任教员。和平青抗会干事会成员由3人增至7人，其中共产党员5人。国民党四区区长程振雄和区党部书记马友容为首的顽固势力把和平青抗会和里美下寨乡校视为眼中钉、肉中刺，制造事端，以集训壮丁和踢打受训青年农民为手段，企图迫使青年农民脱离青抗会。受训青年农民在党的指导下一起"罢训"，迫使顽固派捧着"金花红绸"和爆竹向他们赔礼道歉。此后，程振雄也因工作不力而调离和平。国民党当局另派郭柳州到和平任区长，组织又设法把青抗会会员、郭柳州之房亲郭征尘安置到区里任职，做内线工作，争取郭柳州支持。

1938年3月，潮阳中心区委为加强对青抗会的领导，在和平里美下寨乡校召开潮阳各地青抗会代表会议，决定建立一个公开合法的全县青抗会组织的统一领导机构。鉴于潮阳国民党当局不让成立县级青抗会领导机构和吸取成立"岭东各地青抗会通讯处"的经验，决定成立"潮阳青抗会巡视团"，以此名义指导全县城乡青抗工作。并决定以县城的青年抗敌同志会为全县青抗的代表组织（简称"县青"），一切对外事务以公开合法的"县青"出面处理。县城青抗会负责人王维礼被选为巡视团团长，团员马毅友、马礼正、李鸿基、郑文风、郑钟瑾等。巡视团实际上是在中共潮阳中心区委直接领导下的全县青抗会的统一领导机构。

至 1938 年 3 月，中共潮阳中心区委建立后，农村青抗会的发展更快，上练、井都、沙陇、成田、港头、贵屿、峡山、铜盂、南阳上乡、南阳下乡、宅美十三乡、海门等地都建立了青抗会，共拥有青抗会会员 6500 多人。南山的古溪、古厝、两英、圆山、深溪、陈禾陂、墙围、河浦寮、金瓯、茶园等乡村先后都建立"南青抗工作队"，还制发了青抗会证章。他们的抗日救亡宣传在大南山地区很有声势。

四、抗日统一战线的扩大

为贯彻党的全面抗战路线，党组织还发动妇女、团结华侨同胞一道投入抗日救亡运动，使抗日统一战线在潮阳不断扩大。

1937 年 9 月，中共中央组织部颁布了《妇女工作大纲》。中共潮阳、南山组织认真贯彻上级的指示，建立"妇女抗敌同志会"（简称"妇抗会"）。接着，南山、和平、井都、上练、赤寮、南阳、沙陇、成田以及潮阳县城先后都成立了"妇抗会"。全县凡有青抗会的区、乡都有妇抗会的组织。

1938 年 4 月，原国民党十九路军抗日将领翁照垣担任"广东省第八区民众抗日自卫团统率委员会"主任委员，与国民党左派中的陈卓凡、王鼎新等在普宁举办"广东省第八区民众抗日自卫团妇女干部训练所"（简称"妇干所"）。潮阳县中心区委按照潮汕中心县委的指示，动员各地妇抗会的女青年报考。全所招考学员 103 名，潮阳籍妇抗会会员占了四分之一，其中县城妇抗会员14 名。王波被潮汕中心县委派进妇干所受训，并在妇干所中秘密成立党支部。陈莉任支部书记，蔡瑜（蔡初旭）任组织委员，王波任宣传委员。该支部由普宁县工委组织部长罗天直接领导。潮阳学员王琦（王孟璋）、陈素云、赵静云等在受训期间加入共产党，李琅、姚岱嫣等被确定为入党对象。受训毕业后，王波便联络县城所有从妇干所毕业的同学，组成"潮阳县妇女抗敌同志会"。6月，中共潮汕中心县委派汕头青抗会创始人之一、共产党员王勖到潮阳，担任中共潮阳中心区委妇女委员。至1939年上半年，潮阳妇抗会会员发展到1200多人，南山妇抗会也有500多名会员，成为潮阳抗日救亡运动的一支重要力量。

潮阳是著名侨乡，广大爱国华侨不但在海外积极开展抗日救亡活动，还在人、财、物等方面支援祖国的抗日救亡斗争。暹罗（今泰国）曼谷的崇实学校师生就建立了"学生抗日救国会"。新加坡中华总商会主席连瀛洲与新加坡各侨团发起并组建了"战时星洲华侨救济会"，筹资募款支援国内前线抗日部队。许多旅居海外的潮阳籍热血华侨青年纷纷回国，有的奔赴疆场直接参加前线战斗，有的深入敌后积极开展抗日宣传。潮阳籍暹罗（今泰国）华侨青年庄儒帮，满怀救国热情，舍弃优裕的家庭生活，毅然回国参加抗战。暹罗（今泰国）潮阳籍归侨青年、共产党员姚念，于1937年冬从暹罗（今泰国）经香港接上组织关系后回到汕头市参加汕青救，后又受党组织的派遣，到自己家乡古埕和神山等乡村组织井都青抗会，开展抗日救亡活动，并培养了一批进步青年，为家乡播下了革命种子。1938年2月，姚念又与潮阳、普宁等地40多名归侨青年一起，由潮汕党组织推荐参加了新四军。许继、郭才、郭利等归侨青年也先后参加了抗日游击队。他们在抗日斗争中浴血奋战，有的为国捐躯，有的成长为革命队伍的领导骨干。

和平爱国华侨马尚武、马君毅兄弟，积极主张抗日救国，党组织在里美创办乡校时，他们慷慨解囊，购置课桌椅 300 套和讲台、黑板、大挂钟等支持办学。壬屿乡侨属李开立及其胞妹李凤、胞弟李开国 3 人，也先后把近 1000 光洋无私地献给中共潮阳党组织，解决当时党组织急需的经费困难。李开立、李开国先后参加潮汕人民抗日游击队，献出了年轻宝贵的生命。

1939 年春，中共潮汕中心县委潮普惠南分委组织了一支以归国华侨进步人士江晓初为名誉队长的"暹罗华侨青年抗敌同志会农村工作队"。潮阳参加这支队伍的共产党员有陈作兰、林气强、林秀华、朱泽涛（朱萍生）、郭克、卓松水和青抗会会员钟景明、蔡忠意等。工作队先后到棉城、海门、和平、成田、沙陇、神山、田心、靖海等地开展宣传，社会影响很大。

1938 年春，汕头市大中中学恐汕头市沦陷而迁至潮阳铜盂乡。在中共潮阳组织的指导帮助下，该校学生领袖、地下党员林川与潮阳师范学校的共产党员张希非及县立一中的姚祥礼、六都中学陈树益等进步学生共同发起，在潮阳县城召开了各中学学生代表参加的座谈会。参加会议的有汕头大中中学、潮阳六都中学、县立第一中学、东山师范学校、铜盂中学、南山中学、陈店中学和励青中学等代表 30 多人。会议决定并成立了潮阳学生联合会，选举林川任主席，张希非、陈树益、曾舜英等 17 人为委员。中共潮阳中心区委还派马毅友同该会经常联系。在学联的领导下，各地的中学生也积极参加抗日救亡活动。此外，全县各地小学普遍成立了少工队，形成了一支有数千人的少年抗日救亡宣传队伍。县城少工队伍达 1000 多人，肖仲惠为队长。南山的少工队组织也很活跃，其中刘锐为队长的深溪乡少工队在开展抗日宣传中最为突出。

国民党驻潮阳海岸哨中队是对日作战的前线部队。党组织派共产党员王波、姚祥礼带队到该中队向官兵宣讲抗战形势和爱国精神。特别是深入地对海岸哨中队队长肖开茂做统战工作，使他坚定了保家卫国的决心，积极组织备战和主动支持县城青抗会、妇抗会开展抗日救亡活动。后来，肖开茂在保卫县城的战斗中为国捐躯。

1938年8月至10月，岭青通讯处先后发出了开展"响应武汉慰劳前线将士委员会的征求慰问信活动""募集棉背心慰劳南澳抗战将士运动"的号召。潮阳和南山各地青、妇抗会在党组织的指导下，把积极响应岭青通讯处的号召作为纪念"九一八"7周年的实际行动，发动了7万人的签名活动和组织4万多封应征慰问信，并筹捐了一批钱物支援前线部队。

五、开辟抗日教育文化阵地

千方百计开辟学校阵地。井都神山乡青抗会和党支部相继建立后，为开辟该乡学校阵地，选举了郑绍德为校董会主席，共产党员郑明鉴和郑亦凡分别为校董会副主席和成员。通过校董会聘请了由党组织推荐的共产党员陈扬、刘德操、杨练和、郑觉、陈焕新等先后到该校任职。1938年初，由吴英直接领导的上练公学校长、共产党员郭启澄，积极培养吸收进步教师入党，并在该校建立了党支部。以后，又通过统战工作，争取到上练乡15所初级小学校长、教师的聘用权。峡山成立中共潮阳五区委员会后，以峡山乡校为核心，把全区13所学校以青抗小组形式组织起来。赤寮党支部通过积极做好统战对象的思想工作，开辟了当地植基、有源等6所学校阵地。在南山管理局担任民众教育馆馆长的共产党员钟萍洲，以公开职务为掩护，妥善把党组织派到大南山地区的骨干曾鸣、洪幼樵、袁似瑶、杜克洋、杨锋、朱泽涛、黄淑瑶、杜若、陈莉、林曼莉、郑启文等分别安排到古厝公学，古溪一、二小学，永丰、圆山、茶园等学校以及南山中学任职，占领学校阵地。

争取社会力量支持，巩固扩大学校阵地。和平的党组织通过统战工作取得里美下寨各宗族主要人物的支持，创办了和平里美下寨乡校，并争取中共潮汕中心县委派来党的骨干钟骞、余永端、何史、林秀华、张灵夫、王勖等到该校受聘任职。和平里美下寨乡的归侨女青年马淑辉创办的"启智女校"，先后聘请了马千、马毅友、王勖、林秀华、陈作兰、马世政（马远）、马惠英等共产党员到该校任教，使该校成为抗战教育的阵地。钟萍洲在钟震及归侨钟圆秀等人的资助下，创办了南山女子职工学校，并先后在该校吸收钟惠卿等人入党，成立南山女子党支部。

创办南侨三校。1938 年 7 月，在普宁兴文中学任教的中共普宁县工委书记马士纯、工委统战部长邱秉经等，经中共潮汕中心县委批准，以延安抗大和陕北公学为榜样，在揭阳县石牛埔村创办了西山公学。9 月，该校以"汕头暹罗归国华侨抗敌同志会"名义主办，改称南侨中学。1939 年 1 月，为了加速抗战干部的培训，党组织决定分别在揭阳和潮阳增办南侨二校和三校。马士纯在开明绅士范家驹和海外侨胞马君毅等的支持下，利用下寨上埔村的双忠行祠和关帝庙作为潮阳南侨三校校址。教师多数是曾在北平、上海、广州等地读过大学，且参加过学生救国运动的骨干。三校由马士纯任校务主任，许风为教导主任，郭克明为训导主任，马毅友为总务主任。开设文专初高级 2 个班和 1 个初中班，学生有 140 多人。课程依照延安抗大和陕北公学的设置，成为潮阳抗战教育的楷模。

创办书店、建立抗日书报刊代销点。全县先后开设了成田启文书店、和平里美下寨乡校的报刊发行站、南侨中学三校图书贩卖部、赤寮青抗会书报刊输送站、南山两英圩南兴凉果店的报刊发行站。公开发行《论持久战》《新民主主义论》《抗敌导报》

等报刊，还积极推行抗战题材等。

六、大力发展党员 加强党的建设

1938 年 3 月 15 日，中共中央作出了《关于大量发展党员的决定》。6 月中旬，中共闽西南潮梅特委召开了执委扩大会议，会议提出了"十倍百倍发展党"的要求，并强调发展要注重质量。

中共潮阳中心区委根据上级的指示精神，认真分析潮阳党组织的状况和研究了党组织发展的工作。为了在各地迅速发展党的组织，区委成员明确分工：余永端负责井都和峡山；张鸿飞负责胜前、铜盂、赤寮；吴英负责县城和沙陇、成田；何史负责和平。经一年多的积极发展，潮阳的党员队伍迅速壮大。县城、和平、神山、赤寮、峡山、上练、金浦、司马浦、沙陇、铜盂等中小学校中的党员已达 150 多人。同时，也建立了一批农民支部。和平里美下寨，井都的神山、瑶池、上头仔村也发展农民党员 70 多人，是当时全县发展农民党员最多的乡村。赤寮乡于 1939 年下半年先后建立了 5 个农民党支部，共有党员 20 多人，是当时全县农民支部最多的乡村。1938 年 10 月，大南山党组织直接由潮普惠南分委领导，南山党组织的发展工作得到加强，至年底，共产党员达到了 100 多人。至 1939 年底，潮阳和大南山的党支部共 26 个，党员人数达 340 多人。

1938 年 7 月，经潮汕中心县委批准，中共潮阳中心区委改为中共潮阳县工委，书记余永端（12 月起由洪幼樵继任，1939 年 3 月由林川担任），组织部长吴英、宣传部长张鸿飞、青年部长何史（后蔡耿达）、军事统战部长马毅友、妇女部长王勖（后钟淑华、马雪卿）。下辖和平、赤寮、县城、神山总支及金浦、沙陇、成田、港头、铜盂、胜前等 10 多个支部。机关设于和平里美下寨乡校，直属中共潮汕中心县委领导。

1938 年 10 月，中共潮汕中心县委在澄海岐山召开会议，决定以中共普宁县工委为基础，成立潮汕中心县委领导下的潮（阳）普（宁）惠（来）南（山）分委，如果汕头沦陷，则建为中共潮普惠南中心县委。会后，中共闽西南潮梅特委书记方方到潮阳和平里美下寨乡，亲自主持成立了中共潮普惠南分委。分委书记陈初明，辖潮阳、普宁、惠来和南山的党组织。机关设于普宁流沙合利书店。

1939 年初，由于大南山地区党组织迅速发展，两英、古厝、古溪、永丰、茶园等村相继成立了党支部，中共潮普惠南分委决定成立中共南山特区工作委员会，直属中共潮普惠南分委领导。机关设于两英古厝公学。南山特区工委书记曾鸣，丘光负责组织工作，黄淑瑶负责宣传工作。同年 4 月，为加强对潮阳县城和金浦党组织的领导，县工委派妇女部长钟淑华到县城建立了党总支部。

2 月，中共潮普惠南分委为适应战备工作需要和加强潮阳、普宁两县交界地区的力量，从普宁抽调党员骨干刘斌到潮阳上练公学任教，发展党组织，并成立了中共潮（阳）普（宁）边区委员会。潮普边委下辖普宁的大陇、潮阳的石桥头和上练 3 个片区，机关设于逊敏小学。书记李鸿基，组织委员方明生，宣传委员刘斌。

6 月，日军侵占了汕头、澄海、潮安等地。根据中共闽西南潮梅特委的部署，潮汕党的领导机构重新作了调整。7 月，撤销中共潮普惠南分委，成立中共潮普惠揭（阳）中心县委，直属中共闽西南潮梅特委领导，机关设于普宁流沙合利书店，辖潮阳、普宁、惠来、大南山全境和揭阳、丰顺部分地区的党组织。书记陈初明，副书记林美南。潮普惠揭中心县委建立后，把潮普边区委改为中共潮普北边区委，机关设于潮阳的赤寮乡。书记张鸿飞

（后方明生、王家明），组织委员方明生（后郑流阳），宣传委员刘斌（后张应松）。下辖潮阳六区全境及八、九区部分地区，普宁的四、七区的各级党组织。同时，潮普惠揭中心县委将南山特区工作委员会改为中共潮（阳）普（宁）南边区委，直接受中心县委领导，机关设于两英古厝公学。书记曾鸣（后李鸿基），组织委员黄光武，宣传委员李鸿基、黄淑瑶。下辖南山管理局全境、普宁的五区和原潮普边区辖内的石桥头片及深溪乡等地的党组织。调整后，受潮普惠揭中心县委直接领导的潮阳方面的党组织有：中共潮阳县工委、潮普北边区委、潮普南边区委。中共潮阳县工委机关设于和平里美下寨乡校，书记林川，组织部长吴英（后陈欣白），宣传部长蔡耿达，军事统战部长马毅友，妇女部长马雪卿。下辖潮阳一、四、五、七区的基层党组织。

中共潮阳县工委和潮普南、北边区委按照上级的部署，于1938年上半年开始至1939年底在党内开展教育运动，加强党的思想建设。1939年6月下旬以后，汕头、澄海和潮安等地相继沦陷，形势非常严峻，但是中共潮阳县工委和潮普南、北边区委仍响应中共中央六届六中全会发出的在全党开展学习的号召，克服各种困难，坚持组织党员进行理论学习。在学习活动中，全县自上而下推荐出妇女模范党员马雪卿、农民模范党员郑潮木和知识分子模范党员李鸿基、郑流阳。

七、贯彻岐山会议精神　积极准备武装抗日

1938年10月12日，日本侵略军在惠阳县大亚湾登陆，攻陷惠州后又向广州进逼。国民党军队大部分不战而逃，广东局势日益危急。

10月中旬，中共闽西南潮梅特委书记方方到潮汕地区巡视和部署战时准备工作。在他的指导下，中共潮汕中心县委在澄海县第四区岐山乡召开了执委扩大会议,参加会议的有:特委书记方方、潮汕中心县委全体执委、各县委负责人,岭青通讯处和汕青抗的党员负责人近20人。会上方方传达了中共中央关于"华南工作一切为着准备抗日游击战争"的指示。他分析了日军入侵潮汕迫在眉睫的严峻形势,强调建立平原地带游击小组网的重要性,要求尽快在桑浦山、凤凰山、大南山和潮、梅交界山区建立巩固的抗日游击支点。潮汕中心县委书记李平作了政治报告,会议确定了当时潮汕党组织的中心任务是备战,提出"一切为了发动群众,准备开展潮汕抗日游击战争"的口号,并作出若干决定:把工作重点从城市转向农村和山区,迅速在战略地位重要的乡村和山区建立游击支点;各级党委要设立军事部,加强对武装工作的领导;尽快开办游击干部训练班,培养武装斗争骨干;继续扩大党的组织,特别要注意在战略地位重要的乡村和山区建立党支部;成立潮汕中心县委潮普惠南分委。如果汕头、潮安沦陷,分委即改组为中心县委,直接由中共闽西南潮梅特委领导,并以游击干部训练班和汕头青抗会成员为骨干,到桑浦山区建立抗日游击队,开展游击战争。岐山会议是潮汕党组织在临战状态中召开的一次重要会议,及时正确地部署了潮汕转入武装抗日的准备工作。反映了潮汕党组织代表潮汕人民积极抗战的坚决态度和坚强意志,为后来对日作战统一了思想和行动。

1939年1月,为了落实岐山会议精神,中共潮普惠南分委统战部长马士纯等在普宁流沙教堂以"青年学术讲座"名义举办游击干部训练班,持续20天。参加训练学习的有潮普惠南的共产党员和青年救亡工作者200多人。训练班讲授了军事知识和游击战术,并组织野外军事演习等。潮阳和大南山数十人参加了这次训练学习班,分别由潮阳工委军事统战部长马毅友和南山青抗会总干事钟萍洲带队。同时,分委领导陈初明、罗天等也在普宁流沙青抗会会址举办了妇女干部训练班。潮阳和大南山党组织派出妇女骨干林秀华、赵静云、黄淑瑶等参加了训练班。

岐山会议后，中共潮阳县工委和南山特区工委积极行动，采取一系列措施，做好抗日武装斗争的准备。

积极推动国民党当局采取战备措施。1938 年冬，广东省第八区（即潮普惠揭地区）民众抗日自卫团统率委员会改组为广东省第八区抗日游击区司令部，翁照垣任司令。中共潮普惠南分委通过统战工作促成翁照垣向各县派出战备"督导队"。派驻潮阳县的"督导队"由林梧春任队长，潮普惠南分委统战部长马士纯任副队长。南山特区工委积极派员与翁照垣联系，争取把选派的党员骨干曾幼樵、钟震、方茵明等加入翁照垣的自卫团南山第五政工分队。并运用这支合法队伍，开展对土地革命战争时期工农红军在大南山上的军事设施和交通、地形情况的调查，为在大南山区建立游击据点做了充分的准备工作。

组织军事学习和训练。为准备武装抗战，中共潮阳和大南山党组织根据上级的指示，积极组织党员和各种群众组织的骨干开展军事学习和训练。县城党总支部集中青抗会和妇抗会中的积极分子 40 多人，组成县城战时工作队，并加强军事训练，如果县城沦陷，便把队伍拉上大南山和小北山打游击。赤寮乡党支部挑选了 40 多名青抗会会员和青年学生，准备开展抗日武装斗争。和平南侨三校党支部也积极为开展抗日游击战做准备，组织师生进行军事训练。和平乡校和启智女校组织高年级学生四五十人，成立救护队。下半年，敌机袭扰和平，轰炸渡口，救护队以实战姿态迅速赶赴渡口抢救受伤群众。

组织战时工作队，创建抗日游击支点。1939 年 4 月下旬，日本飞机经常到潮汕沿海轰炸，日本军舰常在海门港外游弋，海门被迫实行封港，渔民不准出海捕鱼。中共潮阳县工委迅速组织了一支由马毅友带队、南侨三校党员学生20多人参加的沿海战时工作队，开赴海门组织发动抗战工作。同年6月21日，日本侵略军登陆达濠岛，攻陷汕头市。国民党潮阳县县长蔡奋初，县党部书记林汉三等仓惶逃到桑田乡，县城人心惶惶，一片混乱。潮阳县工委书记林川指示县城党支部，派县城青、妇抗会负责人王波、王维礼往桑田找林汉三和蔡奋初交涉，并要求留城坚持抗日。

在中共潮普惠揭中心县委和县工委负责人罗天、林川关心指导下，潮阳县城青、妇抗会成立了战工队党总支，王波任总支书记，王维礼、郑继芳、肖孟惠、姚绍文、姚祥礼、方昌苏为总支成员。战工队在党总支的领导下，排除一切困难，积极开展各项抗日活动，揭露国民党消极抗日的行径，组织救护遭受日机空袭的伤员和慰问受害群众，维护社会治安等。县工委还通过统战关系，争取国民党和平区政府拨经费组织一支由何史任队长的战时工作队，开往大南山外围乡村开展抗日救亡活动。工作队以港头乡为落脚点，并在该乡发展党员，建立支部，书记马礼正（后卢根）。和平里美下寨乡党组织也成立了一支由马岱侬为队长、马千为副队长的20多人的四区战时工作队。在和平、峡山、沙陇、成田等乡村组织群众准备迎战。六区青抗会也组织了一支30多人的由黄成任队长，林向人、许宜习为副队长的战时工作队，开进小北山区的仙陂、深洋、石佛、石壁等乡村，在潮普北边区委领导下积极开展战备组织发动工作。

中共南山党组织选派党员骨干钟震到雷岭茶园第十四短期小学任校长，秘密发展党组织，着手创办抗日游击支点。钟震发展了茶园农民古锦坤、古胡德、古源进等入党，成立农民党支部之后，组织古锦坤等农民党员打进守菁寮，掌握了该寮的3支枪支和弹药等武器装备，把村里同乡公所联系的电话机移到学校，并安装了分机，从而掌握南山管理局的动态。

发动群众开展支前迎战活动。在中共潮阳和南山组织的发动下，各地青抗会、妇抗会等抗日群众组织积极开展义演、义卖和募捐活动，筹集大批物资支援抗日前线。潮阳和大南山两地共为抗日前线募集了3000多银元和3000多件棉背心，并派出专人送到抗日前线部队。

秘密建立情报交通站。党组织派共产党员马陈家、马陈美等于成田圩合股开办"启文书店"，由县工委组织部长方明生直接领导。同时党组织还安排钟前、钟萍洲、钟震、钟廷明、钟少卿等地下党员于两英圩创办了"永济生药店"，该地下交通站作为南山党组织的重要活动据点，负责与成田的"启文书店"联系和输送情报到石桥头给潮普南边区委书记王家明。

第二节 党组织转入隐蔽斗争

一、做好应变准备 巩固党的组织

1939 年 1 月，国民党召开了五届五中全会，开始实行消极抗日，积极反共的政策，全国团结抗战的局面由此出现了危机。

1939 年 7 月 7 日，中共中央发表了《为抗战两周年纪念对时局宣言》（简称《宣言》）。《宣言》中，中共中央针对国民党集团的反共和对日妥协倾向，号召全党要认清形势，提出了"坚持抗战，反对投降；坚持团结，反对分裂；坚持进步，反对倒退"的三大政治口号，动员全党和全国人民为抵制国民党反动派的反共和对日投降倾向而斗争。

1939 年 12 月，中共潮普惠揭中心县委在揭阳县水流埔召开了扩大会议，传达了中央政治局《关于巩固党的决定》的精神和中共南方局的有关指示及中共闽西南潮梅特委第六次执委扩大会议关于集中力量巩固党组织的决议。会议强调了党组织转入隐蔽斗争后，要深入农村，要与群众交朋友。

中共潮阳县工委及潮普南边和北边区委按照水流埔会议的精神，暂时停止发展党员，全面地开展以"四查""五教育"为主要内容，以"审干"为中心的组织整顿工作。通过近一年时间的组织整顿，使党的组织更加巩固。

随着国民党反动派的反共事件连续发生，形势逆转，潮阳和大南山党组织被迫从公开抗日救亡的阵地上逐步转入地下斗争。

1940年4月，根据中共闽西南潮梅特委的指示，中共潮普惠揭中心县委改组为潮普惠县委和揭阳县工委。潮普惠县委机关设于普宁县池尾山湖村的"鸣和居"，书记罗天。为加强对青年工作的领导，潮普惠县委设立青年工作委员会，书记林川（兼）。中共潮普惠县委领导的潮属党组织有：潮阳县工委、潮普南边区委、潮普北边区委。潮阳县工委机关隐蔽于和平里美下寨乡校和七区的神山乡等地。县工委书记方明生，组织部长方明生（兼），宣传部长蔡耿达（兼），妇女部长马雪卿。同年7月，潮阳县工委设立青年工作委员会，青委书记郑希，组织部长卢根，宣传部长周光惠（9月，青委会改为青年部）。并成立了中共潮阳县四区委员会，书记方明生（兼），组织委员许继，宣传委员陈焕新。中共潮普北边区委书记先后有王家明、郑流阳，组织委员郑流阳（兼），宣传委员张应松，青年委员郑希。区委机关隐蔽于赤寮乡校及张海鸥家里。中共潮普南边区委书记先后有曾鸣、王家明，组织委员陈欣白，宣传委员李鸿基，妇女委员陈淑贤、陈惜香。区委机关隐蔽于石桥头和两英古厝公学等地。

1940年9月，中共潮普惠县委决定把潮普北边区委辖下的潮属地区党组织与北边区委分开，成立潮阳县六区委员会，归属潮阳县工委领导。区委机关隐蔽在六区的赤寮乡，区委书记郑继芳（郑则仁），组织委员杜斐，宣传委员张应松，青年委员郑希。同时，由于整党后，惠来县仅有一个党总支部，潮普惠县委决定该党总支部由潮阳县工委领导。

1940年11月，中共南方工作委员会（简称"南委"）成立，书记方方，副书记张文彬，机关设在大埔县。同时撤销中共闽西南潮梅特委，原所辖潮梅、闽西、闽南党组织，分别成立特委，由南委直接领导。12月，中共潮梅党组织代表会议在揭阳水流埔召开，会议传达了南委决定：成立中共潮梅特区临时委员会（1941 年改为中共潮梅特区委员会），书记姚铎，机关设在揭阳县；撤销中共潮普惠县委，成立由潮梅特委直接领导的中共潮（阳）惠（来）南（山）县委员会，书记林川，组织部长方明生，宣传部长蔡耿达，青年部长蔡耿达，妇女部长钟素华，副部长马雪卿，下辖：潮阳四区委员会（书记许继，组织委员陈焕新）；潮阳六区委员会（书记郑继芳，组织委员杜斐，宣传委员陈振华，青年委员郑希）；两英总支部（书记杨璞轩）和惠来总支部（书记杜文辉）以及潮惠南其他地区的各个支部。潮惠南县委成立后，县工委和潮普南边区委相应撤销。为加强敌占区、缓冲区和大南山苏区的工作，1941 年 7 月，中共潮惠南县委决定建立中共潮（阳）南（山）边区委员会。并从普宁二区抽调区委组织委员林立任潮南边委书记兼组织委员，陈俞任宣传委员，机关设于陈禾陂乡。同年 9 月，调郑希任潮南边委书记，林立改任组织委员。

1941 年 9 月，为贯彻"荫蔽精干，蓄力待机"的方针，中共南方工作委员会指示各地党组织实行特派员领导体制。据此，中共潮梅各级党组织均由集体领导的党委负责制改为个人负责的特派员制，实行单线联系，不开会议。中共潮梅党组织特派员林美南，副特派员李平。中共潮普惠南党组织特派员罗天。中共潮惠南党组织特派员罗彦，下辖：潮南边区党组织特派员郑希（1941 年 12 月由林立担任），副特派员林立、陈俞；潮惠边区党组织特派员郑流阳，副特派员许继；潮阳四、七区党组织特派员许继；潮阳上六区党组织特派员吴扬，妇女工作负责人李凤；潮阳下六区党组织特派员郑继芳，妇女工作负责人马惠芳；潮阳八区（沦陷区）党组织负责人吴表凯。鉴于八区的特殊情况，吴表凯先后直接与中共潮惠南党特派员罗彦、郑希和潮普惠南特派员罗天联系。

在做好了一系列的应变准备和组织巩固工作之后，中共潮惠南党组织又以更隐蔽的方式恢复了党的组织发展工作。从 1940 年下半年至 1941 年底，党组织先后开辟了田心、华林、磨洋、溪头、洋汾陈和金浦等学校阵地，吸收了 20 多名新党员，并新建立了南阳、两英的新厝仔等农民党支部和神山、南阳上乡等学生支部。

二、荫蔽精干　蓄力待机

1939 年 1 月，国民党实行消极抗日，积极反共的政策。1939 年底至 1940 年初，潮阳和大南山的国民党当局开始对抗日救亡进行破坏和镇压。他们强行改散青抗会及其他合法抗日团体，对抗日进步分子施行监督、恐吓和迫害，并把矛头对准城乡学校，公开警告和平里美下寨乡校；窃取峡山作新小学的共产党员教师郑文风、李立秀、郑勉之等人的照片，准备下毒手；指使义英乡公所兵丁公开殴打青抗会员。在大南山，军统特务分子、国民党南山管理局局长曾亦石委任中统特务分子张卓如任南山管理局教育科督学，蓄意利用南山抗日后援会基干队与南山青抗会对抗，还组织反共联防，在内部秘密通报要缉捕的共产党员名单。1940 年春，由于叛徒张卓如告密，国民党当局秘密发出缉捕共产党各级领导人张鸿飞、钟淑华、王波、姚祥礼、郭启澄、马毅友、李鸿基等的通令。幸被党的统战对象、县民众教育馆馆长张少文发现，并及时通过赤寮乡副乡长、党的统战对象张自强告知潮普惠县委组织部长张鸿飞，党组织及时采取果断措施，使这七位同志安全转移。

针对国民党当局的倒行逆施，1939 年 8 月间，潮阳县工委决定由青抗巡视团负责人马毅友在原和平南侨三校礼堂主持召开四、

五、七区青抗骨干会议，部署青抗会要荫蔽下来，以灵活地方式坚持斗争。会后，县工委书记林川又召集各地青、妇抗负责人开会，组织化整为零，转入隐蔽斗争，以"耕耘读书会""校友会"等灰色名称组成青抗秘密小组；其他的青、妇抗组织则利用社会上的间（闲间）、馆（拳馆）、社（剧社）、会（父母会）分散秘密活动。在方维新、钟南天、钟前等组织下，南山美林村、两英新圩等共办起了4个拳馆，有140多人参加。陈禾陂乡在林立、叶常青的策划下，聘请具有爱国思想的武术师郑阆为教头，组建了国术团，其成员大多是青抗会员。他们在党组织领导下，学习《青报》等抗日报刊，编写印发传单、张贴标语，揭露国民党当局消极抗日、积极反共的行径。

1939年8月，鉴于形势的逆转，党组织决定停办南侨二、三分校。三校学生党支部书记黄隆茂被安排到神山乡校任教。领导干部都以公开的职业身份作掩护，工委书记林川于1940年4月调往潮普惠县工委工作前是以商人身份作掩护。方明生接任工委书记时也以与人合做生意为掩护。对已暴露身份并引起国民党注意的共产党员如和平里美下寨乡、上练公学、赤寮乡校、县立第一小学、峡山作新、义英小学等的党员教师，则由县工委通过各种社会关系介绍，易地任教。中共潮惠南边区党组织也把露面的共产党员钟萍洲、钟廷明等有计划地转移撤离。区委机关由古厝学校转移至两英圩地下党员方维新办的"南兴号"凉果店，并以"永济生"中药店为联络点。

1940年5月，中共中央指示："在国民党统治区域的方针，则和战争区域，敌后区域不同，在那里，是荫蔽精干，长期埋伏，积蓄力量，以待时机，反对急性和暴露。其与顽固派斗争的策略，是在有理、有利、有节的原则下，利用国民党一切可以利用的法律、命令和社会习惯许可的范围，稳扎稳打地进行斗争和积蓄力量。在党员被国民党强迫入党时，则加入之；对于地方保甲团体、教育团体、经济团体、军事团体，应广泛地打入之；在中央军和杂牌军中，应广泛地展开统一战线工作，广交朋友。"党中央的指示，为地方党组织指明了斗争方向。

中央潮阳县工委根据上级的指示，采取了相应措施：一是分析党的组织和干部隐蔽的情况，及时对暴露政治面目者调动转移；二是做好上级党组织从外地调入到本县隐蔽的党员干部的安顿工作。潮普惠揭中心县委把郑希、许继从揭阳三区调到潮阳工作，郑希任潮阳县工委青委书记，许继任四区组织委员，安排到井都神山乡苏厝村当农民；三是党组织活动进一步隐蔽。1940年四五月间，潮阳县工委机关从和平乡校转移到井都神山上头仔村，县工委书记方明生于该地开一小商店作掩护，许继作为商店伙计，负责同成田启文书店等做好情报联络工作。这期间，潮阳县工委领导的基层组织有2个区委和惠来县的一个总支部、14个学习支部、11个农民支部、1个妇女支部、4个妇女小组。这些基层组织活动都处于隐蔽状态，党员干部均以各种职业作掩护。

1941年12月，中共南方局指示各地党的领导机关要熟悉国民党统治区各方面情况，进一步派出党员打入国民党当局的管（行政）、教（教育）、养（经济）、卫（军事）各部门。据此，中共潮惠南组织认真分析研究，先后利用了一些关系和机会，派党员打入国民党的上述部门，从而使荫蔽斗争更主动、灵活、有效。

三、坚持隐蔽斗争　打击走私资敌

在中共潮阳县工委的领导下，各地党组织在隐蔽中继续坚持斗争。

1940年春，潮阳和大南山各地春荒严重，而贪官污吏乃至国民党军队却纵容包庇奸商囤积居奇，走私粮食资敌，甚至公开参与走私，大发国难财。反动县长沈梓卿指使其儿子与巨绅、巨商合股开办米行，到各区抢购大米，每日雇工百余人，把大米挑往河浦或桑田转船运往汕头和澄海资敌，并且由县长下公文或派亲信部队押送，造成潮阳米价暴涨。为求生存，各地陆续发生了民众抢米风波。对此，中共闽西南潮梅特委和潮普惠县委及时作了指示，强调要把群众自发的求生存斗争引导到有组织的政治斗争上来。潮阳县工委认真贯彻了这一指示，积极组织引导群众，把自发的为求生存的斗争发展成为打击反动势力，打击走私米粮资敌的政治斗争：一是开展宣传攻势，通过散发传单、张贴标语等，揭露和抨击国民党当局消极抗日，官商勾结走私米粮资敌的罪行；二是利用县城和乡村官僚豪绅之间的矛盾，发动群众抗缴田赋谷，抗拒县城豪绅下乡收公租，并阻断县城走私粮道；三是组织发动群众抢夺奸商市侩粮仓中囤积的米粮，既打击了走私资敌，又救济了贫苦人民；四是动员开明绅士对农民实行减租或推迟收租，以帮助农民度过春荒。由于及时采取措施，终于把群众求生存的自发斗争引导到抗日救国的大局上来。

1940 年 2 月，潮普惠揭中心县委抽调吴英、马毅友等人组成秘密的武装小组，以南阳山樟树仔村为立足点，准备开辟抗日游击据点。6 月间，他们与黄玉屏带领的由汕青抗日游击大队部分骨干组成的武装队伍合并为潮普惠南武装小组。

1940 年冬，国民党掀起了第二次反共高潮，并于 1941 年 1 月 6 日，制造了震惊中外的"皖南事变"。为揭露"皖南事变"的真相，1941 年 3 月，中共潮惠南县委根据中共中央关于组织舆论与发动群众反击国民党进攻的指示，布置各地党组织大量翻印《中国共产党中央革命军事委员会命令》《中国共产党中央军事委员会发言人对新华社记者的谈话》等关于"皖南事变"的快邮代电和中共南方局编印的《新四军皖南部队惨被围歼真象》等传单，以各种渠道秘密寄送社会各界人士和国民党党政军的官兵。并分工负责，落实专人，把"快邮代电"和传单在全县各地的圩集及交通要道散发张贴。隐蔽在井都古汀村教书的党员骨干朱泽涛和肖锡标，利用一个深夜在县城把"快邮代电"和传单从龙井开始沿大街一路张贴和散发，直至张贴到国民党县政府门口。国民党潮阳县当局对此惊慌失措，组织力量进行侦查，但一无所获。南阳上乡党支部在郑希、吴扬的周密组织下，由李开立、郭春、郭启文、郭成等张贴和散发"快邮代电"，还在南阳上乡交通要道的墙壁写上了"反对分裂倒退，反对卖国投降"的大幅标语。赤寮党总支组织张应松、张海鸥、张明飞等将传单贴到赤寮圩、玉峡、南阳和大坑等乡，政治影响很大。共产党员方维新、钟前、钟南天等分别到两英警察所门口、东浦雨亭、鹤洋雨亭和司马浦雨亭等处用红粉写上揭露抨击国民党顽固派倒行逆施的标语。搬迁到铜盂乡的汕头大中中学党支部书记吴表凯等也在该乡大街多处散发"快邮代电"，并在沿途各地用墨汁书写了多条标语。

此外，潮阳各地党组织在隐蔽待机中，组织和领导群众同当地的封建反动势力作斗争，如井都神山乡和峡山洋陂乡的党组织，教育和组织农民群众团结起来，开渠引水，兴修水利，既打击了当地长期以势欺负农民的封建权贵，大灭其在农田灌溉用水上横行霸道的威风，又及时解决了农民在春耕生产中碰到严重缺水的困难。

四、党组织暂时停止活动

1942 年 5 月 26 日，中共南方工作委员会组织部长郭潜被捕后叛变，并于 6 月初为国民党特务领路，查抄了驻大埔县高陂镇大埔角的南委机关，逮捕了南委副书记张文彬、宣传部长涂振农及交通站站长等,史称"南委事件"。南委书记方方及其他同志幸能及时转移才免于遇难。原中共潮梅特委委员陈勉之因公务在高陂镇目击了南委机关交通站受查抄的情况后,立即赶回揭阳县向潮梅副特派员李平汇报。李平认为形势十分严重,当机立断采取了三项措施:一是马上停止与南委的一切联系,把潮梅党组织中与南委交通站有过联系的人撤转他地,以防止受到牵连破坏;二是把情况火速通知在梅县的潮梅特派员林美南;三是立即派陈勉之到重庆向中共中央南方局书记周恩来汇报,并向设在桂林的南委联络站负责人徐扬等通报情况。

6月8日,已获悉南委事件的周恩来及时向中共南委书记方方电示六点应急措施,但因南委电台受特务袭击而转移,方方未获此电。

为避免受牵连破坏,8月间,中共潮梅特派员林美南派普宁县特派员吴南生回其家乡关埠上仓村,负责掩护南委和潮梅特委领导的安全转移工作。陈勉之于8月抵重庆向中共中央南方局书记周恩来及组织部长孔原汇报后,周恩来指示:南委、潮梅特委应坚决执行"荫蔽精干,长期埋伏,积蓄力量,以待时机"的方针;一切以安全为第一,防止事件的继续扩大;南委所辖组织暂停活动,上下级和党员之间不发生组织关系,不发指示,不开会,不收党费,何时恢复组织活动等待中央指示决定;坚决撤退转移已暴露的党员干部,分批撤退到重庆转延安学习,有条件的也可自己转移;党员执行勤学、勤业、勤交友的"三勤"任务,以后恢复组织活动按此情况审查,不强调斗争;方方在有安全保障的条件下,应坚决撤退到重庆。

9月初,陈勉之返抵揭阳向中共潮梅特派员林美南和副特派员李平汇报,并通过林美南向南委书记方方传达了周恩来的指示精神。方方在贯彻南方局指示时,结合潮梅地区实际,指出:撤退不是卷土而走，不是溃退，主要领导骨干不应都撤走，政治面貌没有暴露的同志，应隐蔽下来；每个地区最少要留一个领导骨干，基层组织也应留下根子；先撤退已暴露的干部，后撤退外地机要人员，对撤退路线、路费、隐蔽地点以及联系暗号都具体部署；沦陷区党组织应继续活动和开展抗日武装斗争。

9月，中共潮普惠县党组织负责人罗天先后两次到潮阳陈禾陂、上练公学和县城，分别向中共潮惠南特派员罗彦、副特派员郑希和郑流阳传达上级关于对"南委事件"作出的决定和指示，并强调在暂时停止党的组织活动期间，不准发生任何组织关系，必要的接触一般应以朋友关系出面。干部和党员应做到"三化"（合法化、社会化、职业化），干一行、像一行，把"三勤"的任务真正落到实处，长期埋伏，蓄力待机。

党组织在暂停活动期间，做了大量妥善的干部安置工作，对从外地撤转来潮阳隐蔽的党员干部也做妥善安置：撤转到粤北，以及撤到广西、江西、云南等地的有吴英、罗彦、吴扬、叶常青等；撤往马来西亚和越南开展华侨工作的有林克清、林立等；撤往邻县的有许继、钟素华、王家明等。大部分没有暴露身份的干部党员则以各种方式安置在潮阳和大南山各地隐蔽下来。

由于各地的中小学校早已成为党组织掌握的重要阵地，因此，党组织暂停活动期间，隐蔽下来的党员也大部分被安置在学校中，包括从外地转移到潮阳隐蔽的党员骨干，据统计达80多人。

在干部党员处于艰难困苦之时，不少社会进步人士如张问强、马化龙、郑绍德、张少文、姚华萼等和知情群众主动接济，帮助他们渡过难关。在艰难困苦中，干部党员和社会进步人士及人民群众，患难相助，增进了感情，建立了鱼水相依的密切关系，党员的"三勤""三化"任务也落到了实处。在暂停组织活动期间，隐蔽中的干部党员都显得很坚强，经受得了严酷的考验。

五、潮阳人民的抗日斗争

1939 年 6 月，随着汕头市的沦陷，潮阳的达濠岛和河西（今河浦）很快被日寇侵占了。1940 年底，日寇网罗了汉奸林少梅、陈宗铠等在达濠设立了伪维持会，后改为伪潮阳县政府，陈宗铠出任伪县长。1941 年 3 月 23 日，日寇板口大队的步骑兵 2000 多人兵分 4 路侵占了潮阳县城。日军开始侵入潮阳时，国民党县长沈梓卿和驻军虽曾组织抗击，但他们仅是消极抵抗，且战且退，在潮阳县城吃紧时，他们早已逃之夭夭。潮阳县城沦陷后，海门、金浦、梅花、白石、华阳等地便很快沦入敌手。1944 年底以后，沦陷区的日本驻军还时常到全县各地流窜，肆虐潮阳人民。

日军所到之处，烧杀淫掠，无恶不作，对潮阳人民犯下了滔天罪行。早在 1938 年 4 月初，日本飞机和军舰就扫射和炮击了潮阳县城和海门、广澳等地，至 1942 年，他们用飞机和军舰对潮阳各地扫射和炮击达 30 多次，造成大批普通民众伤亡。1941 年 4 月 11 日上午，12 架日机对潮阳扫射，仅赤寮就死伤 100 多人。据各地不完全统计，日军侵潮期间，潮阳和大南山遭日祸死亡人数达 9.87 万人，被日寇烧拆毁的民房达 15535 间，被烧毁扣掠渔船 1102 艘，被劫掠财物总值国币 27.54 亿元。此外，大量当地妇女不幸被日本兽兵奸淫。在日本侵略者铁蹄的践踏下，潮阳人民的生活更处于水深火热之中。日军侵潮期间的 1943 年，又因自然灾害造成大饥荒，霍乱流行，人祸加天灾，全县死于饥饿和疫病者达 20 万人，逃荒达 7 万多人，绝户达 3929 户。日本侵略者对潮阳人民犯下的滔天罪行铁证如山，欠下了潮阳人民的一笔血债，达濠的"千人冢"和海门的"万人冢"就是对日本侵略者罪恶的记录和控诉。

面对日本侵略者的血腥屠杀，在党的全面抗战思想教育和影响下的有民族觉悟的潮阳人民纷纷揭竿而起，奋勇杀敌。古埕、西胪、凤山、华阳、新寮、玉浦等地人民，反抗日军侵略的斗争此起彼伏，尤其是井都古埕和西胪凤山人民抗日保家、英勇歼灭日寇的故事在潮汕广为传颂，反映了潮阳人民不畏强暴、英勇斗争的爱国主义精神。

1941年3月25日，日军侵占海门后，经常过海侵扰井都古埕乡，抢掠财物，开枪滥杀群众。富有民族气节和勇敢斗争精神的古埕乡人民，在乡长、原青抗会负责人姚俊崖等人的组织下，迅速组建了一支60多名青年参加的抗日保乡队，并向县政府申领步枪10支、手榴弹一箱。在姚俊崖等的带领下，该队多次击退小股日伪军的袭扰，打死打伤日军多名。习惯于海上闯荡打鱼的古埕人民，大多熟习水性，抗日保乡队队员们更是潜水的能手，他们经常利用夜间潜水往海门偷袭日军。如队员姚柳河、姚番薯等就曾潜水往海门，打死两名日本兵，把日兵的小艇凿沉。队员姚乌目曾单枪匹马潜水往海门偷袭日军的宪兵部，夺回了被日兵抢走的渔船，还智取了日兵的枪支。队员姚乌水等曾潜水往海门，活捉了一名日本女兵。同年夏末的一个深夜，盘踞于海门、棉城、金浦的日伪军数百人向古埕乡进犯，保乡队发觉后，立即鸣号集合队员和全乡群众1000余人手持朴刀、尖串和竹槌等，于沿海岸上堵击。由于敌我武器装备相差悬殊，虽经数小时血战，消灭了一些日兵，但保乡队员和乡民伤亡惨重。据统计至1944年11月，日伪军先后三次洗劫古埕乡，全乡被残杀126人，打伤149人，被烧毁渔船295艘、民房669间，群众的财物被抢劫一空，妇女也惨受糟蹋。

1943年6月间，驻潮阳县城的日伪军数次到西胪乡烧杀掳掠，激起乡民的强烈愤慨，他们购置枪械，垒筑工事，为保卫家乡誓与日军血战到底。8月13日，驻潮阳县城日军中队长永芳敖幸，带日军 30 余人和日伪保安队一个连进犯西胪。驻该乡一个连的国民党部队闻讯准备撤走，乡民群情激昂，质问该连连长为何不抵抗，该连连长无言以对，只得命令部队参加守卫的战斗。日军得知西胪全民皆兵，严阵以待，也不敢轻易进村，只在外围乱打一阵枪便撤走。此后，日伪军有十多次再犯西胪均被当地军民合力阻击，损兵折将，铩羽而归。

日军中队长永芳敖幸不甘失败，于 1944 年 5 月 14 日夜，又纠集 200 多名日伪军，兵分两路再袭西胪，企图血洗西胪。凌晨 2 时许，一支约 150 人的伪军抵达西胪的竹林村外，企图待机进袭。永芳敖幸则亲自率领日军 48 名，趁天黑迂回至西胪背后的桥仔头企图突袭西胪。早有防备的西胪风山等各村民众和当地驻军奋起抗击，日伪军偷袭不成仓惶往海边溃退，被英勇的西胪人民围歼在海边蚝田的无底烂泥中。进犯竹林村的伪军也被打得仓惶逃命。此役共击毙永芳敖幸等日军官兵 49 名、伪军 100 多名，俘伪军 5 名，缴获轻机枪 4 挺、步枪 30 余支、手枪数支、掷弹筒 3 具、指挥刀 5 把、其他物资一批，给日伪军一次沉重的打击。

此役，大振国威，正告日寇，潮阳人民无坚不摧，无往不胜。

第三节

夺取抗战的最后胜利

一、党组织全面恢复活动

1944 年，抗日战争转入了反攻阶段。侵潮日军为打通广汕公路线，巩固海岸通道，加紧对潮阳腹地的进攻。国民党潮阳县县长及其军队却畏敌如虎，节节败退，逃到五华县，南山管理局局长也逃到梅林。而经过党的抗战教育，有了民族觉悟的潮阳人民却奋起反抗侵潮日军，"荫蔽待机"中的共产党员更是强烈要求恢复党组织的活动，开展抗日武装斗争。

要恢复党的组织活动，必须得到中共中央或中共中央南方局的批准。1944 年 8 月间，林美南特派原中共梅县学生委员会书记吴坚到曲江的广州大学读书并与东江纵队取得联系。林美南写了给方方转中共中央的报告信，并于 9 月上旬由吴坚将内容背熟后前往东江纵队。吴坚抵东纵经审查近两个月后才被确认身份。10 月 10 日，省临工委书记兼东纵政委尹林平将潮梅闽西南党组织的报告致电周恩来并转中央，对潮汕及闽西南全面恢复党组织活动等工作提出意见。在未得到中央正式答复的情况下，尹林平根据当时形势的发展，先将中共中央 7 月 25 日的电报中关于大力发展广东抗日游击战争的指示精神和致周恩来转中共中央电报中所拟各项建议一并向吴坚传达布置，并将《中共广东省委宣言》等文件交其带回。12 月上旬，吴坚从东纵回来向林美南汇报。自此，潮汕地区党组织同广东省临工委和党中央恢复了联系。

正当潮汕党组织准备恢复活动时，原南委秘书长姚铎在重庆叛变并潜回潮汕，准备利用"恢复党的组织活动"的名义，破坏潮汕党组织。由于姚铎对中共潮梅闽西南组织尤其是潮汕党组织的情况很熟悉，问题非常严重。8月，林美南接获中共中央南方局关于姚铎叛变已抵揭阳和按"家法"处理的暗语函电，迅速通知各县党组织的负责人采取防范措施。中共潮惠南党组织负责人郑希听了高芝英转达林美南的指示之后，及时采取应变措施，对姚铎认识的干部党员如方明生、卢根、许继、杨壁宜等秘密转移隐蔽点。经党组织的精心部署，1944年11月，叛徒姚铎终于在揭阳县城被处决，使潮梅闽西南党组织避免了一次大破坏，为全面恢复党组织活动和开展抗日武装斗争扫除了障碍。为预防国民党当局的报复，潮梅各地党组织根据林美南的指示，采取了必要的防范措施。当时潮梅国民党中统特务机关恼羞成怒，在潮汕各地搜捕共产党人。在潮阳，一夜之间就被捕6人，其中有党员杜斐、马灿波。党组织通过各种社会关系，设法营救被捕人员，使他们陆续得到保释出狱。

潮汕党组织恢复活动的工作迅速展开。1944年12月，林川传达上级关于全面恢复潮汕党组织活动和开展抗日武装斗争的决定及部署，后又会见郑希，传达林美南关于党组织恢复活动的指示。12月中旬末，周礼平向郑希传达了林美南的指示：由郑希负责主持恢复中共潮惠南组织的工作，具体方法是采取自上而下，逐级审查和个别审查，一边开展组织恢复工作，一边抓紧建立抗日武装力量。郑希在金浦恢复了李凤的组织关系，又到国统区的和平、两英、下岐朱、壬屿等地，先后对马千、方维新、朱泽涛、彭笃民、郑流阳、陈俞、蔡南等人进行政治审查，恢复了他们的组织关系，并通过他们逐级负责，全面展开对基层干部党员的审查和恢复组织关系的工作。至 1945 年 3 月初，潮阳和大南山恢复组织关系的中共党员 113 人。

1945 年 3 月，中共潮普惠县委员会建立。书记林川（后李凯），组织部长李凯（后张希非），宣传部长杨英伟，常务委员郑希（负责潮惠南党组织工作）。县委机关先后设于普宁县五区的下蓝村和石桥头逊敏小学，同年 8 月后又迁到潮阳一区金浦乡。潮阳各区的组织领导依然实行特派员制：潮南边区特派员朱泽涛；四、七区特派员许成昭；六区特派员郑继芳；八区特派员吴表凯。同年 5 月，潮惠南党组织负责人郑希到和平建立了党总支，书记马恩（马代章）。中共潮普惠县委及其辖下的各级基层组织的建立，使暂停组织活动长达 2 年多的潮普惠地区的党组织又得到了恢复发展。

二、抗日武装与情报交通的建立发展

潮普惠县委建立后，组织部长李凯转来潮梅特派员林美南对潮惠南党组织的具体指示，强调要按照"平原武装暂不暴露"的原则，在农村秘密组建抗日游击小组，发动群众开展抗日游击战争，支援潮汕人民抗日游击队的建设，积极动员进步青年参军参战，积极筹集军需粮款，建立健全情报交通站。根据上级的指示，潮阳和南山党组织迅速开展了组建抗日武装和发展情报交通等工作。

迅速组建抗日游击小组。潮阳各地党组织以原来的青抗会员和守菁队及拳馆中的进步青年为基础，先后在和平、神山、两英、陈禾陂、贵屿、南阳、东寮吴、赤寮、龙港、壬屿、岐北、华阳、下底等 20 多个乡村党支部建立了抗日游击小组，每个小组 10—30 人不等，共约 300 人。各地抗日游击小组在保卫党组织的活动，发动群众参军参战，筹募钱粮和枪支弹药，收集输送情报，

配合主力部队军事行动中发挥了重要作用。

积极支持潮汕人民抗日游击队的组建。1945 年 2 月底，中共潮阳和大南山组织先后选送了党员干部许继、陈华、刘斌等到潮汕人民抗日游击队任职，还通过各地党支部发动和挑选了 50 多名青年参加潮汕人民抗日游击队。同时，还为潮汕人民抗日游击队及时护送过境人员和输送物资、文件。

同年 3 月 9 日，中国共产党领导的潮汕人民抗日游击队于普宁县白暮洋村正式宣告成立。党代表林美南，队长王武，政委曾广，政治处主任林川，军事顾问谢育才，军需处主任张珂敏。游击队共 200 多人，设两个中队和一个短枪班。11 日晚，游击队开赴大南山的锡坑，后在大窝村建立了司令部、后方办事处和党务工作委员会，同时设置了宣传、民运、后勤等工作机构。13 日，潮汕人民抗日游击队向社会公开发布《潮汕人民抗日游击队成立宣言》，给乡土沦亡的潮汕人民带来了希望，在社会上引起强烈反响。

为了有效打击和消灭日伪军的武装力量，显示潮汕人民抗日武装的力量，潮汕人民抗日游击队主力 440 多人举行了武装大巡行。队伍从大南山下平原进流沙，经旱塘、南径、贵屿、南阳、赤寮等地，最后返回到普宁大坝葫芦地，一路高唱《潮汕人民抗日游击队歌》，沿途贴出《告伪政府伪军人员书》和《为准备反攻驱逐日寇告潮汕同胞书》，对敌人开展攻心战，号召潮汕爱国同胞组织武装起来，配合游击队杀敌卫乡，群众纷纷响应。至 5 月下旬，潮汕人民抗日游击队发展至 500 多人，扩编为两个大队和一个警卫连。

6 月初，中共潮梅特派员林美南在大南山游击根据地的普宁陂沟村，召开了潮汕各地党组织和游击队主要领导人参加的发展抗日武装力量的会议，传达了中共广东省临工委关于把潮汕人民抗日游击队扩编为广东人民抗日游击队韩江纵队的决定，林美南任韩纵党代表（后任司令员兼政委），谢育才任军事顾问。会后，林美南与谢育才、曾广、方东平、林川等又商议决定把潮普惠南方面的抗日游击队伍整编为韩江纵队第2支队。6月下旬，潮汕人民抗日游击队潮普惠南方面的武装队伍，按指定地点集中在普宁泥沟村整编，并正式宣布韩江纵队第2支队成立。其中，潮阳和大南山参加的有70多人。韩江纵队第2支队队长兼政委林川，副支队长兼参谋长杜平，政治处主任吴坚，军需处主任张珂敏，参谋处主任陈扬。

8月中旬，韩纵2支队决定开辟大南山东部地区，扩大活动范围。下旬，由支队长兼政委林川指挥，2支队向大南山东部地区进军。事前，军需处主任张珂敏乔装为商人，带两名战士到盐岭一带侦察敌情时不幸被捕，为营救张珂敏等，两英党组织根据上级指示，千方百计摸清囚禁地点，提供营救方案。9月3日上午在林川和潮普惠县委常委郑希的指挥下，2支队与两英党组织紧密配合，袭击了南山管理局和两英警察所，收缴其全部武器装备。由于敌人非常狡猾，经常变换囚禁张珂敏等人地点，因查无下落，营救不成。当晚，张等被敌人杀害，为党捐躯。

潮汕的国民党反动派多次调集兵力"围剿"2支部队。在反"围剿"和开辟大南山东部地区的战斗中，很多干部、党员及战士献出宝贵的生命。潮阳籍的（包括大南山）有许继、李开立、陈克平、蔡书雄、郭才、李开国、詹元和、李亚班、刘镇坤等英勇捐躯，他们的英名永载青史。

发展抗日情报交通网。一是金浦交通情报站，负责人李凤，交通员郑维。该站是潮梅组织负责人林美南通过潮澄饶汕负责人周礼平沟通潮惠南组织的秘密交通线，周礼平分别通过高芝英和桑田的李瑞婉与李凤联络。1945年春节后，因潮惠南组织负责人郑希确定六区的下尾欧学校作为其落脚点，李凤则调至该校与朱泽涛配合负责潮普惠南组织秘密交通站的工作，金浦站则撤销。后又根据斗争需要，潮普惠南又在九区的草尾村以开设土纱厂作掩护增设转运点，由蔡瑜与蔡义和负责情报交通工作，同下尾欧学校的朱泽涛和李凤联系。二是陈厝围的交通情报站，负责人陈树益。该站的东线沟通潮惠南组织，与金浦站接轨，西线与普宁石桥头和下蓝站接轨，是潮普惠南组织负责人林川沟通中共潮惠南组织和抗日游击队的秘密交通情报站。三是大南山两英圩的"永济生药店"交通情报站，负责人钟前。该站东与仙斗寮小学和成田方面联系，西与陈厝围站联络，北与龙港站接轨。四是龙港交通情报站，由彭东和彭绍瑞负责。另外，潮澄饶汕组织从汕头同潮阳的华阳（负责人吴表凯）、赤寮（负责人张海鸥）、潮美（负责人陈俞）、陈厝围（负责人陈树益）至潮惠南组织和抗日游击队的联系也形成了一条交通线。大南山党组织还派钟震打入国民党军队翁照垣部建立的自卫团独立大队第2中队任副中队长。使情报及时转送党的领导机关和抗日武装队伍，为抗日武装斗争作贡献。

三、青、妇抗会恢复活动

中共潮惠南组织恢复活动后，也迅速恢复青、妇抗会。1945年3月，中共潮普惠县委派宣传部长杨英伟到普宁县下蓝村召开会议，确定了由何史、黄寄南、郑觉等组成恢复青、妇抗会组织的工作小组，何史任组长。

各地青、妇抗会恢复活动后，迅速开展了发动参军参战和募捐支前活动。县妇抗会领导小组还秘密印发了《告潮阳县姐妹书》，号召全县妇女行动起来，募捐支前。领导小组组长蔡瑜还带头捐出两枚金戒指和一支驳壳枪以及几十发子弹；方维新捐出一支德国造的铁头曲尺和几十发子弹；李开立献出祖房托管的手枪；马洁修捐献了两枚金戒指；井都妇抗会中的共产党员郑丽娟、郑淑娟、郑华娟、郑碧华等也带头把准备出嫁用的布料都拿出来支援抗日部队。贵屿华美乡积极发动会员参加潮汕人民抗日游击队；赤寮、后村东设四个作为潮普二县支前物资转运站，动员富商捐资购买枪支、粮食、衣被支前；井都一带人民积极参军参战。据统计，全县青、妇抗会先后配合党组织动员了120多名青年参加潮汕人民抗日游击队和韩纵2支队，并凑够了可买60头生猪的款项，支援抗日前线部队。

四、团结一切力量 发展抗日武装

为了争取抗日战争的最后胜利，中共潮惠南组织遵照中共中央关于"沦陷区的各式反日武装及国民党区的反蒋武装，我们均应设法与之进行统战工作"的电报指示精神，积极做好统战工作，团结争取一切抗日力量共同抗日。

原国民党第十九路军旅长翁照垣是一位爱国将领，他在上海"一·二八"抗战时，曾率部积极抗击侵华日军，受到社会各界的好评。后来他因在福建参加反蒋运动而受排挤回到老家惠来县葵潭。然而，他仍坚持积极的抗战立场，在潮普惠南交界地区组建了一支抗日武装，设立"广东省第八区民众抗日自卫团指挥所"，并先后在揭阳、普宁举办抗日军事训练班。他还接纳了王鼎新、许美勋、吴华胥、陈俊峰等一批潮汕知名爱国民主人士。中共潮汕组织也先后秘密派部分干部协助他开展抗日工作，还公开组织青抗会员参加他举办的抗日训练班的学习。地下党员林气强、郭克、李扬辛等还在其抗日自卫团的指挥所中分别担任秘书、中队长和短枪队长等职。1945年初，日军入侵惠来时，国民党惠来县政府及其军队纷纷逃亡，翁照垣的武装队伍却仍坚持在葵潭一带抗日。潮汕人民抗日游击队成立后，派员前往同他联络合作抗日事宜，翁照垣欣然与游击队代表达成了友好合作、共同抗日的协议，并告诫其部属要与游击队友好相处，把协议付诸行动。

1945年2月，日军向潮普惠南窜犯，国民党南山管理局官员及其军队纷纷逃亡，只留下钟廷中等10余人的便衣队在大南山。为防止该队走向反面或散失，中共潮惠南组织及时通过南山党组织，指示已经渗透在翁照垣部自卫团独立大队第2中队中当副中队长的钟震，设法打入该便衣队中，帮助该队留在大南山坚持抗日。不久，翁照垣与这支便衣队取得联系后，与潮汕人民抗日游击队会商，决定以该队为基础合作组建"广东省第八区民众抗日自卫团指挥部南山第一中队"（简称"南山抗日自卫中队"），钟廷中任中队长，钟震任副中队长。

后来中共潮惠南组织又增派马千、郑继芳、古坤、古胡德、钟南天等地下党员到该中队并组成党小组，组长马千。"南山抗日自卫中队"发展到40多人，配备轻机枪1挺、步枪144支和各式短枪，并在地势险要，正面俯瞰两英，东能控制雷岭通道，西扼盐岭交通的红场蔡肥庵设立大本营。南山抗日自卫中队开展主动灵活的游击战，遇到日军大队伍则避之，碰上小股敌人便打，也曾夜袭流窜于南山中学的日军。该中队先后共击毙日军5名、汉奸1名，活捉日军2名，缴获一批枪械子弹和军用物资。以钟震为首的化装为农民的几名队员在两英上坝村与几个全副武装的日军短兵相接，打死日军1人，打伤2人，缴获短枪1支，马步枪2支。还有一次，自卫中队还把卖国求荣、充当鹤洋乡日伪维持会会长的汉奸倪汉庭抓获，押至日军必经的大道上枪毙，以儆效尤。此后，潮南边区一带再也没有日伪维持会的存在。另外，自卫中队还在永丰村聘请懂日文的经济学博士钟景胥，专门编写针对日军官兵的抗日宣传短文，并油印成传单散发到日军营地，撩动日军官兵厌战思乡思家的乡愁，以动摇其军心。

在争取抗日力量的同时，中共潮惠南组织还采取积极措施，收编与打击各地的土匪，抗日战争后期，潮普边界有两支较小土匪，一支是由多数贫困农民因生活所迫而组成的黄炳光部；一支由流氓地痞组成的罗勤生别动队。1945 年 3 月，抗日游击队把黄炳光的土匪队伍收编为抗日义勇军第 1 中队，由黄炳光任中队长，游击队派政治干部王琴任指导员。1945 年 5 月中旬，抗日游击队又在普宁县蔡口村处决了民愤极大的土匪头罗勤业，对其部属则大部分教育遣散，少数收编入抗日武装队伍，维护了潮普边界地区的社会治安。

五、抗日战争的胜利

1945 年上半年，苏、美、英盟军在欧洲取得彻底战胜德、意法西斯的伟大胜利，使日本法西斯陷于完全孤立的境地。6 月下旬，美军攻占冲绳岛，为进攻日本本土创造了条件。7 月 26 日和 8 月 9 日，美国先后在日本广岛和长崎各投下一枚原子弹，威慑日寇。8 月 8 日，苏联政府宣布对日作战。9 日，苏联军队进入中国东北，很快击溃了日本的关东军。反法西斯阵营全力以赴，加速了日本 法西斯的覆灭，缩短了中国抗日战争和反法西斯战争最后胜利的进程。

在中国战场上，国民党军队主力分布在西南和西北地区，大部分远离抗日前线，而八路军、新四军从 1945 年 5 月开始，对日伪军发动了大规模的夏季攻势，为转入全面反攻创造了重要条件。8 月 9 日，毛泽东发表了《对日寇的最后一战》的声明，号召"八路军、新四军及其他人民军队，应在一切可能条件下，对于一切不愿投降的侵略者及其走狗实行广泛的进攻"。10 日至 11 日，朱德总司令发布受降及对日全面反攻等 7 道命令。人民军队迅速向日伪军展开了全面反攻。

8月14日，日本政府照会美、英、苏、中4国政府，表示接受波茨坦公告。15日，日本天皇裕仁以广播《终战诏书》形式向公众宣布无条件投降，但日军并未完全停止作战，因此，中国广大地区军民的反攻仍继续进行。

在潮汕，日军于8月15日开始，逐步将兵力收缩到被其侵占的各大城镇，但也没有立即停止作战。17日，汕头市的日军进行"洗监"，枪杀了被其囚禁的数十名中国民众，并毁尸灭迹，企图掩盖其暴行。下旬，日军又袭击汛洲岛的中国军队。8月中旬，中共广东区党委命令广东人民抗日游击队坚决执行朱德总司令的命令，向日伪军进行全面反攻。但是，潮梅国民党当局一面派大批军队围攻人民抗日武装，阻挠向日伪军开展反攻；一面派大批官员到潮汕"接收"，抢夺抗战胜利果实。韩江纵队第2、第3支队因受到国民党军队的堵截围攻，未能进入敌占区反攻日伪军；第1支队则突破了国民党军队的包围进入潮澄饶汕敌占区，并先后数次攻击日伪军据点。

16日晚开始，潮阳和大南山各地学校师生先后举行了大规模庆祝游行，市场商店的商人也自愿开展货物大平卖，热烈庆祝抗日战争胜利。

9月2日，日本天皇和政府以及日军大本营的代表在投降书上签字。9月13日，日本第23军（南支那派遣军）司令田中久一在广州市中山纪念堂签署了投降书。9月15日，4800多名侵汕日军缴械投降，并被送入磐石集中营。9月28日，日本第23军司令田中久一派代表富田直亮在汕头市签署了投降书。至此，潮汕人民的抗日战争胜利结束。

4

第四章

解放战争时期

争取和平民主 坚持隐蔽斗争

一、抗战胜利后的形势及党的方针

抗日战争胜利后，全国形势发生了根本性的变化，国民党反动集团不顾全国人民实现和平民主的愿景，公然展开军事进攻和政治欺骗，策划发动全面内战。中国人民同国民党反动派之间的矛盾代替了同日本帝国主义的矛盾。潮阳人民同全国人民一样，渴望实现和平民主，医治战争的创伤，休养生息，重建家园，而全国却面临着内战的威胁。

由于中共和各民主党派的共同努力，蒋介石被迫于重庆谈判结束后的 1945 年 10 月 10 日，签订了《双十协定》，接受中共提出的和平建国的基本方针。1946 年 1 月 10 日，国共双方签订了《停战协定》。但是，蒋介石并不实行停战，继续进攻解放区，妄图消灭中国共产党及其领导的解放区和人民军队。

在广东，国民党当局在全省集结 8 支正规军 10 多个师及地方武装 50 多个团，对省内各个抗日解放区进行大规模"扫荡"。1945 年 10 月 25 日，国民党广州行营主任张发奎召开粤桂两省绥靖会议，限令 3 个月肃清中共及其游击队。中共中央多次向广东区党委发出"保持力量，避免损失"的指示。1946 年 1 月 16 日，广东区党委确定了"一面坚持斗争，保存武装，保存干部；另一方面作长期打算，准备将来开展合法民主斗争"的方针。

在潮汕，国民党当局不断加紧向中共游击队发动进攻，其"闽粤赣边区总司令部"从兴宁迁至潮汕，原驻丰顺五华一带的186师也调进潮汕，并以该师的557团和558团为主力，扑向韩纵所在的大北山根据地。广东省保安第2团和第7战区挺进队第1纵队的魏济中、林之梁支队也分别开进河婆、鲤湖、流沙、惠来、陆丰一带，作为进逼大南山、南阳山游击根据地的主力。广东省保安第3大队及第5行政专员公署兼保安司令部下属的7个保安大队，则分驻潮汕各县，实行分区联防。

抗日战争胜利后的潮阳，农田荒芜，经济萧条。国民党反动政府为策划内战，弥补财政赤字，对广大人民群众施行征兵、征粮、征税的"三征"政策。地方反动头子利用抗战胜利的机会，借清算汉奸敌伪的机会，从中谋利，大发横财。各地的反动乡长、保长也趁机勒索人民，贪污救济钱粮及衣物。市场物价高涨，广大人民群众都挣扎在死亡线上，达濠、海门等地，饿殍遍地，令人触目惊心。饱受战争痛苦的潮阳人民，同全国人民一样，渴望有一个安定的和平环境，休养生息，重建家园。但国民党当局却策划内战，除派正规部队进驻潮阳之外，还加强了保安队、自卫队等地方反动武装。棉城的郑敬余、沙陇的郑星、赤寮的黄少初等各建立了一个保安大队，西胪凤山的庄汉良、峡山的周礼、安乐的陈君声等分别建立一支自卫中队。他们与当地的地主恶霸、乡绅联合"清乡"，到处通缉共产党员、革命干部，围剿赤色乡村，妄图消灭共产党不仅如此，他们还到处烧杀抢掠，良田变成废土。

根据中共中央和广东区党委的指示，中共潮汕地方组织审时度势，确定了"疏散隐蔽，保存干部，积蓄力量，以待时机"的斗争方针，一方面领导韩江纵队坚持武装自卫，一方面实行战略隐蔽，逐步把部队精简疏散，由公开武装斗争转入地下隐蔽斗争。

中共潮汕特派员林美南十分关心潮普惠地区的斗争形势和工作部署。1945 年 10 月上旬，他亲自到大南山锡坑召开潮普惠县委会议，并作重要指示。一是要认清形势。潮汕面临严峻形势，进入潮汕的国民党军队有 186 师和挺进队共几千人，武器相对精良。敌我力量悬殊，不能与其硬碰硬。武装队伍要整编、缩小和分散，队伍要上大北山；二是为适应形势，潮普惠县委要从普宁转移到潮阳；三是改变工作方法，工作要隐蔽，要分类指导。过赤的地区应隐蔽和保护，收复区应加强领导和发展，缓冲区也要发展；四是要设法打入国民党内部。会议决定调整潮普惠领导成员的工作分工，李凯（书记）负责全面工作，落脚点从普宁转到潮阳，张希非（组织部长）上山搞部队工作，杨英伟（宣传部长）负责普宁的工作，郑希（常委）加强潮惠南的工作。

锡坑会议后，潮普惠县委在潮阳的下尾欧召开会议，进一步贯彻锡坑会议精神，作出若干决定：一、潮普惠县委机关隐蔽在潮阳金浦乡郑希的住宅，调李凤负责机关日常工作，铜盂下岐朱村作为县委的另一交通站；二、积极开展对潮阳一、八区和二、三区的恢复工作，重点是金浦、棉城、华阳，逐步向海门、达濠发展；三、调整领导布局和加强对各类地区的领导。四、潮阳四、七区属于缓冲区，由马千（后彭笃民）担任区委书记，发展党的力量，赤寮属较赤的地区，活动应隐蔽，陈俞从赤寮调至铜盂工作。根据部署，姚绍文到棉城兴归担任副乡长；郑继芳、郑流阳到棉城加强县城工作；吴扬到关埠任教育指导员；吴表凯到华阳学校任校长，并负责华阳、桑田等地党组织的领导工作；钟震打入国民党潮阳自卫大队任副大队长兼第一中队长；两英较赤的游击队员暂不与"永济生"药店（两英地下党情报交通站）联系。

下尾欧会议后，潮普惠县委领导成员按决定分头实施转变斗争策略，在疏散隐蔽中坚持斗争。

二、中共潮阳县委的建立和加强组织建设

为了进一步贯彻"分散坚持，隐蔽待机"的工作方针，落实工作重点的转移，完成由武装自卫斗争到秘密斗争的重大转变，中共潮汕特委于1945年末调整各县委领导机构，撤销了潮澄饶县委、铁路线工委、潮饶丰边工委、潮普惠县委，新建立揭阳县委、潮阳县委、普宁县委、潮揭丰边县委、澄饶县工委、潮安县工委、汕头市工委、惠陆边特派员。

1945年11月，根据中共潮汕特委的决定，建立中共潮阳县委，书记郑希，组织部长陈权，副部长朱泽涛，宣传部长陈俞。12月，先后增补马千、彭笃民为县委委员。潮阳县委建立后，派朱泽涛到两英建立党总支部，领导南山、潮阳九区、五区一带的党组织。总支书记朱泽涛（后方维新），副书记方维新。同时，派陈俞到惠来建立党支部。1946年1月，县委又派方文瑞到惠来工作。同年3月，中共惠来特别支部在图田乡成立。特支书记黄欣睦。两英和惠来的党组织均属中共潮阳县委领导。

为适应新的形势，进一步建立健全农村党的基层组织。1945年11月，成立中共潮阳七区委员会，书记马千（后彭笃民），组织委员马丁，宣传委员李作宣。1946年1月，成立中共潮阳六区委员会，书记郑流阳（后杨佐生），组织委员郭春，宣传委员陈宁。3月，成立中共潮阳一、八区委员会，书记郑继芳，组织委员吴表凯，宣传委员吴扬。6月，成立中共潮阳四区委员会，书记马梅，委员马锡江、马庆生。农村先后建立的基层党支部有：上练乡、南阳乡、屿北乡、华阳乡、棉城、神山乡、神山芦池、和平乡、港头乡党支部。学校党支部有：上练学校、联合中学、棉城端本学校、关埠下底学校、金浦学校等。

全面内战爆发后，国民党大举进攻解放区和在国统区大规模

"清乡"。有些党员对革命前途悲观失望，有的存在轻敌麻痹思想，甚至出现不遵守组织纪律行为，影响了党组织的战斗力。1946年10月，为了统一思想认识，提高战斗力，潮阳县委在铜盂下岐朱村召开了各区负责人参加的整风会议，会议由县委书记郑希主持，县、区领导人陈权、陈俞、朱泽涛、马千、彭笃民、吴表凯、詹泽平、马梅、杨佐生等参加会议。会议传达了上级党组织对形势的分析和在党内开展整风学习的指示，并联系部分党员存在的各种错误思想和行为的实际，开展批评与自我批评。同时，要求在基层党组织中全面开展整风学习。为了适应当时斗争形势的需要，县委决定把学校支部与农村支部分开管理，由县委委员彭笃民专管农村支部，郭春、马梅协助。整风会议后，潮汕地委和潮阳县委领导曾广、郑希在彭笃民家里举办了彭笃民、郭春、马梅参加的小型训练班。之后，各基层党组织迅速传达整风会议精神，开展全面整风学习，在整风学习中对党的组织关系进行全面清理，对党员的政治表现进行审查，组织党员讲形势、谈认识、查表现，开展批评与自我批评。对已具备党员条件的积极分子则吸收入党。通过整风，提高了党员的政治素质，使党的队伍更加纯洁，组织更加巩固，从而实现了斗争策略的转变。

三、隐蔽待机　保存力量

1946年3月底，经中共中央和中共代表团团长周恩来交涉后，国民党当局不得不承认中共广东武装力量的存在，并签订北撤协定：一、承认华南有中共领导的武装力量；二、同意北撤2400人，不撤退的复员，发给复员证。政府保证复员人员的生命安全、财产不受侵犯，有就业居住的自由；三、北撤队伍应到达陇海路以北，北撤需用船只由美国负责。尔后，国民党当局千方百计借故阻挠协定的执行，并继续进攻解放区。经再次谈判，5

月21日，达成中共广东武装人员北撤山东的协定。

5月底，潮汕特委书记林美南在汕头召开特委会议，对隐蔽斗争和北撤作了部署，确定继续执行"分散荫蔽，保存干部，积蓄力量，以待时机"的方针，以革命的两手对付国民党反革命的两手。会议决定：一、韩江纵队按广东区党委通知，选送50名军事骨干参加东纵北撤，其余疏散隐蔽；二，潮汕特委直属武装工作队，继续坚持秘密武装斗争，并负责埋藏好韩江纵队留下的武器，随时准备恢复公开武装斗争；三，林美南奉调广东区党委工作后，由曾广继任中共潮汕特委书记。会议还要求各级党组织在新形势下，要保持清醒头脑，要保护好干部，保存力量，以应付各种复杂的局势。对于已暴露身份而遭受国民党追捕的干部战士，要帮助寻找社会职业，易地隐蔽。一部分无法隐蔽的，可以南撤香港或东南亚各地。

在隐蔽斗争中，中共潮阳县委担负保护干部的任务相当繁重。一方面，抗日战争时期，很多在本地的党员干部暴露了身份，国民党反动派加紧了"清乡"，这些同志需要妥善隐蔽。另一方面，北撤时，韩纵留下一批需要隐蔽保护的人员和武器。县委坚决执行上级党委的指示，采取了有效措施，完成了隐蔽保护干部的任务。

同时，六区地下党负责人郑流阳到棉城隐蔽，通过社会关系，担任了端本学校教导主任。不久，他又把地下党员林风、积极分子江滨等隐蔽到该校当教师。同年夏季，地下党员郑觉、李琅被党组织安排到达濠的中小学任教。共产党员陈海从普宁梅林转到潮阳六都中学隐蔽，共产党员肖明进入沙陇砺青中学担任图书馆管理员，地下党员孙波也进入该校当训导主任。在沙陇华强学校隐蔽过的共产党员有许亚涛、方思远、马世政等。

1947年8月，钟声接任县委书记时也曾化名刘永春隐蔽于学校，这种情况在当时并不鲜见。当时，贵屿的龙港学校、井都的神山学校、关埠中学、赤寮的东寮学校、中心学校、有源学校、创大中学、铜盂的壬屿学校、上练学校、南阳的上乡中心学校、峡山的陈禾陂、洋汾陈、桃溪学校，两英的古厝、永丰、新圩、新厝、古溪学校等，都为共产党所掌握，从而隐蔽了党的干部100多人。对于受到国民党通缉，无法在本地隐蔽的党员、韩纵队员，潮阳党组织则协助他们向泰国、越南等东南亚国家和香港地区转移。早在1946年7月，中共中央便派李平、方朗、徐扬以"潮侨工作组"的名义到泰国联系、审查、教育南撤人员。不久，又成立以陈维勤为主要负责人的"韩纵联络处"，协助工作组联系南撤的非党员和爱国华侨青年，帮助解决部分人员的职业问题。

创办"信丰书店"，加强组织和情报联系。潮阳七区党组织在成田市场租用横街15号楼房创办了"信丰书店"，作为党组织的秘密联络点，由地下党员张衡、马诚、张克武负责，书店于1947年元旦挂牌营业，使党组织情报联系更隐蔽安全。

掩藏武器，等待时机。韩纵北撤时留交潮阳县委有200多支长枪和1部电台。县委把这批武器装备埋藏在陈店的石桥头村。后来，县委又决定由打入国民党潮阳自卫大队第1中队任中队长的钟震，以该中队的名义转移这批武器装备。1946年6月的一天，钟震、朱泽涛、胡光云等到石桥头村的逊敏小学，与隐蔽在那里的杨英伟（潮普惠县委宣传部长）、李雪光（普宁县委宣传部长）接头，把武器和电台转移至贵屿仙彭的潮阳自卫队第1中队部钟震的房间暂藏。以后部分由吴采乔、郭春、吴成耿夜间秘密挑往东寮吴采乔家中妥藏；另一部分则秘密分散转移到铜盂朱泽涛、龙港彭承运家中妥藏。韩纵留下的电台和武器妥善保藏，为以后恢复武装斗争创造有利条件。

四、反"清乡"　搞统战

1946 年 6 月，国民党发动全面内战，大举进攻解放区。广东国民党当局严令各地对共产党要"协同会剿，以绝后患"。潮汕国民党当局在广东省第五清剿区行政督察专员兼保安司令郑绍贤的指挥下，进行残酷的"清乡"，加紧对中共党员和韩纵复员人员的迫害。

潮阳国民党当局建立了专门"清剿"机构，成立"自新"委员会，颁布了"五杀令"（即窝匪、庇匪、济匪、从匪、通匪者杀），并强迫各区乡召开乡长、保长和乡绅会议，部署全面"清乡"，实行"联保连坐法"，规定每 5 户乡民必须具结互保，如其中有参加共产党的革命活动者，5 户连同受罪。他们加强身份证管理，逐乡调查户口，缉捕共产党员。对学校也加强了监视，规定学校凡是聘请外地教师，一定要办理担保手续，否则，以通匪论处。贵屿宅美十三乡公所抓了抗日游击队员李松锦、李四海等严刑逼供，要他们供出抗日游击队员李开立、李开国和地下党负责人郑希的去处。隐蔽在井都神山乡校教书的地下党员负责人彭笃民也受到当地反动头子的监视。

为使党的组织不受破坏，保护革命力量，中共潮阳县委采取有效措施，开展反"清乡"斗争。一方面，县委指示各基层党组织实行单线联系，不搞横向关系，保证党组织的安全；对有危险的党员则及时组织转移；要求每个党员要以公开的社会职业作掩护，干一行像一行，"入乡随俗"，"入港随湾"，广交朋友，保守党的秘密，隐蔽在群众中不暴露身份。另一方面，各地党组织根据县委指示，做好党的统战工作，对国民党的乡村政权采取分化瓦解和重点打击的措施；通过各种关系争取乡村的中上层人物，出面保护韩纵复员人员；普遍对乡、保、甲长投寄警告信，要他们伸张正义，不能助纣为虐，如敢作恶，必遭严惩；利用国民党"民选"乡、保长的机会，选派一些党性强，有工作能力的共产党员打入国民党乡村政权，出任乡长或保长，利用国民党的政令进行合法斗争；如方维新出任两英古围乡副乡长、姚绍文出任棉城兴归乡副乡长、彭承运出任龙港村保长、郑玉城出任井都神山乡保长等；对于气焰嚣张的重点对象，则予严厉打击。早在1945年下半年，中共潮汕特委由张希非带领的短枪突击队便隐蔽在潮阳，帮助开展反"清乡"斗争。如在"清乡"中气焰嚣张的宅美十三乡副乡长李汉坚是党组织准备重点打击的对象，李对地下党组织要打击他已有所觉察，惊恐万状，通过关系向地下党组织赔礼道歉，党组织审时度势，权衡利弊，改以信件对他提出严厉警告。

由于中共潮阳县委对国民党的"清乡"及时采取了一系列的措施，尽管"清乡"搞得很严厉，但也抓不到共产党员。慑于共产党的威信，有的"清乡"是为了向上交差。当时，党的组织没有受到破坏。

五、争取和平民主　揭穿和谈骗局

全面内战开始，全国人民进一步看清了蒋介石假和谈、真内战的政治骗局，人心向着共产党。

根据上级党组织的指示，中共潮阳县委为了争取包括社会中间力量在内的广大人民群众的拥护和支持，在国民党统治下的潮阳城乡，积极领导人民开展争取和平民主的斗争。早在抗日战争时期，潮阳各地学校的领导权多数为共产党所掌握，很多共产党员进入学校隐蔽。全面内战爆发后，在党组织领导下，许多学校建立了青年学生读书会，揭露国民党反动派搞假民主真独裁的骗局。1945年11月，关埠中学在地下党的指导下，成立了《燎原》

读书会，出版《燎原》墙报，组织文艺演出。举办农民业余识字班，宣传共产党和平建国的主张，揭露反动派假和谈的骗局。

1946 年夏，棉城端本小学党支部在高年级学生中成立读书会，组织学生秘密阅读《华商报》《时事手册》《女游击队员》《八月的乡村》等刊物，积极投身反内战的和平民主运动。砺青中学的地下党员肖明、孙波利用语文教学和班主任工作，向学生宣传共产党的政治主张，宣传"和平、民主、团结"三大口号。成田中民学校，通过读书会，组织学生讲时事，谈形势，宣传共产党争取和平，反对内战的主张，揭露国民党搞内战的罪恶阴谋。贵屿南阳上乡学校、峡山六都中学，组织读书会、青年学生联合会，深入开展爱国民主运动。

1946 年 9 月，县城联合中学党支部根据受县委委派前来联系工作李凤的布置，经联络活动，使进步学生取得学生自治会的领导权，为学校开展革命活动创造了条件。10 月，联中一学生上街被警察无理殴打，学生自治会立即组织 100 多名学生到警察局进行论理。1946 年下半年，联中一教师向学生讲"公民"课时，歪曲事实，谩骂共产党，学生很气愤，把教师轰出了课堂。潮阳各地青年学生合法的民主斗争影响很大，推动全县争取和平民主的斗争。

恢复发展武装 发动群众反"三征"

一、开辟大北山、大南山根据地

1947 年初，中共中央发出了关于开展国统区农村游击战争的指示。中共香港分局遵照中央的指示，作出了恢复广东武装斗争的决定，并确定了"实行小搞，准备大搞"的具体战略方针。中共广东区委也在香港召开了会议，决定发动群众开展反"三征"（反征兵，反征粮，反征税）的斗争，并要求在反"三征"斗争中逐步建立游击根据地。5 月下旬，到香港参加武装工作会议的中共潮汕特委组织部长吴坚和受命担任潮汕地委副书记的原珠江纵队政治部主任刘向东回到潮汕。他们马上到潮阳金浦向中共潮汕特委书记曾广传达香港分局和广东区党委关于恢复武装斗争的指示。中共潮阳县委书记郑希也听了传达。他们对潮汕形势作了分析，研究恢复发展武装力量，开展公开武装斗争等问题。之后，曾广、吴坚先后上大北山开展组建武装队伍的工作。

根据中共潮汕特委书记曾广关于准备调郑希上大北山搞武装工作，中共潮阳县委书记由吴扬接任和挑选骨干筹集枪械支持大北山武装队伍建设的指示，郑希抓紧做好调离前的工作，落实专人把韩纵北撤时分散隐蔽的电台、枪械搬上大北山，并挑选陈权、郭成、陈石等 10 多名武装骨干参加大北山队伍的组建，要求他们准时到达大北山，参加潮汕人民抗征队的成立大会。

6月7日，根据中共潮汕特委的决定，特委直属武工队和普宁、潮阳的武装经济工作小组以及原韩纵部分军事骨干共70多人，在大北山的天宝堂召开潮汕人民抗征队成立大会。抗征队设立了司令部，司令员刘向东，政委曾广。下辖一个大队，大队长林震（许杰），政委陈彬。潮汕人民抗征队的成立，标志着潮汕革命力量从隐蔽斗争中转入了同国民党反动派进行公开武装斗争的新阶段。

6月下旬，中共潮汕特委在大北山粗坑村召开特委扩大会议，参加会议的有特委领导人曾广、刘向东、吴坚、吴健民，抗征队的领导人陈彬及各县委领导人共20多人。会议传达贯彻了党中央和香港分局的指示精神，讨论了潮汕地区开展武装斗争的方针任务。

会议确定：一、选择揭阳、丰顺、五华边界的大北山为武装斗争的中心战略据点，大南山、凤凰山为战略支点，南阳山、五房山为转动点，建立梅花形根据地；二、积极发展武装力量，巩固发展潮汕人民抗征队，更广泛地开展游击斗争；三、以反"三征"为行动口号，放手发动群众，进行减租减息斗争，引导群众从单纯的经济斗争提高到政治斗争上来，逐步建立民主政权和两面政权；四、健全党的各级领导机构，巩固发展党的组织。会议还宣布广东区党委的决定：中共潮汕特委改为中共潮汕地委，书记曾广，副书记刘向东。

8月，吴扬调往揭阳，钟声（刘大夫）接任中共潮阳县委书记。同月，潮汕地委书记曾广和已调任地委执委的郑希在大北山上与钟声进一步研究落实粗坑会议精神的具体措施。明确要求潮阳县委做好几项工作：一、发动群众开展反"三征"，紧密配合潮汕人民抗征队的军事行动；二、开展征枪借粮，为部队提供武器装备和给养；三、继续挑选军事骨干，动员积极分子上山参军，抓紧把武器装备转运上山；四、建立潮阳小北山武工队和情报交通站，积极配合潮汕人民抗征队开展游击斗争，及时提供军事情报和输送军需物资。之后，潮阳县委及基层组织全力开展游击斗争。

9月29日，潮汕人民抗征队把原来的一个中队扩编为北山队和南山队。10月，北山队又扩编为第1大队，南山队又扩编为第3大队。10月20日，第3大队在队长李习楷、政委陈彬的率领下开赴大南山，担负创建大南山和南阳山根据地的任务。潮阳县委与当地党的组织紧密配合，积极参与开辟大南山根据地。

第3大队挺进大南山，开辟根据地。这对于打击牵制国民党反动军队，发动潮普惠南群众，配合大北山根据地的斗争，有着重要的意义。

韩纵北撤时，党组织留下吴明隐蔽在大南山锡坑等村坚持秘密活动，掌握了部分乡村政权和守菁队。抗征队第3大队进山不久，吴明和当地党组织便配合行动，夜袭林樟乡自卫队，俘敌30多名，缴获长短枪30多支，解散了国民党的林樟、锡坑两个乡公所，并建立了锡坑乡人民政府和八乡林村自治委员会等基层革命政权。同时，组建了惠南武工队，队长方文瑞。从此，大南山西部地区的革命斗争逐步开展起来。

1948年1月，国民党第五区保安司令兼督察专员喻英奇在潮安召开"剿共"会议，叫嚷要在一个月内"剿灭"大南山抗征队，在三个月内"剿平"大北山根据地，反动气焰十分嚣张。根据中共潮汕地委的指示及大南山东区的情况，抗征队第3大队决定抓紧时机先发制人，组织队伍东征，开辟大南山根据地东部地区。

大南山东区，即潮阳、惠来交界处盐岭径以东地带，横跨潮惠南二县一局，地势狭长，纵约30公里，横约25公里，雷岭公路横贯其中，是大南山重要一翼，战略地位重要。抗征队若能在此站稳脚跟，对潮、普、惠、南一带之敌威胁很大，并能牵制敌人对大南山、南阳山、大北山的清剿。

抗征队第 3 大队派出一个中队和短枪队共 100 多人组成东征队伍，由马毅友、周洪和李扬辛率领，从大南山的河田出发，经盐岭、潘岱、刘士可，直插关外的周田、狮石、靖海，归途经华湖、林招、双溪等地，横扫大南山东部和惠来东部大片地区的国民党反动据点，摧毁近 50 公里内外的国民党区乡政权、警察所，焚烧当地乡政府的"三征"簿册。东征历时半个月，共缴获手提机枪 2 支、长短枪 80 多支、弹药一批。东征告捷，打击了国民党反动派的嚣张气焰，为开辟大南山东区根据地创造了条件。东征队伍回师后，于 1 月 24 日配合抗征队第 3 大队袭击惠来隆江镇的警察所、区公所和集结队，缴获长短枪 40 多支。之后，在大南山东区建立了东区武工队，队长马毅友，副队长周洪，队员有林雄、钟延安、朱泽涛、郭坚等。

抗征队东征的胜利，使当地国民党当局坐立不安，加紧了对大南山剿共的部署。国民党惠来县长方乃斌亲自带队，恢复了靖海、华湖区公所，并搜捕武工队员。南山管理局国民党兵团总队长陈统能率兵进驻林招，在雷岭炮楼驻军。潮阳县政警两个中队也进驻双溪。为了对付国民党的武装进犯，中共潮阳县委同抗征队共商对策，实施了第 3 抗征大队向大南山西部地区转移和东区武工队继续在东区坚持斗争的部署。这样，形成东西呼应之势，既有利于周旋反击，又有利于巩固扩大根据地。为了配合抗征队第 3 大队在大南山西部的活动，东区武工队决定袭击国民党大长陇联防队和乡公所。2 月 3 日下午，14 名东区武工队员装扮成国民党潮阳县政府官员，前赴大长陇乡公所，并打开粮仓，把 2000 多担稻谷就地分给群众。是役，缴获轻机枪 1 挺、长短枪 35 支、弹药一批，俘虏国民党大长陇乡长陈衍柳及警员 30 多名。

东区武工队在袭击大长陇后，便马上进驻潘岱。这个村处于大南山东部的中心，地形复杂，便于隐蔽，群众基础较好，富有光荣的革命传统。东区武工队东征时，两英地下党组织给其提供了雷岭、红场这一带叛徒特务的名单，其中：河田林樟乡乡长何二珠，是土地革命战争时期出卖 30 多位革命者的叛徒；盐岭乡长江阿吉，是抗日战争时期出卖逮捕张珂敏的叛徒；还有牛埔村刘永贞、龙坑村的刘木盛，均是革命的败类。东区武工队把潘岱、盐岭、下溪和叠石的 8 名积极分子组织起来，成立了党支部。武工队很快核实并将何二珠、江阿吉、刘永贞、刘木盛、郑红帝等捕获处决，清除了潘岱及周围乡村的反革命分子，为创建东区根据地奠定了基础。

3 月中旬，国民党第五清剿司令兼潮、普、惠、南五区指挥所主任林贤察亲自指挥"清剿"队伍向大南山西区进剿。为牵制"清剿"部队的兵力，东区武工队主动出击。19 日下午，钟延安率武工队员 5 人，化装成上圩群众，袭击了两英警察所，缴获长短枪 2 支。事后，南山管理局被迫收缩营地，把驻在雷岭炮楼的警兵撤回到两英圩。从此，大南山东部和西部的斗争紧密配合，两相呼应。在创立东区过程中，东区武工队得到了当地群众的大力支持，有的群众甚至冒着生命危险掩护武工队员。有一次，驻普宁的国民党清剿大队长马汉初率官兵 100 多人包围了潘岱村，企图奸灭驻扎在此的抗征队，而抗征队员早已转移至叠石村。队员马桂元因病未能转移而被当地地下党组织安排隐蔽在一农民的家里，清剿队在搜索中抓了马桂元，怀疑他是抗征队员，把他带到寨门口审问。村民乌鼻婶见状，便上前把桂元认作是她的儿子，在场的群众也帮助证实，国民党兵只好把桂元放了。东区武工队由于得到了当地群众的大力支持，在斗争中迅速发展，并于 5 月间扩编为潮汕人民抗征队第 5 大队。

二、武工队与情报交通站的建立

1947 年 5 月上旬，中共潮阳县委根据上级党委关于恢复发展武装力量，公开进行武装斗争的指示，迅速组建大北山武装队伍。同时，积极筹建小北山武装工作队和恢复发展情报交通网。

1947 年 11—12 月，潮汕人民抗征队司令部委任郭成为队长，带郭坚到潮阳组建小北山武装工作队。潮阳县委先后挑选了政治、军事素质好的党员干部彭笃民、吴表凯、刘斌、吴锋、赖仰、赖新、赖丘、谢金顺、彭强等参加了小北山武工队。吴锋任副队长，刘斌任指导员，彭笃民、吴表凯代表县委领导这支队伍。小北山武工队以小北山为据点，面向练江南北和榕江南岸的广大平原，经常活动于潮阳的一、六、八、九区和普宁的一、四区，揭阳的安乐区等地。武工队的任务是：宣传政治形势和党的方针政策，发动和组织群众反"三征"；开展侦查活动，配合部队作仗，袭击国民党部队及其地方武装，扩大共产党和人民武装的影响，征枪借粮，解决地下党活动经费和部队给养；建立两面政权，除奸肃反，保卫党组织领导机关的安全。

1948 年 8 月，中共潮惠南边县工委成立。县工委旋即组建四七武工队，其骨干是上级派来的彭笃民、吴锋、陈南、李作宣、黄水木、游南等，队长吴锋，指导员李作宣。彭笃民代表潮惠南边县工委领导这支队伍。四七武工队以大南山为依托，面向练江南岸及惠来东区的广大平原，活动范围是潮阳的四、五、七区及九区部分地区，还有大南山东区、惠来东区等地。

8 月下旬，根据潮汕地委的决定，在潮阳关埠区、揭阳渔湖区、安乐区、京岗一带活动的由潮揭丰边县委领导的潮阳八区武工队合编入潮阳小北山武工队，全队共有 25 人。队长郭成，指导员孙明。

小北山武工队和四七武工队在反"清剿"斗争中，经受了艰苦斗争的严峻考验。他们坚持以山区为依托，经常深入平原开展游击斗争，有效地打击和牵制了国民党的反动武装对大南山根据地的多次清剿。

建立和发展情报交通网络，及时准确地搜集传送情报资料，输送军需物资，是对敌斗争中一项特殊的重要工作。尤其是在党组织处于地下活动和缺乏通讯、交通工具的情况下，情报交通工作显得十分重要。1947年，潮汕人民抗征队第3大队在大南山建立了情报交通站，设立7条交通干线，其中2条经潮阳分别与汕头市和惠来县联系。

潮阳县委根据开展武装斗争的需要，迅速恢复和建立了一批情报交通站，各地基层党组织也相应建立联络点，形成秘密的情报交通网络。内线直接联系党的主要领导人，总站先设在金浦，由李凤负责，后转至下尾欧。外线的情报工作是经常性的、大量的，情报站和联络点比较多，形成了秘密的情报交通网络。主要有：陈宁负责的汕头站，中共潮阳县委派员打入汕头警察局及驻汕国民党军队，开展情报工作，陈宁通过各种渠道同他们取得联系，掌握敌人内部重要情报；姚绍文（后林风）负责的棉城站，站址设于棉城中华路南门桥头"协和米铺"；姚绍文（任兴归副乡长）通过同县警察局刑侦队长廖先文的密切联系，获取情报；棉城地下党组织还在国民党县政府门口、广汕公路汽车站门口、潮海公路新宫路口设立侦察点，搜集敌人军事行动的情报；钟前负责的两英站，地址设于国民党南山管理局所在地两英新圩的"永济生药店"；打入南山管理局及其戡乱会和警探队的赵公卫、林气强等掌握敌人重要情报则及时通过"永济生药店"转送出来；还在古溪乡"利群布厂"设立另一情报站，与"永济生药

店"联系，负责人钟震（后张松源）；陈树益（后张举）负责的
陈店站，站址先后设于陈厝围、柯厝围、红墩、大埔仔等地，主
要任务是掌握国民党军队驻防和调动的军事情报；张衡负责的四
七区站，该站在成田开设"信丰书店"，以书店为掩护，负责向
大南山收转情报及采购转送军用物资；后又在港头设立军需物资
转运点；彭东、彭绍瑞负责的龙港站，站址设于贵屿龙港学校，
该站利用少年儿童不易引人注意的特点，培养儿童带信；周宏
（后周昭文）负责的峡山站，站址设桃溪存德小学，后迁到峡山
广利祠厝包，该站的交通员及联络点均配双线；陈衍之（后黄是
俊、黄大昌）负责的下底站，站址设于关埠中学，该站原由中共
潮揭丰边县委管辖，后由中共小北山县工委领导，联系范围为榕
江两岸揭阳的桑浦山、潮阳的关埠、丰顺的𨻧隍、汤坑等地；还
有华阳与金浦两个情报交通点，华阳点由吴烈希负责，分别与龙
港和县城及金浦点联系；金浦点由郑允玉、郑淑英负责，分别与
县城站和华阳点联系。

三、开展平原游击斗争

1947 年底，中国人民解放军转入战略进攻，蒋介石被迫采取
分区防御的方针。12 月27 日，时任广东省主席的宋子文委派少
将喻英奇任第5 "清剿"（潮汕）区司令兼行政督察专员和保安
司令。喻英奇到潮汕，便加紧策划"清剿"，声称"三个月肃清
平原匪患"。在汕头地区设立了潮普惠南、潮揭丰、潮澄饶澳3 个
"清剿"指挥所和汕头警备区，把直属的两个"清剿"大队和省
保安独立第8 大队扩充到1000 多人，并整编和扩大各县的保警队
和自卫大队的力量。又在各县成立"戡乱委员会"，在各地实行
"五户联保"的保甲制，还在山区周围增设联防点，企图消灭共
产党和人民武装。

潮阳县委根据潮汕地委和潮汕人民抗征队司令部的部署，将武装队伍推向平原，主动灵活地开展游击斗争，打击国民党的地方武装及封建反动势力，从而牵制了国民党的主力部队对山区游击根据地的"清剿"。

武工队主动出击，沉重打击喻英奇的嚣张气焰。1948年初，喻英奇在潮阳县城召开"戡乱"会议，策划进剿游击根据地。小北山武工队根据县委书记钟声的指示，决定在除夕夜袭击县城警察。当晚，武工队长郭成率队员郭坚、赖仰，在棉城、金浦地下党组织的配合下，由郑衍弟带路潜入县城，袭击了正在商店购物的3名警察，缴了他们的枪，并把他们押出城外审问后释放。喻英奇对此十分恼火，下令枪毙这3名警察。此举，震动县城内外。4月末，喻英奇调集了省保安第8营1部、第11营及潮安、潮阳、普宁、惠来、揭阳、陆丰等6个保警大队1000多人的力量，准备再次"清剿"大南山和南阳山根据地。为挫败喻英奇的进剿，中共潮汕地委和潮普惠南分委决定组织武装力量主动挺进外线平原作战。

武工队袭击各地乡公所。4月底，县委书记钟声同县委宣传部长兼一、八区区委书记吴表凯在峡山桃溪学校部署，组织力量袭击距离县城不远的华阳、内峯乡公所。并决定华阳党支部的吴发、吴钦、吴粗和积极分子吴龙等紧密配合这次行动，安排立即侦查两地乡公所的武器装备，预先画好地图。5月13日，小北山武工队和东区武工队在华阳党支部配合下，袭击了内峯和华阳两个乡公所，一举成功，缴获轻机枪3挺、长短枪30多支、子弹7000多发。此役，既补充了游击斗争中急需的武器装备，又迫使进剿大南山的国民党马汉初部队停止军事进攻，撤往后方，解了大南山之围，受到中共潮汕地委和潮普惠南分委的表扬。5月，中共潮普惠南分委决定打击港头联防队，派朱泽涛下山，和港头地下党组织积极配合，查明了港头联防队的装备及布防情况。并指示打入港头乡公所的地下党员张成添注意跟踪监视联防队枪支存放地点，防止枪支被转移。26日凌晨，港头地下党员配合抗征队第3大队及东区武工队突袭了联防队，缴获重机枪1挺、长短枪20多支、子弹5000多发，俘虏联防队队长张朝阳。

平原游击斗争开始后，喻英奇在各乡建立自卫队、联防队和保安队，仅7月间，对小北山武装队伍先后"清剿"达19次。7月20日下午，小北山武工队根据县委的指示，由彭笃民、吴表凯带领郭成、刘斌、郭坚、吴锋、吴发等10多人，装扮成走亲戚及做生意的农民，在金浦地下党组织的配合下，袭击了距离县城只有5公里的金浦乡公所，缴获长短枪12支、子弹300发，烧毁了乡公所的文书册簿，并向大地主征用港币8万元。此举既打击了地方反动势力的嚣张气焰，又解决了人民武装队伍给养的困难。10月23日，潮南武工队与东区武工队配合，夜袭九区深溪乡公所，抓了乡长刘撷香及乡公所警兵3人，缴获机枪1挺、长短枪50多支、电话机1部。11月，四七武工队及抗征队第5大队，在神山乡党支部配合下，袭击了井都乡公所，缴获长短枪25支，敌人惶惶不可终日。

武工队炸炮楼，烧桥梁，破坏敌人通讯设施，打乱喻英奇的"清剿"计划。广汕公路是国民党部队"清剿"大南山的主要通道。1948年3月21日夜，小北山武工队与东区武工队在广汕公路沿线地下党组织的配合下，烧毁了广汕公路沿线的太和、和平、作新、西洋、溪尾、陈店等公路桥梁。8月中旬，抗征队第5大队沿华湖、沃角、京陇、周田、田心、华林、简朴一带频频出击，把妄图组织沙陇、田心、华林三乡反动联防的头子正法，摧毁炮楼两座。9月，小北山武工队又多次派吴钦等人与安轿、浔洄民兵配合，烧毁七里港桥、太和桥、后溪码头、磊口码头，使磊口至流沙的交通中断，军运停顿。同年冬，四七武工队根据潮惠南边县工委的指示，主动出击，先后炸毁大南山边沿山区的风吹、仙斗、圆山、鹤洋、泸岗等乡的炮楼。以上一系列的行动，有效地牵制了国民党部队对大南山根据地的进剿，同时，为武工队在平原的活动扫清了障碍。

武工队发动群众抗"三征"，冲谷仓、济贫民。1948年初，由于国民党政府加紧了"三征"，春荒严重，又因前年水灾，农作物失收，物价飞涨，民不聊生。县委指示各地党组织把开展抗"三征"斗争与关心群众生活结合起来。5月15日，八区地下党组织配合小北山武工队，发动京岗、灶浦、陂头、金沟、下底、神山官、花园等乡村贫苦农民数百人，乘夜袭击下底田赋仓库，将1000余石粮食就地分谷济贫，帮助贫苦农民度春荒。11月底，中共小北山县工委在贵屿龙港召开工委会议，工委书记吴扬传达中共潮普惠南分委关于发展大好形势，继续开展反"三征"和扩大游击区的指示。会议确定以六区作为主要活动点，发动群众，开展反"三征"的武装斗争。会后，吴扬到赤寮的官田村与六区党组织部署袭击国民党赤寮税捐稽征处的行动计划，并派六区宣传委员张源带小北山武工队的吴钦、吴发等秘密侦查情况。12月15日下午，小北山武工队与六区赤寮地下党组织配合，袭击了赤寮税捐稽征处，起到了震慑作用。

1949年1月4日下午，小北山武工队根据县工委的指示，分两个行动小组，与铜盂地下党配合，袭击了铜盂中练、下练田赋仓库，把仓内赋谷分给群众，焚烧地税票一批。1月7日，小北山武工队配合六区地下党组织，发动该区仙马、渡头、龙溪、窖墩农民数百人，攻破仙马田赋仓库，就地分发稻谷2000多石。为了减轻农民的负担，改善农民的生活，大南山根据地党组织还领导农民进行减租减息的斗争，支持农民"赖租赖债"和提倡"二五减租减息"。一些地方的地主有抗拒的行为，党组织发动群众与其斗争。

在发动群众抗"三征"的斗争中，五区溪尾乡有一支以周英为首的"锄奸队"，在平原各地筹饷筹枪，搞所谓的"锄奸反霸"，干扰县委的工作部署，破坏人民武装的威信。为维护人民武装的声誉，更深入发动群众反"三征"，中共潮惠南边县工委书记彭笃民派员对周进行说服教育，并改编了这支杂牌队伍。

武工队征枪借粮，发展和壮大人民武装力量。在征枪借粮中，武工队付出了艰辛，也付出了代价。1948年8月29日夜，吴表凯率小北山武工队的孙明、赖仰、郭坚、郑春、孙岳章、赖如恭、吴粗、赖埃等武工队员，到灶浦沟头村向保长陈二添、陈阿猫等大富户催收原先约定的200石借粮和两支枪。因陈二添暗中急告附近的国民党黄鹤裕自卫中队。次日早晨，武工队受到该中队的包围。武工队坚持3个多小时的战斗后突围，赖如恭、吴粗、赖埃在突围中壮烈牺牲，吴表凯腿部受伤。武工队经赤寮转普宁十二乡河田村，一路上敌人穷追不舍。当晚，驻赤寮的县保安队第3营黄少初部队配合麒麟联防队及警察所警兵共200多人，包围搜查了河田村。在当地党组织和人民群众掩护下，武工队才摆脱了危险。

惩办叛徒陈壬癸。陈是雷岭麻竹埔村人，土地革命战争时期当过中共广东省委交通员，1933年在汕头市被捕叛变，出卖交通线，领着国民党部队到雷岭松林村榕石洞破坏东江特委机关，使东江苏维埃政府主席陈魁亚等几十位同志被杀害。后来他当上了国民党鹅溪乡乡长、南山管理局刑警队长、第二联防处主任，曾活埋穷苦农民，罪恶累累。经潮汕人民抗征队第5大队与潮阳县委共同研究，决定惩办叛徒陈壬癸。两英地下党组织负责人方维新、钟南天根据县委指示，迅速掌握了陈壬癸常于夜间到两英镇镇长黄应秋家打麻将的情况，并同第五大队派来的钟延安研究了行动方案，确定在赌场将他处决。经上级批准，于 1948 年 9 月 15 日夜，由方维新负责指挥，四七武工队和第五大队的钟延安、吴锋、林少元、郭川、古坤与这次行动的内应地下党员赵公卫互相配合，把正在黄应秋家中赌钱的陈壬癸当场击毙。打击了国民党反动派的嚣张气焰，为民除害，老百姓拍手称快。

四、完善基层工委　建立民主政权

1948 年 1 月，喻英奇在潮安召开"绥靖"会议，相继成立了"潮汕戡乱设计委员会"和各地戡乱动员委员会分支，并扩充了各县政警队伍，在各地建立了反动联防，企图切断大北山、南阳山、大南山根据地的联系，妄图分割包围山区游击根据地。

为粉碎国民党的阴谋，同年 4 月，中共潮汕地委根据中共香港分局的指示，设立了中共潮普惠南分委，书记吴坚，副书记郑希，加强了反"清剿"和发展平原游击斗争的领导。5 月，潮汕地委决定在大南山东部地区设立中共惠南县委员会，书记郑流阳，组织部长朱泽涛，宣传部长方文瑞，委员马毅友。

同年 8 月，潮汕地委决定把潮阳县委改建为潮惠南边县工作委员会和小北山县工作委员会，两个工委均受潮普惠南分委领导。原潮阳县委书记钟声调任潮普惠南分委工作。

潮惠南边县工委机关驻大南山沙陂村，书记彭笃民，委员马丁、马梅。活动范围为大南山的雷岭、石船、两英，南山边沿的潮阳四区、五区、七区、惠来东部地区。其下辖中共潮阳七区委员会（书记马丁，组织委员肖明，宣传委员张衡）和中共潮阳五区特派员周宏及中共潮阳四区特派员马世政。

小北山县工委机关驻六区龙港等地，书记吴扬（8 月吴扬未能到任，由吴表凯代理书记），组织部长吴表凯，宣传部长彭承运。其下辖潮阳的一、二、三、六、八、九区及普宁县的四区及一区的部分地区。同年 11 月，吴扬到任后调整了县工委领导成员，书记吴扬，组织部长郭春，宣传部长吴表凯，委员李凤、彭承运。下辖中共潮阳六区委员会，书记彭承运，组织委员张声，宣传委员彭东；中共一区特派员林风，副特派员李凤；中共潮阳八区特派员吴表凯（兼）；中共普宁四区委员会，书记张声，组织委员黄荣利，宣传委员罗勤兰。

为了粉碎喻英奇的"清剿"，潮惠南边县工委和小北山县工委建立后，紧抓基层政权建设。同年 10 月，大南山东区先后成立了流陂乡政府，乡长钟南天；石船乡政府，乡长廖源；雷岭乡政府，乡长古坤。各乡政府成立后积极发动群众开展减租减息运动，成立妇女会和建立民兵组织，动员青年参军和配合部队作战，发展生产，支援前线。

在平原地区，基层组织政权的建设也得到发展，县工委派出武工队控制了一些平原乡村据点，先后建立了两面政权，在开展反"三征"和敌后游击斗争中发挥了作用。

五、建立人民民主统一战线

1948 年 6 月至 8 月，中共中央、香港分局、闽粤赣边区党委连续发出指示，强调必须团结一切可以争取的力量，缩小打击面，不要侵犯中农、独立生产者、自由职业者、知识分子、工商业者、华侨及开明绅士的利益；对国民党军政人员要有坚定地立场和灵活的策略，要有步骤、有区别、有分寸的对待，以争取游击战争的胜利。中共潮阳各级组织认真执行上级的指示，认真总结和克服某些过"左"的思想和过急情绪，注意斗争策略，做好统战工作。在统战对象上，重视争取社会的上层人物和乡村武装的头面人物。在斗争策略上，坚持团结发展进步势力，争取中间势力，孤立和打击顽固势力。从而壮大了人民革命力量，削弱了国民党的反动势力，加快革命斗争进程。

中共潮阳组织争取社会各类上层人物，善于变革命阻力为助力。国民党统治下的潮阳，封建堡垒林立，封建地主建立了保安队、自卫队、联防队等武装组织。八区陈邦宪自卫大队，虽实力较强大，但迫于形势想跟共产党联系合作。县委指派吴表凯做陈邦宪的策反工作，促使陈邦宪接受吴表凯对他提出的及时提供国民党的军事行动情报，保护在其势力范围内武工队的活动，代武装部队购买枪支弹药等三个条件。从此，他通过乡公所的文书与吴表凯的三弟秘密联系，提供情报。有一次，吴表凯带领武工队8人于夜间乘小船到关埠的石井乡活动，天亮时接到陈邦宪派人前来密告，说吴表凯带领的队伍已被区公所发现，他们将奉命到石井执行公务，请武工队立即转移。于是，吴表凯便率武工队及时渡江转移揭阳桑浦山。六区自卫中队副中队长蔡振任曾是吴扬的学生，吴扬通过师生关系，使蔡接受教育，不再与共产党为敌，为地下党提供军事情报。

六区上练乡副乡长彭松泉在地下党组织的教育下，靠近共产党。1948年夏，中共惠南县委组织部长朱泽涛被捕入狱，彭受党委托，多次往潮州找亲友设法营救。经党组织多方努力，朱终于出狱。早在抗战时期，下八区党组织负责人吴表凯就已同当地的华阳、桑田、龙仔3个乡的副乡长交为朋友，他们及时输送情报，掩护武工队的行动。八区南安乡的刘和武是国民党潮阳县的参议员，他当过10多年乡长，他的朋友有乡长邱来木和东芦乡乡长张德明、绅士张揖，古溪乡的陈增照等，关系十分密切。把刘和武的思想做通了，就有可能把他周围的头面人物都争取过来。县委派吴表凯、孙明亲自做刘和武的工作，终于把刘争取过来。在刘的影响下，邻近许多乡村的头面人物都逐步靠近了共产党，使地下党组织和武工队在平原拥有了更多的立足点，扩大了与国民党斗争的回旋余地。

广交朋友，团结发展进步力量。两英党组织还通过方维新以商会召集人的身份，同当地邮电局长陈宝贵交往密切，成为挚友。陈宝贵认为方维新是信得过的人，没有戒备，经常把重要事件告诉方维新，甚至把国民党广东省政府给南山管理局的信件都拿给方维新阅看。方又和两英副镇长、杂粮公会常务理事钟炳祥，交上朋友。钟炳祥在参加钟廷中宴请南山管理局局长林达的酒会上，获悉林达要抓方维新的消息，及时暗中告诉方维新。方即报告上级党委，并根据指示迅速离开两英。两英党组织还通过钟震与当地的外科医生刘鼎铭交朋友，建立了深厚友谊，地下党组织和武工队的伤病员都直接或间接地请刘鼎铭诊治。刘医术高明，从不泄密。

港头乡华侨张朝成，思想比较进步，地下党组织经常派党员张元伟与其接触，交为朋友。他先后为武工队购买短枪8支和一批弹药，帮助筹粮。不仅如此，他还把两座新屋提供给党的地下情报交通站作军需物资转运点。准备上山打游击的人员和武工队下山活动时，常常在此隐蔽。贵屿龙港村的侨眷欧阳瑞兰，在龙港地下党组织的启发下，也把房屋提供给地下党组织作活动点。

1947年冬天，潮汕人民抗征队第3大队队长张希非派人从国统区筹集到一批国币，派侦察员送交在龙港的潮阳县委书记钟声，要县委设法为山上的同志购买一批寒衣。因冬天已到，时间紧迫，钟声请欧阳瑞兰帮忙，把这批国币转送到成田"信丰书店"交马诚赴汕购买。钟声装扮成商人随行，欧阳瑞兰则挑着隐藏国币的番薯担赶路，由于欧已怀孕数月，又因挑担赶了25公里多路程，过度劳累，当夜回家后流产，她虽毫无怨言，但仍很遗憾。沙陇侨眷肖素惠是地下党员肖明的亲戚，肖明在沙陇砺青中学任教，住在她家。在肖明的教育下，她同情革命，把住房借给地下党活动。有一次，地下党组织在汕头弄到一批硫磺、朴硝，准备送上大南山给武装部队制造土炸弹。为了避过敌人检查，地下党组织请肖素惠帮助，让她化妆成回家探亲的华侨，派地下党员王实化装为挑夫，把暗藏在皮箱里的炸药安全带出汕头。

由于党组织认真贯彻执行党的统战政策，扩大了革命阵营，也为后来的策反投诚工作打下了基础。

配合主力部队　解放潮阳全境

一、贯彻大岭下会议精神

经过辽沈、淮海、平津三大战役后，国民党赖以维持其反动统治的主要军事力量基本被摧毁。全国处于革命胜利的前夜。蒋介石的国民党统治集团仍妄图作垂死挣扎，玩弄"和平攻势"，企图实行"隔江而治"，以争取时间，妄图卷土重来。1949年1月1日，毛泽东发表了题为《将革命进行到底》的新年献词，向中外宣告解放军将渡江南下，把解放战争进行到底。

为夺取革命的全面胜利，中共潮汕地委于1949年1月18日至30日在大北山解放区的大岭下村，召开地委扩大会议，全体执委和各县委书记20多人与会。会议总结了在开展游击战争中的经验教训，分析了全国解放战争形势，提出争取一年内解放全潮汕的战斗任务。会议决定采取若干主要措施：大力加强党的建设，壮大党的力量，保证党的集中统一领导；大胆使用和积极培训干部，着手制订接管城市的规划；发动青年参军，加强主力部队和发展地方武装力量，开展整军练兵，提高作战能力；加强政权建设和群众组织的领导，掀起全力支前高潮；着力加强财政经济工作，保证供给和改善群众生活；加强国统区城市的工作；发动大规模政治攻势和加强统一战线工作等。

大岭下扩大会议后，小北山县工委在壬屿召开县工委扩大会议，参加会议的有潮汕地委潮普惠南分委副书记郑希，县工委成员吴扬、吴表凯、郭春、李凤、彭承运、郭成等，会议由县工委书记吴扬传达地委大岭下会议精神，一致认为地委提出的一年解放潮汕的目标和确定的措施，完全符合潮汕的实际。决心按照潮汕地委提出的要求认真贯彻，狠抓落实，发扬成绩，纠正错误，克服困难，为争取一年内解放全潮汕而努力奋斗。根据地委提出的要求，结合潮阳的实际，会议研究决定抓好几项工作：一、加快发展武装力量，发动青年参军参战，加强军事队伍建设；二、加强党的建设，壮大党的力量；三、加强统一战线及策反工作，确定以八区自卫大队长陈邦宪作为近期统战对象，由吴表凯负责；四、在条件成熟的地方，建立两面政权。中共潮惠南边县工委也迅速召开贯彻会议，潮普惠南分委副书记郑希、抗征队潮汕支队五团团长马毅友参加会议。会议由彭笃民传达地委扩大会议精神，突出抓好几项工作：一、发展武装力量，建立 2 支 11 团，团长钟震，政委彭笃民；二、加强政权建设；三、加强统一战线工作，配合 2 支司令部做好潮惠南清剿独立自卫大队队长郑星、驻和平的潮阳保安 2 营营长林运济、驻峡山的保警第 1 营第 7 连连长周礼、达濠巡防大队长吴国光等的策反工作。

小北山县工委扩大会议和潮惠南边县工委会议后，广大党员、干部信心百倍，为实现会议提出的争取一年解放全潮汕而积极行动起来。

二、加强党的建设　发展人民武装

1949 年初，潮汕地委决定把加强党的建设，同加强军事斗争、发动群众支前作为三大任务来抓。要求各级党组织大力发展党员，壮大党的力量，健全区以上领导机构。潮阳各级党组织通过整风学习会、支部会、小组会，对党员进行革命坚定性和组织纪律性的教育，增强党性观念。注意在青年学生和青年农民的积极分子中发展党员，使党组织有了较大的发展。至 1949 年 10 月，潮阳县党员从 1948 年末的 361 人发展到 433 人。

1949 年 2 月，根据潮汕地委的决定，潮惠南边县工委改为惠潮县委员会，充实县委领导力量，县委书记彭笃民，组织部长吴明，宣传部长马丁，副部长张衡，委员方维新、钟震、钟南天。同时，建立了惠潮县人民行政委员会，主任方维新（布告落款化名方韬），委员陈绍宏、陈衍之。1949 年初，惠潮县委决定四区和七区委员会合并为四七联区委员会，区委书记马丁（兼），组织委员肖明，宣传委员马诚。不久，马丁上山参加武装斗争，由肖明代理区委书记。2 月，成立中共五区委员会，区委书记周宏，组织委员陈上钦，宣传委员郑冠（后黄毅）。4 月，县委派出郑丽娟等 20 多人的妇女工作队到各乡村开展活动，各地先后建立了妇女组织。6 月，根据潮汕地委的决定，小北山县工委和惠潮县委合并为中共潮阳县委员会，书记吴扬，副书记彭笃民，组织部长郭春，宣传部长吴表凯，副部长马丁，委员方维新、钟震、李凤、彭承运、钟南天、张声、林风。之后，县委成立了潮阳县青妇工作筹备委员会，书记李凤，副书记马世政，委员林风、郑丽娟、马瑜。建团工作经过试点发展较快，仅峡山团组织就建立 7 个团支部。

1949 年初，潮汕地委先后向各县发出了关于加快发展武装力量和扩编中国人民解放军地方部队的指示，并决定把抗征队潮汕支队第 5 团属下的华湖武工队、关外武工队和潮南武工队划归惠潮县委领导。2 月，惠潮县委以四七武工队及四七连和 5 团属下 3 支武工队为基础，扩编为中国人民解放军闽粤赣边纵队第 2 支队第 11 团，团长钟震，政委彭笃民，政治处主任马丁。全团 260 多人，配备轻机枪 1 挺，长短枪 260 多支。1949 年春节，小北山县工委书记吴扬带领小北山武工队到大南山五福田进行整风学习，并把小北山武工队组建为两支独立大队，大队长郭成，教导员孙明。原来三个武装小组则分别组成了潮八武工队，队长吴发；潮六武工队，队长王名武；普四武工队，队长赖仰。3月，小北山县工委把独立大队扩编为中国人民解放军闽粤赣边纵队第2支队第12团。团长兼政委吴扬，政治处主任吴表凯，全团120人，配长短枪120多支。1949年6月，在小北山县工委与惠潮县委合并为潮阳县委时，2支11团与12团合编为2支11团，团长钟震，政委吴扬，政治处主任吴表凯。7月后，钟震调入2支司令部参谋处，吴扬任团长兼政委。

随着全国及潮汕解放进程的快速发展，广大青年农民和知识分子踊跃参军参战，人数倍增，大南山地区又建立了两英和五区武工队，共80多人。两英武工队队长方明，指导员赵紫；五区武工队长陈南，指导员周宏。小北山地区扩建了六区、上八区、下八区、九区和普宁四区5支武装工作队，共120多人。六区武工队长兼指导员郭拱；上八区武工队长许敏；下八区武工队长吴发，指导员林宏；九区武工队队长李银，指导员王名武；普四武工队队长赖仰。同年7月，建立了四区武工队和七区武工队。四区武工队队长黄龙，政训员郑灶；七区武工队队长郑容，不久由郑玉城任武工队队长兼指导员。

这一时期，武工队从无到有，从小到大，积极开展反"三征"斗争，紧密配合主力部队作战，战绩显著。

三、配合主力部队　解放陈店两英

1949年1月，中共中央香港分局根据毛泽东主席《将革命进行到底》的新年献词的精神，发出了《关于迎接大军渡江和准备解放广东的指示信》。1月18日，潮汕地委召开扩大会议，提出努力赶上全国形势，争取一年解放全潮汕的战斗口号。同年 4 月 9 日，中央香港分局副书记、粤赣湘边区党委书记、粤赣湘边纵队司令员尹林平在陆丰县的河田主持召开粤赣湘和闽粤赣两个边区党委和纵队领导人的联席会议。粤赣湘边区的左洪涛、黄文俞同闽粤赣边区的林美南、铁坚、刘向东等领导人参加了会议。根据河田会议精神，闽粤赣边区党委决定：边纵主力先经营兴宁、五华、梅县，沟通潮梅两地的联系，然后向潮汕的揭阳、普宁、惠来等地进军。4 月中旬，林美南在河婆召开有潮汕地委和边纵 2 支队负责人参加的军事会议，传达河田会议精神。会议决定集中边纵直属 1 团、5 团和 2 支主力团，组成攻击部队，完成河田会议赋予的任务。4 月底，边纵首长、潮汕地委和 2 支队领导人，共同制订了拔除国民党盘踞在普宁、惠来、潮阳、南山、揭阳、丰顺等地区各个孤立的据点，解放潮汕广大平原的作战方案。

4 月底至 5 月初，边纵直属部队及 2 支共 7 个团 3000 人组成了攻击部队和阻击部队，协同攻点打援，首先拔除了暴露在解放区前沿的据点普宁鲤湖镇，全歼守敌 300 名。在强大攻势之下，驻棉湖和流沙的国民党两个保安营和警察所，弃城而逃，边纵部队乘胜进军流沙、陈店。

5 月 3 日，边纵 2 支 11 团和 12 团在地方党组织的积极配合下，与边纵主力 5 团和边纵 2 支 1 团合力进攻陈店，守敌全部被围，无法逃窜。当天，潮阳县国民党保安第 3 营黄少初部 100 多人前往救援，被 2 支 1 团和 12 团击退。5 日，边纵 5 团开展瓦解敌军的政治攻势，并派员带信给陈店的国民党集结中队队长范世雄，向他宣传党的政策，令其放下武器。6 日晨，范迫于形势，率先带领 20 多人，携带轻机枪 1 挺，向解放军投诚。陈店另外两个据点，也因孤立无援，守敌 70 多人相继投降。此役，缴获敌人轻机枪 2 挺、长短枪 90 多支。至此，陈店解放，并即日成立陈店军事管制委员会，主任彭承运，副主任郭征尘。为了加强党在这一地区的领导，县委决定成立中共九区委员会，区委书记彭承运，组织委员郑冠，宣传委员王名武，青年委员李旭，妇女委员李琅。

鲤湖、流沙、陈店相继解放以后，边纵直属团和2支队在地方党组织的配合下，乘胜攻打两英。两英是大南山的门户，国民党南山管理局的所在地，周围有炮楼六七座，地形复杂，攻克难度较大。5月6日，边纵司令员刘永生、副司令兼参谋长铁坚、副政委朱曼平，2支司令员张希非、政治部主任郑希，边纵5团团长邱志坚，2支1团团长陈华、11团团长钟震、政委彭笃民等分别在潮阳九区的大长陇和陈厝围召开军事会议，进行作战部署。

会议决定采取"分割攻坚，攻城打援"的战术解放两英，由2支1团主攻南山管理局及河浦乡公所；2支11团攻打墙围乡公所；边纵5团2连和2支11团侦通连一起围攻两英警察所；边纵各直属团和2支4团分别布防于两英外围打援。5月7日傍晚，开始实施对敌分割包围，发起攻击，首先拔除敌人分散的小据点。8日拂晓，2支11团第2连配合四七武工队对被围困了一夜的墙围炮楼之敌再次发起攻击，用地雷、炸药爆破敌人碉堡，并结合政治攻势，指名喊话，墙围炮楼守敌被迫投降。河浦寮之敌，凭险固守，拒不投降，2支司令员张希非命令2支1团增调重机枪，组成重机枪交叉火力网，压制敌人火力，掩护2支1团战士李来吉向前冲锋，用炸药炸开老寨门，部队立即冲了进去，敌人大部分缴枪投降，小部分爬越寨墙逃跑。部队乘胜追击，在河浦乡郊外，活捉了化妆逃跑的南山管理局局长兼保安大队长林达。8日下年3时，长期驻守于雷岭公路林招炮楼瞭望哨的12名守敌也缴枪投降。至此，两英解放。是役，全歼南山管理局一个自卫大队和警察所及墙围、河浦两个乡的自卫中队，歼敌200多名，缴获轻机枪6挺、长短枪400多支、电台1部、弹药及军需物资一大批。当天，两英成立了军事管制委员会，主任方维新。两英是国民党南山管理局的所在地，而南山管理局则是潮汕地区国民党长期反共"剿共"的重要堡垒。两英的解放，宣告了国民党"剿共"反动堡垒——南山管理局的彻底覆灭，沉重地打击了垂死挣扎中的潮汕国民党反动派，在潮普惠南地区乃至潮汕地区影响很大。

四、发动政治攻势　做好攻心策反

陈店、两英相继解放之后，潮阳县委在组织人民武装力量对敌发动军事进攻的同时，对国民党的党政军开展政治攻势，瓦解敌人。棉城地下党组织派员将《告蒋军政人员书》投放到县警察局。贵屿新坑党支部把中国人民解放军的捷报传单散发到黄少初部驻扎的"成林祠"及"卡通楼"。关埠和峡山地下党组织也散发张贴捷报传单。

1949 年初，潮汕地委及边纵 2 支司令部指示潮阳县委，抓紧对驻守和平据点的县保安 2 营营长林运济进行策反。县委派四区区委郑文风担此重任。郑通过曾与林运济有过同事关系的张七，打入该营当副官作为内线，然后由张七策反该营副营长张治（与张七是叔侄关系），并逐步扩展至该营所属 3 个连队。至同年 5 月，时机比较成熟，郑便亲赴林运济的营部，以闽粤赣边纵队 2 支队代表的身份，与林谈判，促其起义。林提出为照顾其家属的处境，要求解放军以佯攻追迫他起义。郑同意了林的要求。为防止林运济思想异变，6 月 14 日凌晨，2 支 11 团配合 2 支 1 团、3 团秘密进入和平乡包围了林运济部，11 团 1 营一个连配合 2 支 1 团一个连队警戒于和平桥尾山，以阻击援兵并防林逃跑。拂晓，经过佯攻，林运济率全营官兵 150 多名到和平桥头宣布起义，缴交长短枪 130 多支、轻机枪 2 挺。当日上午，敌省保安 16 团 1 营

300 多人从潮阳县城来犯，被警戒于和平桥尾山的部队阻击后败退。15 日晨，敌省保安第 16 团 1 营、省保安独立 8 营、汕头市保安营一部共 800 多人，分两路向桥尾山前沿部队进攻，抢占鸡笼山制高点，并用迫击炮及重机枪封锁和平桥，2 支 3 团、4 团的增援部队无法过桥，过了桥的部队处于背水作战的劣势。根据 2 支司令部的部署，下午 4 时，在桥尾山阵地阻击部队主动撤退。但是，由于桥面被敌强大火力封锁，难以从和平桥撤退，在此关键时刻，和平区委郑文风、马锡江、马龙、马庆生等根据 2 支政治部主任郑希的指示，及时组织地下党员迅速从练江各处找来一批木船摆成浮渡，让阻击部队通过。驻赤寮的黄少初部队抄后路堵截，后续部队在 2 支 1 团副团长黄欣进指挥下，迎头痛击敌人，2 支 4 团、11 团迂回至敌侧翼，迫使黄少初部撤退。

1949 年夏，县委又配合 2 支政治部特工科对驻守在广汕公路峡山据点的县保安第 1 营第 7 连连长周礼进行策反，通过属于"两面政权"的峡山乡长周继嗣与周礼的关系，启发其及早弃暗投明。周礼于 7 月 23 日凌晨 3 时率兵 65 名，由 2 支 11 团参谋张七和地下党员陈志民等指挥，开赴九区柯厝围村 2 支 11 团团部接受改编，并带轻机枪 2 挺、花机关枪 2 挺、长短枪 77 支、手榴弹 29 颗，还押送国民党兵 6 人交 11 团处理，其中有保安第一营营长王振华。

9 月上旬，达濠渔商海上巡防大队长吴国光在潮阳党组织与 2 支特工科的配合策应下宣布起义，吴带领 40 多人携带水轮机枪 1 挺、轻机枪 2 挺、长短枪 40 多支乘船投奔靖海解放区。

县委又指示郑文风负责郑星的策反工作。郑星是驻守于金浦、梅花一带的潮惠南"清剿"独立自卫大队大队长，是称霸一方的地方反动武装头子。郑文风一方面通过和平马史村，做通其在该大队当副大队长的义父黄汉英的思想工作，再由黄汉英启发引导郑星弃暗投明；另一方面，郑文风又修函，同郑星谈形势，讲政策，并以林运济弃暗投明为例，促使其早下决心投诚。郑星于10月13日率领官兵70多人从金浦乘船抵沙陇转赴两英宣布起义，并缴交重机枪1挺、轻机枪3挺、长短枪150多支。

林运济、吴国光、郑星、周礼的起义，大大动摇了国民党部队的军心。驻八区的敌军惊慌失措，潮阳自卫中队中队长黄鹤裕和潮阳联防队中队长庄汉良先后间接向武工队表示起义投诚之意。鉴于小北山地区仍然处于反动势力控制之下，过早接受这支队伍起义投诚，其辖区可能会被其他敌军占领，对以后斗争不利。经请示县委，决定接受起义，时间视形势发展而定，接受前该部的人员、武器、弹药等应先登记，并受武工队控制。9月中旬，潮汕将近解放，经县委同意，正式接受黄鹤裕和庄汉良部180多人的起义，接收机枪4挺、长枪200多支、短枪20多支、子弹及其他物资一批。国民党潮阳县保安独立连黄汉英部、县自卫独立中队黄英绰部和八区华阳乡方道初、内峯乡郑传名等的自卫中队均于10月中旬先后宣布向人民武装部队投诚，共缴交重机枪2挺、轻机枪8挺、长短枪220多支、弹药一批。

五、活捉黄少初　抗击胡琏部队

1948年11月，蒋介石的第12兵团在淮海战役中被中国人民解放军围歼，侥幸逃脱的副司令胡琏收罗其残部在浙江、江西等地整编，由4个军缩编为2个军（代号雄狮、龙蟠）。中国人民解放军横渡长江，解放南京以后，以雷霆万钧之势，东向江浙，南下湘赣，穷追逃敌。在解放大军追赶下，胡琏残部于1949年夏溃退至兴梅潮汕地区。7月初，龙蟠部退往闽西，雄狮部所属洪都、抚河两个支队，还有国民党江西省政府主席方天部等2万多人窜向粤东。这时，早于6月25日从台湾乘船在汕头登陆的国民党18

军 11 师刘鼎汉部六七千人，会同喻英奇的 321 师，向潮阳、揭阳、潮安、澄海等县城推进，其目的在于打通潮梅走廊，接应胡琏残部逃往台湾。国民党部队在潮汕的大集结及其逃亡前的抢掠，使潮汕地区的形势急剧变化，出现了黎明前的黑暗。当胡琏残部及台湾刘鼎汉部抵达潮汕之际，中共闽粤赣边区委副书记、边纵政治部主任林美南及时指示边纵第 2 支队，要乘刘鼎汉部立足未稳之机，集中兵力到潮汕平原，配合地方武装，积极寻机歼敌，以打乱其部署。

国民党驻赤寮的黄少初部队，是一支较为强悍的地方自卫队，被编为县保安第三营，拥有 3 个连队约 200 多人，除 1 个连驻关埠外，其余两个连分驻赤寮的 5 个据点，还联系着拥有 30 人左右的赤寮警察所和 1 支乡公所武装。黄少初狡诈骄横，自号为"北山王"，被喻英奇委任为潮普揭边联防办事处主任，对人民武装在小北山的活动妨碍很大。1949 年 7 月初，中共潮汕地委和 2 支司令部根据潮阳县委的要求，决定组织力量围歼黄少初部队，并派 2 支副司令员陈彬、政治部主任郑希在陈店陈厝围村与潮阳县委书记吴扬初步研究作战方案。2 支司令部根据部队侦察和潮阳县委提供的情况分析判断，歼敌战斗一开始，驻汕头市、潮阳棉城的刘鼎汉部和其他地区守敌，必然前来增援，因此，决定集中边纵第 5 团和 2 支 5 个团共 3000 多人的绝对优势兵力，以攻点打援的战术突击围歼黄少初部。

根据作战部署，2 支队在普宁流沙一带驻扎，一面张扬准备向惠来转移，制造假象，一面秘密备战。潮阳县委通过六区党组织及武工队侦察黄少初部队活动情况，物色熟悉地方情况的积极分子当向导，并通过创大中学党支部绘制地图，紧密配合部队备战。7 月 4 日晚，在 2 支正副司令员张希非、陈彬指挥下，一部分队伍向赤寮秘密推进，一部分从流沙公开向潮普边小汤坑进军，然后于晚间秘密神速地转向赤寮。5 日凌晨，主攻部队 1 团、4 团 2 连、司令部爆破班，在 11 团 5 连、侦通连和 6 区武工队的密切配合下，出其不意地将黄少初部队的营地分割包围。边纵 5 团于拂晓前抵达赤寮东南临昆山布防、阻击"台湾新军"来援，3 团、11 团 3 连在临昆山配合；4 团布防于赤寮北面的仙陂赤杜岭，负责阻击揭阳县和潮阳关埠方面之援敌；9 团于东面普宁县林惠山附近，准备阻击普宁县城来援之敌；11 团的其他连队在外围警戒。

5 日黎明，各方按计划部署，对黄少初部发起全面围攻。上午，敌人一个营地和警察所、乡公所及其炮楼被攻克。下午，主力部队集中火力进攻黄少初部的主要据点镇南楼和若光楼。黄少初仍妄图以若光楼固守待援。主力部队根据熟悉赤寮地势的地下党员张七等的建议，调整了主攻火力点，居高临下地把炮楼上的敌人压到底层。同时，在猛烈炮火掩护下、组织敢死队员顶着"八仙桌"，桌面铺上淋湿的稻草、棉被，迅速向炮楼推进，形成一路掩体，让爆破手从桌下通过，用炸药炸开敌人的炮楼。敌人失去掩体，纷纷投降，全部被俘，黄少初被擒。

5 日上午 11 时，"台湾新军"600 多人自棉城驱车赴赤寮救援，经临昆山时，遭到隐蔽于这里的边纵 5 团及 2 支 3 团 1 营的英勇阻击。敌人以猛烈炮火掩护其步兵向边纵 5 团 2 连冲击，企图打通往赤寮的道路。在边纵 5 团团长邱志坚、政委郑辉的指挥下，该团机炮连和 1 连、3 连密切协同 2 连，凭借小青山的有利地形英勇阻击，打退敌人的反复进攻，给敌人以大量杀伤。2 支队 3 团 1 营也在东边山地阻击。激战至黄昏，共毙伤敌人 60 多人。9 团在林惠山也打退了来自普宁县城的援敌保安营 300 多人的两次进攻，毙伤敌人 20 多人。赤寮一役，是 2 支队在"台湾新军"刘鼎汉部增援敌军情况下强攻敌人前哨据点的胜利，是攻击部队和阻援部队协同攻点打援的胜利。为此，华南分局特给 2 支队和边纵 5 团电令嘉奖。

围攻黄少初部一役，歼敌 110 多人，缴获重机枪 1 挺，轻机枪 5 挺、冲锋枪 3 支、步枪 100 多支、短枪 10 多支、弹药物资一大批。该役是潮汕人民武装给"台湾新军"的当头一棒，意义重大，大振军威，鼓舞民心。中共潮汕地委书记曾广专程前往部队驻地参加祝捷大会，中共中央华南分局为此给 2 支队和边纵 5 团发来嘉奖电报。

"台湾新军"抵达棉城、司马浦等地以后，到处拉丁抢粮，群众深受其害。潮阳县委遵照上级的部署，组织武装力量，积极开展"反抢粮，保家乡"，抗击胡琏残部窜扰的斗争。

7 月 2 日，"台湾新军"600 多人从县城出发至峡山后，分两路进犯两英。一路从司马浦正面进攻，另一路经下东浦、鹤洋、古溪直至新厝仔，企图钳形包围两英。2 支 11 团闻讯伏兵于古溪附近截击，俘敌两名，缴获步枪 2 支、子弹 2 箱。当敌人抵达两英时，两英军管会早已转移，敌人扑空。为抗击胡琏残部的窜扰，各武工队频频出击，主动歼灭敌人有生力量。9 月 2 日晚，武工队在胡琏残部刚刚修复的西洋公路桥下，埋下地雷，炸毁敌人军车一辆。

9 月 26 日晚，2 支 11 团 1 营配合 2 支 1 团突击营，于司马浦引诱驻廖创兴大院及炮楼的胡琏残部外出，以便歼灭。但敌人很狡猾，按兵不动。翌晨，2 支部队转移至两英古厝乡之后，敌人从司马浦沿公路向两英推进，占据两英新圩、老圩，登上金龙楼，把守公园南畔大堤。2 支 1 团副团长黄欣进、政委许衡组织突击营短枪班和 2 支 11 团侦通连突入两英圩，分两路钳形包围敌人，敌人负隅反抗，战斗激烈。2 支 11 团 1 营 3 连部署于埔尾山，警戒普宁占陇来援之敌。下午 3 时，驻普宁占陇的胡琏部队派兵来援，激战至傍晚，双方各自撤退。是役，敌人死伤 20 多人；2 支11 团 3 连连长吴和、指导员郑春、战士王彬、许北、周水、陈钦、陈强光荣牺牲。9 月间，胡琏残部常到禾皋、大布、下店、西洋等乡村抓壮丁，2 支 11 团多次派出小分队进行袭击，先后解救了被抓去当兵的 300 多名青年农民。9 月底，胡琏残部 100 多人，在仙城径口村包围了成立不久的陈店民兵大队，民兵勇敢突围，在突围战斗中，大队长韩乌目、民兵陈水来为国捐躯。

六、配合主力部队　解放潮阳全境

1949 年 5 月初开始，在边纵主力部队和潮阳党组织的有力配合下，经过艰苦作战，陈店、两英、沙陇相继解放，人心振奋。根据上级党委的指示，潮阳县委一边继续组织武装力量，配合主力部队作战，拔除敌人据点，追歼残敌；一边发动群众，捐钱捐物支援前线，动员挑选青年参军参战，夜以继日地为潮阳的解放而努力。

拔除反动据点，扩大解放区域。5 月 8 日两英解放后，2 支11 团乘胜前进，进攻港头、胪岗、成田、沙陇等乡公所，炸毁成田、沙陇、田心炮楼 4 座，缴获敌人长短枪 250 多支。随后，又挺进井都，包围浦东盐警队，扫除了国民党在大南山根据地东北边沿的联防线。

敌人不甘失败，妄图卷土重来。5 月 20 日，国民党雷英、唐强中的两个保安营 400 多人，从棉城出发抵溪头后，分两路从成田和港头向 2 支 11 团营地流汾水进逼。2 支 11 团在虎岗山和尖山迎击敌人，激战至下午，敌人被击退。是役，敌人死伤 13 名；2 支 11 团战士蔡泉、马辉杰、连荣坚、方算珠、方廷贵光荣牺牲，3 人受伤。6 月中旬的一天拂晓，国民党驻峡山某部向解放不久的两英进扰，包围两英军管会。其时，2 支 11 团不在两英，只有 1

个连队和政工队共 70 多人留守，情况十分危急。彭笃民、方维新立即指挥队伍突围，在当地党组织和群众的帮助下终于脱离。6月 23 日上午，喻英奇派唐强中、穆严两个营，配合五区峡山、九区溪尾两个联防队共 700 多人，从陈店、司马浦、峡山分 3 路向大南山 2 支 11 团营地的仙斗、印石、梅林等地进攻。11 团居高把守，英勇抗击，激战两小时后，敌人无机可乘，撤回驻地。林运济起义后，四七区全境解放。7 月初，沙陇成立军管会，主任马丁（兼），副主任郑文风。7 月 12 日，2 支 11 团 7 连在上八区武工队的配合下，袭击了八区关埠的玉浦、柳岗、下寮 3 个乡公所，缴获轻机枪 1 挺、冲锋枪 2 支、短枪 100 多支。至 7 月中旬，2 支 11 团沿小北山一带进攻，扫除了芦塘、东坑、灶浦和铜盂等地的乡公所。八九月间的一夜，2 支 11 团 2 营的 4 连和 5 连安营于贵屿坑仔村祠堂待命，南阳乡乡长郭秀林迅速派人报告附近的胡琏残部，并假意给 11 团赠送子弹，以拖延时间，妄图消灭在这里待命的两个连队。营长郭成等察颜观色，识破敌人的阴谋，指挥部队迅速乘夜转移。当队伍转移至壬屿山时，坑仔村响起了枪炮声，敌人的包围扑了空。

8 月 11 日晚，两英军管会领导及政工人员从两英新圩秘密转移至埔尾荫石村住宿，国民党县自卫中队发现后，于 12 日早集中 200 多人分两路包围荫石村，企图活捉军管会主任方维新，方带领全体人员突围。敌人进村后，对军管会住宿的房屋进行搜查，一无所获，反被军管会的土炮炸伤 3 人。他们恼羞成怒，放火烧掉了这座房子。8 月 22 日，党组织派小北山武工队员杨虎、黄英、张木及下尾王乡的民兵队长王石猴等人，袭击了国民党设在揭阳枋洲江上的稽查站，毙敌 7 名，伤敌 1 名，缴获机枪 1 挺、长短枪 5 支、子弹及物资一批。9 月 9 日，国民党的潮阳保安团和普宁保安团拼凑了 120 多人，从峡山经华桥、铜盂直抵六区的仙岐、岐北圩流窜，乘圩期洗劫群众财物。岐北地下党支部派员报告了 2 支 11 团在附近活动的部队。2 支 11 团 2 营 5、6 连及 6 区武工队闻讯包围截击敌人，岐北党支部积极配合，派员当向导，并组织群众设路障阻击敌人。是役俘敌 8 名，缴获步枪 8 支，轻机枪 1 挺和物资一批。

全民动员，踊跃支前。1949 年 9 月 4 日，中共潮汕地委发出了关于拥军助战和组织欢迎南下大军动员委员会的指示。9 月 20 日，潮阳县委成立了潮阳迎军动员委员会，指示各区乡党组织在指导思想上要"一切服从战争""一切为了支前"，要发动群众，从思想、物质、行动上做好支前和迎接南下大军的准备。

在潮阳县委和迎军动员委员会的领导及基层党政组织的配合下，全县人民群众，尤其是解放了的陈店、两英、沙陇、雷岭、石船等地的群众，积极地投身支前迎军活动。各区乡都组织了民工运输队、慰劳队和服务队，支援前线战斗。各地群众在艰苦的生活条件下，节食俭用，纷纷捐粮捐物支援前线，慰问人民解放军。雷岭乡在干部、党员的带动下，捐款支前活动形成了村与村之间的竞赛，男女老少都参加。捐集的物资有家禽、蛋品、粮食、山草、布料、火柴。下厝村妇女主席发动妇女协力赶绣了一面大红旗，准备赠送给南下解放军。广大社会青年响应党的号召，踊跃报名参军。贵屿新坑党支部，及时选送 20 多名进步青年和民兵参军参战。铜盂潮港党支部认真挑选 15 名青年民兵参加人民解放军。关埠下底党支部动员学校 14 名进步青年学生入伍。六都中学、砺青中学、联中、创大的党支部都动员了大批青年学生参加人民解放军。棉城、华阳、金浦、和平、峡山、赤寮、陈店、两英、胪岗、成田、沙陇、神山等地，都有大批青年踊跃参军。此外，很多学校还发动师生为人民解放军制作慰问品。

追歼穷寇，解放潮阳。9 月底至 10 月初，潮汕地委召开扩大会议，部署配合南下大军作战，歼灭残敌，解放全潮汕和接管城镇，建立城市革命秩序等工作。尔后，中共潮阳县委书记吴扬在两英主持召开会议，及时贯彻落实地委扩大会议精神，研究设置接管城镇的工作机构和人事安排。

10月5日，根据华南分局的指示，闽粤赣边纵队在梅县研究决定了由直属团和2、3、4支队解放潮汕的军事计划。13日，闽粤赣边纵队、潮汕地委、南下工作团和支队领导人，在揭阳五经富召开军事会议，研究关于兵分两路解放潮汕的战略部署。会议决定：东路军为主力，由边纵正副司令员刘永生、铁坚和2支司令员张希非指挥，以边纵和2支队4个团及暂编的3支队从揭阳解放区东进，解放揭阳、潮安、澄海，从北面包围汕头市，边纵5个直属团则从揭阳直接东进汕头市；西路军为配合，由2支队参谋处主任陈扬、政治部主任郑希指挥的2支队4团、9团、11团从普宁东进，解放潮阳，配合东路军从南面包围汕头市。

10月19日，西路军在陈扬、郑希的指挥下，从普宁急速东进，迫使流窜潮普一带的胡琏兵团残部从海上逃命。

为防止敌人垂死挣扎，破坏县城各种设施，棉城党组织根据县委的布置，积极配合县委做好城镇的安全保护和迎军进城工作：一是宣传共产党的政策和人民解放军的纪律，安定民心；二是散发传单和投寄《告蒋军官兵和公务员书》，要他们弃暗投明，不继续与人民为敌，要保护好机关文书档案，不准转移军械，不准破坏公共设施；三是团结商会进步人士，稳定市场物价；四是整修增设街道棚门，增派力量，加强治安巡逻，防止盗贼抢劫，扰乱社会治安；五是书写张贴迎军标语，组织迎军队伍，学唱《义勇军进行曲》，准备劳军慰问物品等。

10月20日凌晨，负责闽粤赣边纵队西路军指挥的陈扬、郑希派出由钟震、朱泽涛、叶常青带领的40多名精干短枪队作为解放潮阳县城的先头部队进入棉城镇，在棉城党组织的配合下，迅速控制了电话通讯，查封了国民党政府的机关单位。由于边纵2支特工科事先做好潮阳警察局廖先文的策反工作，加上棉城地下党组织的密切配合，各项接管工作进行得比较顺利。是夜，国民党的潮阳警察局及县城自卫大队官兵160多人宣布起义，缴交轻机枪1挺、长短枪120多支、弹药一批。

20日上午，中共潮阳县委及其机关工作人员，边纵2支队4团、9团和11团部队，在边纵西路军陈扬、郑希的组织指挥下，开进了棉城镇，迎军队伍和各界群众热烈迎接部队进城，潮阳县城宣告解放。当日，潮阳军事管制委员会和潮阳县人民政府宣告成立。军管会主任郑希，副主任杜伦；县长吴扬，副县长方维新。

20日下午，2支11团派1营配合2支4团、9团挺进南塘、海门，追歼残敌。逃跑到南塘的普宁县国民党军政人员200多人被追歼部队包围，普宁的政警大队长方思达不得不带着逃跑的军政人员到潮阳县城连通车站向2支部队投诚，缴交重机枪1挺、轻机枪6挺、步枪150多支、子弹及军用物资一大批。同时，2支11团参谋叶常青奉命带侦察连与2支9团的一个连共100多人开赴礐石，接管国民党汕头警察局永泰分局的礐石仓库和礐石分局。次日晨，礐石分局的局长带30多名官兵宣布起义，向解放军缴交长短枪350多支、子弹和档案资料一批。

1949年10月22日，边纵2支部队乘胜追歼达濠、广澳一带残敌，部分敌人乘船从海上逃跑。至此，潮阳全境解放。

从此，潮阳人民如沐春风，在党的领导下，开启了向社会主义过渡的时期。

第五章

复兴岁月　开创未来

第一节 革命老区的建设发展（1949.10—2003.1）

潮阳全境的解放和人民政权的建立，标志着中国共产党领导的新民主主义革命在潮阳的基本胜利，在潮阳历史上具有划时代的伟大意义。

潮阳人民革命斗争的胜利，是无数革命先烈前仆后继，用生命和热血换来的，是十分来之不易的胜利。从潮阳党组织的建立到潮阳全境解放的 24 年间，潮阳革命老区为革命和解放事业牺牲的革命烈士已载入英名录。还有无数无名英雄和许多来自五湖四海的革命志士，他们同国民党反动派、日本侵略者进行了不屈不挠的斗争，为捍卫海陆丰大南山、小北山革命根据地英勇捐躯，用鲜血和生命在人民心中筑起了一座丰碑。他们俯不怍于人，仰不愧于天，英雄肝胆，永映河山，盖世伟业，犹存人间。他们都是党和人民最优秀的儿女，他们的名字永远同潮阳革命斗争的胜利联系在一起，他们的光辉功绩必然受到潮阳人民世世代代的缅怀和纪念。

革命老区是信仰的圣地，奋斗的红色热土，革命的历史表明，潮阳党组织是经得起残酷斗争考验的、坚强的、有战斗力的、光荣的地方党组织。在新时代，潮阳人民以先烈为楷模，继续弘扬革命传统，为实现革命先烈未竟的事业和遗志，为复兴潮阳、建设潮阳而勇往直前。

中华人民共和国成立后，革命老区人民翻身做主人，扬眉吐气。1949 至 1978 年近 30 年里，社会主义建设虽取得了一定的成就，但不少地处边远穷的革命老区镇、村，仍比较封闭落后，生产条件差，经济基础薄弱，交通、能源、通讯、水利设施差，滞后于非老区，存在"走路难、饮水难、用电难、就医难、入学难"的"五难"。不仅如此，由于经济发展不平衡，人均收入与非老区差距拉大，扶贫任务很艰巨。因而，加快革命老区经济社会发展，让老区人民过上幸福生活，事关全面建设小康社会的目标，潮阳各级党委、政府千方百计加快老区融入现代化建设进程，让老区人民共享现代化发展的成果。

1978 年 12 月 18—22 日，中国共产党第十一届中央委员会第三次全体会议在北京举行。全会的中心议题是讨论把全党的工作重点转移到社会主义现代化建设上来。这个伟大转折，是全局性的、根本性的，全会作出了实行改革开放的新政策，启动了农村改革的新进程。潮阳革命老区人民在党的十一届三中全会的伟大历史转折点，在潮阳党委、政府的正确领导下，紧跟党中央的战略部署和决策，抓住契机，坚持实事求是精神，建设美丽乡村，加快改革开放步伐，书写着潮阳革命老区的巨大的贡献和历史画卷，践行了革命老区人民执着向前发展的初心和使命，承载和实现革命老区人民对美好生活的希冀期盼。

一、大力发展农、林、渔、畜牧业生产

（一）发展农业

潮阳农民有精耕细作的传统和丰富的经验，但在漫长的封建社会里，优越的自然条件没有被充分利用，资源没有得到开发，加上自然灾害频繁，水土流失严重，农业生产水平低下，导致了老区的农业经济长期落后。

潮阳是一个农业县，农业生产自中华人民共和国成立以来长

期占据潮阳国民经济的主导地位，1952 年全县社会生产总值中，农业占 76.6%。在工业、建筑业、运输、邮电、商贸业等逐步发展，以及相应产值比重日益提升的总趋势下，1985 年农作物种植面积达到 133.91 亩，1985 年的农业产值仍然占 41.3%。因而，农业生产的建设与发展在每个时期都自然而然地成为潮阳的主要工作之一。

中华人民共和国成立后，大力兴修水利，综合治理旱、涝、洪、潮灾害，大搞农田基本建设，改善生产条件，实行科学种田，农业生产发展较快。1962 年以来，贯彻"农业八字宪法"（水、土、肥、种、密、保、工、管）的栽培管理技术。1978 年后，农村实行经济体制改革，普及农业科学技术，发展高产、优质、高效农业，粮食和果蔬的产量、质量不断提高，1984 年粮食亩产 946 公斤。自 1988 年以后，潮阳粮食生产实现稳步发展，1989—2000 年连续 12 年水稻年亩产 1000 公斤以上，连续 12 年保持"吨谷县"称号。

1979 年后潮阳对种植业产业结构逐步进行调整，优化种植比例，在确保粮食持续增产，农村经济不断增长的基础上，按照 粮食自给率80% 以上的要求，稳定粮食生产大局。1994 年，潮阳重点做好农田保护区的划定工作，即在农业结构上，种植业与林、牧、副、渔业的产值比例发生很大变化，减少粮食作物种植面积，扩大柑橘、香蕉等经济作物种植面积，促进种植业总产值增长。

生产管理体制。潮阳的农业生产管理体制大体可分为互助合作、初级社、高级社、人民公社、联产承包五个阶段。期间，由于不允许个体经济的存在和发展，导致农村经济不振。党的十一届三中全会后，中央要求各地从推行生产责任制入手，改革人民公社体制。1979 年春，为了贯彻中共中央《农村人民公社工作条例（试行草案）》和《关于加强农业发展若干问题的决定（草案）》，潮阳逐步推行以包干到户为主要形式的家庭联产承包责任制。翌年冬，全县8856个生产队，水稻包干到户的有8312个队，占93.86%。1984年春节前后，潮阳撤销人民公社、大队和生产队，并根据1984年中央1号文件，设置经济联合社。潮阳26个区（乡镇）328个乡（村）中，共设置719个社。随着农业推行联产承包责任制，各种专业户和新经济联合体应运而生。1985年，农村专业户发展达4190户、26879人；新经济联合体975个、21001人。

农田基本建设。1950年初，潮阳人民政府组织农业普查，制订以治水为中心的农田基本建设规划。1958年冬至1959年，全县掀起以平整耕地、改良土壤为中心的农田基本建设高潮，平地改土19万多亩，旱地改水田1.14万亩，调整了社队之间的插花地，基本实现耕地网格化。20世纪70年代建成海门湾闸坝、南山截洪新河及引提潮水溪水等水利工程，使练江、榕两平原解除或减轻洪（潮）涝灾害，提高农田保土、保水、保肥能力。1993年撤县设市以后，随着城乡建设，公路交通，企业、工厂等用地。1994年潮阳根据《基本农田保护条例》，开展划定农田保护工作，共划定各类基本农田保护区，全市设立农田保护区标志牌285块。至2002年耕地面积减少为45.35万亩，其中粮食耕地为39.29万亩，人均占有耕地0.24亩。

推广选育良种。中华人民共和国成立后，潮阳人民政府实施就地选择、繁育、推广的方针，建立国营农场和种子基地。同时，潮阳发动农民选优去劣，提纯复壮，开展选种活动，并发放农贷、收购良种，使良种得以推广。

（二）发展林业

潮阳林业的发展呈现阶段性特征。20世纪50年代，以营造薪炭林为主，大搞荒山绿化，林业资源逐步得到恢复。20世纪60年代，继续营造薪炭林，种植用材林，广栽沿海防护林，林业资源得到巩固和发展。20世纪70年代，扩展薪炭林、推广针阔混交林，大搞近山、滩地种果，广植茶树、油茶等经济林。20世纪80年代，调整林种结构，大办种果基地，改造疏残薪炭林为速生丰产混交林，建设三江平原农田林网配套工程，建设环山果园，开发沿海沙滩资源，办成沙滩柑基地。1983年，潮阳被原国家林业部评为全国平原绿化先进县。1985年，潮阳作出"三年绿化潮阳"的决定，县、区（镇）两级领导及村干部带头办绿化点186个，多渠道集资发展林业。1987年，潮阳人民政府发布1号布告，规定砍伐林木须经林业部门批准，并要求潮阳年砍伐量控制在2000立方米以内，使森林生长大于消耗。

山滩地造林绿化水平的提高，促进生态、经济、社会三大效益。沿海防护林制服风沙危害，林带内风速降低50%，相对湿度增加10%~13%，使全县49万亩水土流失的山地得以控制，改善生态环境，促进粮食稳产高产。

（三）发展渔业

中华人民共和国成立前，潮阳淡水养鱼产量较低。中华人民共和国成立后，认真总结经验，推广"水、种、饵、密、混、轮、防、管"八字养鱼法，淡水养殖产量逐步提高。

潮阳的海捕量，于1956年首次突破1万吨，1959年以后大幅度下降，1966年恢复到超万吨，1967—1981年在5000吨上下徘徊，1985年海捕量达1.81万吨，比1956年增长181%，海捕产品主要有鱼、虾、蟹、贝四大类，鱼类占主要。

1980年开始，潮阳准许群众投标承包经营和集资开发海边滩涂进行养殖生产，发展对虾养殖，推动沿海开发。到1986年，潮阳的海水养殖面积达到3.49万亩，产量2826吨。1982年起，潮阳打造水产基地，引进和发展一批新的养殖品种，使淡水养殖生产进入一个全面振兴时期。1999年后，潮阳各地根据区位资源优势，大力发展贝类养殖，并加强浅海贝类资源的护养增殖和保护，同时发展南美白对虾、鲍鱼等新品种养殖，促进海水养殖生产面积逐年扩大。

（四）发展畜牧业

中华人民共和国成立后，潮阳注重改良品种，推广科学饲养，加强疫病防治。1950—1958年，畜禽饲养量呈上升态势。1959—1961年，由于"大跃进"、人民公社化带来的"浮夸风""共产风"的影响，加上自然灾害，粮食减产，饲料缺乏，畜禽饲养量急剧下降。1962年实施"公养、私养并举""私养为主"的方针和"生猪向粮看齐，禽蛋向猪看齐，以队包干，超额自理，减产抵粮"的派购政策，畜禽生产回升。1978年后，落实农村联产承包责任制，调动了农户饲养的积极性。

20世纪90年代中后期饲养业逐渐朝集约化、规模化方向发展。1995—1997年，潮阳引进优良种公猪130头，种母猪3058头。品种由小型脂肪型逐步发展为中、大瘦肉型品种并养。规模化饲养场有先进的基础设施、仪器设备，先进的科学技术饲养方法和健全的管理制度。

二、发展工业生产

（一）工业企业发展之路

1950年，开始发展全民所有制工业，经过社会主义改造，传统工业中的私营工业被改造成社会主义全民所有制或集体所有制，并按行业组成规模较大的工业企业，改变了旧的生产方式，逐步推进了先进的生产技术。党的十一届三中全会以后，纠正"左"的思想，工业体制改变30年来单一的全民、集体所有制模式，采用以多种所有制并存和共同发展的多元化新格局，把城乡劳动者的个体经济作为社会主义公有制的必要补充，合作、个体工业得到恢复和发展。

1961 年，按照国民经济调整"八字"方针，潮阳吸取公社化时期全民大办工业的教训，对工业生产全面进行规划、整顿，采取"并、减、拆、撤、留、放"6 项措施，停、撤了一批原料不足，质量差、成本高的企业。将原 19 家厂（场）调整为 13 家，使工业、手工业生产经过调整得到巩固和提高。

潮阳工业生产在全面建设社会主义中，得到巩固和全面发展。门类齐全，品种多样，有机械工业、电力工业、盐业生产、染织工业、食品工业、轻工业，部分产品质量在国内外享有较高的信誉。

潮阳工业生产门类甚众，主要有机械工业、电子工业、纺织缝纫业、食品工业、工艺制品业、塑料制品工业、建材与化学工业、金属与日用工业、竹木加工业、电力工业、制盐工业等十多个工业门类。按国民经济三大产业（农业、工业、第三产业）划分，1985 年潮阳的工业生产比重占 45.4%。

（二）工业企业建设成就

中华人民共和国成立后，潮阳的工业企业，由小到大，由日用品工业、手工工艺工业到机械工业，化学工业，逐步形成"全而专"的生产体系。由恢复和发展国营和合作社营工业企业，对私营工业实行联产联销，生产自救到调整工业布局和产品结构，扩大企业自主权。还逐步推行多种形式的经济承包责任制等一系列管理体制的推进，使潮阳的工业企业与日俱进，基本达到向现代化转变的要求，改写了"农业老大，工业老二"的历史。

这一时期主要工业品和科技成果有：潮阳 7 型手扶拖拉机、载重货车、塑料挤出机、船用柴油机、双级环式罐头机械真空泵、柴油机、高压阀门、杯型 836 煤炉、液压支柱、防腐阀门、超级球形补偿器、塑料复合机、流刺网液压起网机、开式自动压力机、4008 膨体腈纶提花格呢、金属鳞片自动冲织机、塑料浮子、真空吸塑成型机、精密交流自动调压稳压器等。

三、水利设施和电力工程建设

潮阳地处练、榕、濠江过境河段中下游，南北山丘环峙，滨海平坦，"咸水头淡水尾"的咸潮河网区。老区人民长期饱尝旱咸之苦，又深受洪涝潮灾之害，同自然灾害进行着长期的斗争。水利基础设施的建设，带动水利和电力工业的发展，也进一步促进农业生产的腾飞，同潮阳社会经济的壮大和民生质量的提高息息相关。

（一）水利设施建设

中华人民共和国成立后，潮阳重视水利建设，统一规划，组织群众进行综合治理。潮阳历届党政班子都十分重视农田水利建设，把练江整治、兴建秋风岭水库等重大工程当作潮阳人民"百年基业，万民受益"的国计民生大事，带领潮阳人民大搞农田水利建设。革命老区人民抓住这一千载难逢的机遇，奋战在水利建设第一线。

据统计，至 1985 年，潮阳水利建设总投资 3.32 亿元，投放劳力 2.49 亿工日，建成水库 362 座，修筑灌区渠道 1666 公里，整修农田排灌 44 万亩；筑江海堤 567.8 公里，建涵闸 304 座，建设电动、机械排灌总装机 1485 台共 3.57 万千瓦时，建水电站 47 座、装机 61 台共 1.44 万千瓦时；治理水土流失 190 平方公里，整治练江干流河道 55 公里、主要支流和截洪渠 220 公里，新围垦扩地 8.38 万亩，改造配套老垦区水利设施 6.34 万亩。

河道整治。全县河道整治，为围（固）堤设闸、防洪（潮）

治涝、围垦扩地，改善供水及航运的基础。护城河是练江连结榕江、韩江内河水运的安全快捷航道，也是县城周边排水的总渠。1959 年潮阳成立"治理城河指挥部"，11 月 5 日开工裁弯、拓宽、浚深后溪码头至万福桥河道 3.5 公里，并于当年 12 月 23 日通水。

围垦造田。围垦造田在潮阳有着悠久的历史，先是练江平原的围垦（中华人民共和国成立前），后是龟海围垦。1961 年 3 月，潮阳制订龟头海围垦规划，将龟头海围垦同练江整治相结合，提出向龟头海沙滩争地要粮的口号。1961 年开凿练江闸上游的北干渠，解决北岸沙田生产用水；1964 年组成"龟头海围海造田指挥部"，至 1966 年先后成围的有龟一、凤岗、井一、大线、三围、四围、五围等 8 个围垦区，面积 11260 亩。1960 年 3 月 7 日，潮阳于桑田成立"牛田洋围海造田指挥部"，动工围垦。由西胪、河溪两个受益公社社员上工，至 1961 年秋完成计划，西胪 31 斗和西桑联围成田，面积 12806 亩。

防洪（潮）治涝。潮阳县环江海堤围的建设伴随围垦而进行。潮阳堤围长度达 567759 米，年年修复，年年加固是一项农村工作的常事。20 世纪 60 年代在整理河道基础上，全面围筑练江中游堤围 300 多公里。同时，配套建设仙马等沿江与内围涵闸 70 多座 130 多孔，使中游堤围达到抵御 10 级台风加暴潮、十年一遇的洪水标准。后期在这里新建新水闸，提高了潮阳防洪治涝的水平。

海门湾闸坝。坝址位于练江口海门镇附近。南距出海口 2 公里，北离县城 4 公里，是一座以防潮为主，兼顾围垦、生产生活用水、陆路交通等功能的大型综合利用工程，也是广东省保障耕地面积最大的海堤。闸坝全长 1529 米，平均高度 13 米。其中桥闸长 429 米，挡潮大坝长 1100 米，最大坝高 18 米。石拱桥 80 孔（包括 8 孔引桥），其中水闸 72 孔，除过船闸 1 孔宽 8 米、高 4.5

米外，各孔宽均为 4 米。闸门启闭形式为上提式，启闭设备为 8 台、每台启闭力为 30 吨的移动式电动卷扬机。闸坝上游控制集雨面积 1245 平方公里。能抵御 12 级以上台风暴潮。

1969 年 7 月 28 日第 3 号太平洋强台风挟风暴潮登陆潮阳，练江下游 73 公里海堤被冲毁，7.7 万亩农田被咸潮淹没。潮阳深感龟头海筑闸拒潮势在必行，根据广大人民的迫切要求，做出兴建闸坝的决定，并于 8 月下旬开始设计。11 月 3 日，汕头专区计委、农委向省计委、农委上报设计方案。潮阳成立"练江桥闸工程指挥部"。1969 年 12 月 13 日，闸坝工程正式开工。13 个公社 1 万多民工、3000 多架单车、几百辆胶轮车和 800 多艘农船参加施工。革命老区贵屿镇龙港、渡头村，海门镇洪洞、湖边村，和平镇里美、下寨村，金浦镇三堡、南门、寨外村，河溪镇西陇、上坑村，谷饶镇上堡、东明村，关埠镇堂后、上仓村，文光街道兴归村，城南街道五响村等，家家户户总动员，争先献出门板，一举为泥泞难行的工地主干道铺起了扎扎实实的木板路，让广大民工运石、挑土，创造了全民施工的奇迹。其恢宏的特写镜头上了央视。至 1970 年 10 月 1 日竣工。工程总费用 700 万元（按工程包工定额计算），其中国家投资 200 万元。整个工程完成土方 164 万立方米，石方 10 万立方米，钢筋混凝土 0.42 万立方米。使用钢材 380 吨，水泥 5000 吨，木材 900 立方米，投放劳动力 500 万工日。

截洪工程。截除山坡地洪水是分围治涝的配套措施。1961 年，练江涝区首次开凿南阳山截洪渠，取得治涝成效。南山截洪是潮阳水利建设史上规模大、施工速度快、效益显著的大型工程。全长 30 公里（其中隧洞与开凿河槽 23.2 公里、横跨库区 6.8 公里），从仙城金溪水库白漫溪泄洪闸开始，沿大南山北麓延伸至田心华林东北海滩，把潮阳大南山地区练江的 12 条一、二级支流，流域面积216.3平方公里的山洪截引到南海。按二十年一遇标准设计（入口为84立方米每秒、出口656立方米每秒）、五十年一遇标准校核（流量777立方米每秒）。起始段渠底高程79.92米，至出海口高程8.61米，总落差71.29米，平均比降2.38‰。底宽自圆山矩形石渠处的11米至出口处的150米不等，河堤高度同所在渠底高程相应，自上游52.12米至下游21.7米不等，内坡均按1：1.5加石护坡，外坡则是1：2，堤面宽8米。堤顶高程因挖河弃土而比原设计增高1.2米，因而防洪标准提高到可抵御百年一遇洪水。

沿主要河流共配套大小建筑物464座、主要有护堤公路1条16公里、河堤护坡石18公里、矩形行洪石渠1.5公里、泄洪隧洞1座、水库泄洪闸3座、节制闸2座、公路石拱桥6座、机耕与人行石拱桥19座（其中桥梁敷设渡槽10座）、灌溉渠道4条、饮水涵13条，其他建筑物400多座。治洪涝受益面积21万亩，改善了山区及沿线公路交通，兼顾灌溉和改善群众的生活用水，发挥综合利用的效益。革命老区人民高风亮节，主动舍弃自村自家的利益，服从大局，带头投身整治练江、榕江等改水治水的行列，涌现了老区的治水模范，初步解决了革命老区的"饮水难"。

潮阳的水利建设经受了历史的检验并得到广大人民群众认可，在河道整治、围垦造田、防洪（潮）治涝等枢纽工程，以及海门湾闸坝、南山截洪建设等主要方面取得重要成就。

（二）电力工程建设

潮阳的电力工程建设经过几代电力工作者的辛勤付出，发展突飞猛进，从无到有，从分散落后的火力发电到水电网现代化管理，取得令人瞩目的成就。

火力发电。早在1923年，邑人陈坚大创办光利电灯公司，配备2台160千瓦德国西门子发电机组，县城机关、学校、街道及部分住宅始有电灯照明。同年，铜盂郭子彬捐资为铜盂公学配置14.6千瓦火电机组，供校区照明。1929年，县城丽都电影院自备小火电机组，配备瑞典汽油发电机组1台16千瓦。

中华人民共和国成立后发展火力发电和水力发电，照明状况不断改善。20世纪70年代，县城的中华路、中山路、南中路等主要街道按等一定距离装配路灯，居民用电的范围也不断扩大。1985年，潮阳投资9万元，在广汕公路城区段潮海路口至新汽车站装配了50多盏单柱高悬高压钠灯，每盏功率250瓦，间距30～40米，光源距地8米，成为县城照明效果最好的路段。其他次要街巷则由有关单位或私人自行设置路灯。

水力发电。据调查，本县可开发的水力资源1.66万千瓦。1958年5月，革命老区一马当先，官安乡乐安农业生产合作社始用木质水轮发电加工农产品。同年10月，上龙溪水库工地建成引水式木质旋桨水轮机1台，配套21千瓦发电机，发电供工地照明。和平建成两击式铸铁水轮机配套2.5千瓦发电机发电照明，被誉为"潮阳县第一颗山村夜明珠"。1959年农村掀起"小、土、群"水力电站建设热潮。1960年建成革命老区河溪水电站，同县城电力厂并网运行。1964年建成秋风水电站。20世纪70年代是水电建设大发展时期，革命老区龙溪、红场等梯级水电站的建设，成为潮阳电网的主力电站。

输、变、配电网络。1960年架设河溪电站至棉城6.6千伏高压线路。1963年架设秋风电站至陈店、贵屿10千伏高压线路。1964年兴建棉（湖）贵（屿）输变电工程，架设棉湖至贵屿南阳山35千伏高压线26公里、变电站1座，引入汕头专区电网电源。1985年，潮阳变电总容量11.17万千伏安（其中35千伏线121.7公里），低压用电线路3150公里，潮阳电网覆盖全部区镇87.2%的乡村，其余则由各乡镇自办小火（水）电站供电。初步解决了革命老区的"供电难"。

四、城乡交通运输建设

中华人民共和国成立后，潮阳党委、政府大力抓交通基础设施建设，以政府经费投入和发动群众相结合，革命老区继续发扬敢于奉献的精神，大公无私，以大局为重，为党政分忧，为群众解愁，战斗在修筑公路的最前列，先后完成潮惠公路潮阳段（和平至华湖）修复工程，加固广汕公路潮阳段（磊口至石桥头）。全面恢复辖境广汕公路潮阳段、葵和公路潮阳段、潮海公路、司神公路潮阳段、后关公路等的客货运。水路交通方面，练江、榕江、濠江在潮阳辖境有可通航干、支流21条，通航里程196.7公里。为提高护城河通航能力，1951年2月，人民政府成立治河委员会，拨工赈米200吨，开工疏浚，是年8月竣工。1952年，练江航管站在险要航段设助航标志。沿海的海门、达濠、隆津、后溪港，内河的棉城、贵屿、司马浦、关埠、灶浦、河浦港也恢复了港口功能，促进了潮阳与港澳地区、与国内沿海各大城市、与周边县市的客运和通商贸易。

从1956年起，截至"文化大革命"前，潮阳交通运输业得到初步发展。1958年11月，潮阳交通运输部成立。1960年6月，人民委员会制订《潮阳县水陆交通安全管理条例》，并公布施行。1961年7月交通局成立。潮阳汽车站、潮阳地方道路站、潮阳航道管理站、练江港务管理所等机构先后组建成立，并按职能加强营运管理和发展。这一时期，交通运输状况有明显的改善，全县新筑公路17条，总长114公里。

改革开放后，潮阳的交通运输业建设得到了持续发展。潮阳把道路建设提升到"路通财通"的建设理念。形成一个比较完整的以城区为中心，以国道、省道、县道为主干，以桥梁、港口为依托，向镇村全面辐射的交通运输网络，潮阳 539 个行政村（居）全部通机动车辆。畅通的道路建设方便了人民群众的生活，改善了地区的投资环境，初步解决了革命老区的"走路难"，为进一步建设现代化的交通运输业奠定了基础。

（一）路桥建设

国道。贯穿潮阳境内的国道 324 公路全长 41.7 公里。

省道。贯穿潮阳境内省道公路有 235、337、237、234 四条主要公路，全长 112.9 公里。

地方公路。至 2002 年，潮阳（包括今潮阳区、潮南区）地方公路总里程 606.9 公里，其中省道地养 4 条（段）37.9 公里，县道 8 条（段）107.6 公里，村镇道路 140 条（段）461.4 公里。

（二）公路运输

1979 年后，潮阳的公路运输进入全面发展时期，全县客货汽车约 100 辆。1984 年底，潮阳客货汽车约 600 辆（其中客车 86 辆）。1984 年以后，集体和个体（联户）的运输户参与公路运输，形成国营、集体、个体共同发展公路运输的局面，解决长期"乘车难、托运难"的问题。

货运。1979 年，潮阳参与货运的单位共 6 家，20 世纪 80 年代中后期，个体及联户的货运站逐渐发展普及，直至遍布潮阳各乡镇。货运站采取货运中转的形式，其所收托转运的货物，除西藏、台湾以外遍及全国各省、直辖市、自治区。1990 年，潮阳货运中转站点 70 家，是年通过审验核发合格证照 63 家。此后货运站点数量继续增加，至 2002 年底，共有各类货运中转业户 107 家。

客运。1979 年改革开放初期，客运市场仍未放开，潮阳仅国营潮阳汽车站（当时为省汽车运输公司属下企业）一家经营长短途客运。1987 年 11 月，交通局成立"潮阳县客货联营服务公司",把非交通企业的营运车辆纳入服务公司统一管理。翌年,潮阳加入服务公司的客、货车辆达到502辆。

(三)市内交通

1979年,潮阳单车运输社有方向盘式小三轮7辆、手扶拖拉机43辆,以货运为主,客运仍依靠单车运输。

20世纪90年代中期,城区开始出现营运载客的机动三轮车,至2002年底,潮阳城区机动三轮车数量达1000多辆。

(四)港口建设

潮阳的港口主要有潮阳港(海门港)、关埠港、棉城港。港口的建设包括码头、泊位、仓库、堆场、进港道路及其他配套设施建设。

五、教育、卫生、科技、文化事业的发展

(一)教育事业

中华人民共和国成立前,潮阳的教育事业十分落后,潮阳军事管制委员会接管学校时,全县只有10所中学,其中私立学校占了8所;小学中乡、保和私立小学学生占98%;在学高中生27人,初中生2291人,小学生5.01万人;全县青壮年(不含老年人)文盲、半文盲的人数超过30万人。

中华人民共和国成立后,潮阳的教育事业始于取消训育制度,实行教导合一,实行助学金制度,使教育事业不断发展,教育质量明显提高。

1956年,中小学生分别增至10162人和100214人。1958年后,由于"大跃进""浮夸风"的影响,教育领域出现比例失调、盲目发展、质量下降的现象。1961年贯彻中央"调整、巩固、充实、提高"的方针,上述不正常现象逐步得到纠正。1963年贯彻全日制中、小学暂行工作条例,潮阳的教育步入正轨。

小学教育。1952年2月，潮阳小学转为公办，经费由政府拨给。1956年6月，潮阳提出小学教育应逐步贯彻民办方针，到1962年小学适龄儿童入学率要达到100%。1958年，在"大跃进"的影响下，贯彻"公办""民办"并举，"两条腿走路"的方针，学生数虽有增加，但由于过分强调"教育与生产劳动相结合"而大搞"勤工俭学"，学校大办农场，大搞开荒扩种等义务劳动，教学工作在一定程度上被削弱，1959年，国家经济暂时困难，人民生活受到影响，潮阳小学生减少8658人。1963年3月，贯彻执行党中央关于《全日制小学暂行条例（草案）》，小学教育有了明确的方向和规定，教育走上了健康轨道。初步解决了革命老区的"入学难"。

中学教育。1956年，贯彻全国和省教育工作会议精神，遵循"加速发展，提高质量，全面规划，加强领导"的教育工作总方针，中学教育稳步发展。9月，潮阳第一中学高、初中部分开，分别办为潮阳高级中学和潮阳第一初级中学，同时在3所初级中学增办高中，在6所小学戴初中"帽子"。全县共有高、完中4所，初中4所，小学附办初中6所，中学生增至10162人。各中学师资力量较强，教师学习、教学研究以及思想政治工作等形成制度化，教学秩序稳定，教学质量不断提高。

潮阳的中学教育，虽经多次的曲折和反复，但始终把教学质量放在第一位。潮阳高级中学（第一中学）、铜盂中学，教学质量在汕头地区内，甚至省内外都有较高的社会赞誉。

师范教育。中华人民共和国成立初期，潮阳师范教育几乎为零。1952年后，中、小学教育迅猛发展，师资紧缺，党委、政府采取应急措施，举办多种形式的在职教师短期轮训班。1962年，潮阳师范学校新校舍在和平桥尾山建成竣工。1961年10月，又创办了潮阳教师进修学校，至此，潮阳的师范教育和师资培训基础的发展趋势良好。

农民教育。农民教育从扫盲开始逐步转向业余教育。1983 年 11 月经汕头市教育处验收，全县少、青、壮年（12—40 周岁）中非盲达64 万人，非盲率93%，有537 个大队达到脱盲标准，占全县大队（行政村）总数的96.4%，完成扫盲任务。

（二）卫生事业

潮阳的医疗卫生事业不断发展，卫生技术队伍逐年壮大。医疗卫生的发展重在医疗技术的提高，从外科手术、中医、西医等方面都有新的突破。20 世纪50 年代初根除了鼠疫、天花、霍乱等烈性传染病，1959 年基本消灭疟疾。1959 年潮阳人民医院始作胃次全切手术，20 世纪60 年代初，相继开展了胆道切开取石、胆囊切除，肾摘除、肝破裂修补及腹部等普通外科手术；1958 年，潮阳始由卫生部门训练计划生育"三员"（宣传员、避孕工具售货员、技术指导员）370 名，并配合有关部门开展计划生育宣传，1961 年以金浦公社梅东大队为点，组织各公社卫生院妇产人员学习放置节育环和人工流产术。维护了国家关于计划生育 这一基本国策。1965 年，潮阳人民医院已能施行开颅探查，食道中下段和肝、肾、胰部分切除等30 多种难度较大的外科手术。爱国卫生运动与除害灭病工作深入持久地开展，还推行预防接种，实施计划免疫，提高人民的抗病能力。1985 年基本消灭小儿麻痹症。

1985 年，潮阳县级医疗卫生单位11 所，区（镇）卫生院26 所，乡（村）医疗站353 个，企事业单位卫生室32 个，病床1230 张，卫生系统各类专业技术人员3272 人，还有乡村（俗称"赤脚"医生）医生500 余人，个体开业医生106 人。同时不断更新和充实医疗设备，提高诊断、医疗技术水平，初步解决了革命老区的"就医难"。

（三）科技事业

中华人民共和国成立前，潮阳的科学技术水平低下，农业一直采用传统的生产方式，工业多为小作坊手工操作，科技人员稀少，丰富的自然资源得不到充分利用。中华人民共和国成立后，党和人民政府重视发展科学技术，成立科研机构，多渠道培养科技人才，开展科技实验活动，普及科学知识，鼓励创造发明，推广应用科研成果，促进经济建设的发展。1978 年后，潮阳科技事业进入一个新的发展时期。1978—1985 年，潮阳科技成果获县人民政府奖励的 49 项，省级奖 9 项，国家级奖 1 项。

随着国民经济和教育事业的发展，专业门类增多，科技队伍不断壮大，技术人员的知识结构也发生很大变化。创办农业、工业、卫生、水产、农机、师范和教师进修等学校，培养和造就了一批科技人员。

1979 年后，潮阳发挥民间科技交流的特点、特色，加强对外科技交流与合作，促进产学研结合。仅 1981—1985 年，潮阳各部门职工参加技术培训就达 1.36 万人。潮阳科协及所属各学会、协会也经常开展技术培训工作，至 1985 年，共举办农业、林业、电力、水利、建筑、微电脑等 12 个专业培训班 386 期，受训约 3.8 万人次，其中对口专业技术骨干培训 54 期 3500 人次。科技事业的发展推动了工农业生产和其他行业的生产力和现代化建设。在农业、工业、医疗卫生等领域都先后涌现了拔尖人才和发明创造。

（四）文化事业

中华人民共和国成立后，潮阳人民继承和发扬历史悠久的文化艺术精华，现代文化设施日趋完善。县城建有文化馆、图书馆、博物馆、电影院、影剧院、工人文化宫、文光公园、广播站、电视台等，乡镇普遍建立广播站、文化站、图书馆（室）、影剧院、电影院。专业和业余文艺团体富有生机活力，文艺创作活跃。至20世纪60年代初期，一个由县、区（相当于现今的乡镇）、乡（相当于现今的行政村）三级组成的文化娱乐网络已经形成。

传统文化艺术的继承。潮阳原有桑田乡中元华竹囊班和玉浦乡业余剧团，后分别转型为元华、艺华专业潮剧团。元华潮剧团建于1955年，次年，转为地方国营，由宣传部和文教科直接领导。艺华潮剧团建于1959年。两团于1968年合并为潮阳县潮剧团。

1962年经省委宣传部批准，元华潮剧团前往广州的"秋交会"服务，同时协助侨务部门做好接待港、澳同胞及泰国、新加坡等地华侨统战工作。

文化艺术的提升。潮阳的皮影戏、话剧、音乐、曲艺、歌舞等民间文化艺术种类繁多。党委、政府历来注重引导民间艺术的发掘提升，使英歌舞成为潮阳"三瑰宝"（笛套音乐、英歌舞、剪纸）之一的非物质文化遗产。

手工工艺美术的创新。剪纸、雕塑、稿末塑、刺绣、竹艺、书画等艺术形式在潮阳也是"百花齐放"，异彩纷呈。历届党委、政府非常注重这些工艺美术的发扬光大。

文艺工作的快速发展。潮阳县人文荟萃，文化底蕴丰厚。蔡楚生导演的电影《南海潮》、陈大羽的《陈大羽画集》、吴南生的长篇报告文学《松柏长青》、黄勋拔的《文书立卷方法》、郭小东的《诸神的合唱》等作品，为潮阳的文艺创作和群众基础文化的建设开启了典范和推动作用。潮阳的乡土文化雅俗共赏。还创办了《潮阳农民报》《潮阳报》《练江文艺》（后改为《潮阳文艺》）等。

六、建立社会主义市场经济体制

1980 年后，潮阳贯彻落实中共中央关于国民经济"调整、改革、整顿、提高"的方针，商业、供销、粮食等商品流通领域面向需求变化，大踏步由计划经济转向市场经济，进行了一系列的改革。因此，潮阳开始允许个人兴办商业，改革了过去商品流通渠道单一，统得过多、过死的状况，实行多渠道、多种经济形式的经营办法，使商业购销增长，集市贸易活跃，社会购买力提高。

（一）商　业

1979 年后，潮阳商业系统贯彻"对外开放，对内搞活经济"政策、落实"国营、集体、个体"一起上的方针，调整商业所有制结构，国营和集体商业实行多种形式经营承包责任制，至 2002 年潮阳市个体商户 1.59 万户，是 1979 年的 6.3 倍，其营业额占商品流通总量的 6 成以上。

（二）供　销

1982 年中共中央提出供销社要恢复"组织上的群众性，管理上的民主性，经营上的灵活性"，县供销系统 8 个公司、25 个基层社、19 个农村合作商店逐步实行经营承包责任制，并先后创办供销贸易总公司、废旧物资回收公司、日用工业品公司、副食工业品公司、果品公司等与市场经济相适应的新型企业。1992 年组建潮阳供销社企业（集团）公司。集团公司联结县社直属 18 个公司和 25 个基层供销社组成 43 个支公司，全面实行经营、管理、分配、用工"四放开"。

（三）粮　食

1992 年 4 月 1 日，对粮食管理体制和流通体制进行改革，潮阳成立粮食企业（集团）公司，转变职能，在搞好国家粮食的购、销、调的同时，创办实业，发展多种经营，全面走向市场。

潮阳 25 个粮食管理所坚持定购任务、包干销售指标、包干调拨指标，节余归己，超支自负。2001 年取消定购任务，放开粮食价格，结束粮食统购统销。

全区现代化建设与发展（2003.2—2018.12）

2003年1月29日，经国务院批准，县级潮阳市撤市设区并入汕头市，原潮阳市分设为潮阳区和潮南区。

在潮阳历届区委、区政府的正确领导下，全区人民弘扬革命老区精神，不忘初心，牢记使命，把初心使命一以贯之，摒弃"等、靠、要"思想，当好排头兵，勇挑重担，奋勇争先，全区上下同心同德，加快现代化建设与发展，基本解决了"走路难、入学难、饮水难、就医难、用电难"的"五难"问题。革命老区人民奋发图强，急起直追，缩短或拉平了与先富的平原地区的差距，使各项事业都取得了骄人成绩，全区的农业、交通、教育、科技、民生等出现了突飞猛进的新变化。

一、建设现代农业，推动农业科技发展

大力发展特色农业，加快农业产业化进程，增加农民收入，是建设经济强区的重要一环。以榕江片区"三高"农业经济带为基础，加快农业产业基地建设；建立关埠、西胪、贵屿镇3个优质水稻生产基地；金玉、西胪、灶浦镇（今金灶镇）3个名优水果种植基地，发展规模化，推动产业化；加速农业标准化工作，发展无公害农产品和绿色产品，创农业品牌。

潮阳区高度重视"三农"问题，认真贯彻党在农村的一系列方针政策，具体做法有：扶农惠农的措施落实到位，鼓励土地经

营权的流转，发展种养大户，积极带领农民群众奔小康致富；推广农业技术，推进农业科技发展，健全农业服务体系，做好产前、产中、产后的服务；积极推动农村富余劳力转移，切实减轻农民负担，广开农民增收门路；以发展龙头企业和规模化农业为导向，指导和扶持走"种、养、加工、产、供销"一体化的发展路子；创办扶持一批农业龙头企业，实行"公司＋基地＋农户"的发展模式，提高农产品商品率和经济效益，促进农、林、牧、渔、副全面发展。

潮阳区农业现代化、产业化水平不断提高。现有农民专业合作社243家，其中：国家级示范社3家，省级2家，市级10家。潮阳拥有关埠、西胪2个万亩优质水稻生产基地和12家农业龙头企业，18个省级产品无公害生产基地，4个省级标准化示范区，拥有"金灶三棱橄榄""西胪乌酥杨梅"等21个国家地理标志保护产品。

（一）主要农业龙头企业

1. 汕头市集泰种养有限公司

该公司生产基地位于革命老区海门镇，2008年9月成立，注册资本2000万元，拥有固定资产1113万元，生产基地1.06万亩，年生产蔬菜总值6000多万元，累计投入资金6700万元，成为革命老区的龙头企业。该公司取得质量、环境、卫生安全体系管理认证。2012年被评为汕头市农业龙头企业，是广东省"守信用重合同企业"。2012年，该公司被授予"省级现代农业园区""广东省绿色食品胡萝卜标准化示范区""广东产业扶贫示范基地"，公司采取"公司＋基地＋合作社＋农户"的生产模式，形成产、供、销一体化的服务体系，带动周边地区农户发展蔬菜生产，促进农业增效、农民增收。

2. 汕头市江畔农业科技有限公司

该公司种植基地位于革命老区金灶镇玉路村，2008年8月创办，是一家集种植、养殖、园艺、休闲观光于一体的生态型现代农业企业，占地面积 800 多亩，其中：种植火龙果 600 多亩、香蕉 200 多亩、水产养殖 30 多亩，总资产 600 多万元，是革命老区的龙头企业，成为省内主要火龙果种植基地。

3. 汕头市新广大畜牧科技有限公司

位于潮阳区海门镇革命老区湖边村，成立于 2005 年 12 月，系一家以种猪扩繁为主，专业从事生猪饲养的现代畜牧企业，占地面积 120 亩，采用 TEAM 全电子母猪饲喂管理系统，实现精确饲养管理，采用发情鉴定、疾病早期预警及判断的现代化生产工艺，采用高床位、液泡粪、环境自动控制、自动送料、自动给水等创新设计建造新型猪舍，是无公害农产品生产基地，是革命老区的龙头企业，2011 年获"广东省重点生猪养殖场"。

4. 汕头市智业畜禽养殖有限公司

位于潮阳区铜盂镇市上村，创立于 1995 年，是一家以养猪业为主的养殖基地，占地面积 60 亩，建筑面积 1.6 万平方米，基地引进国外良种瘦肉型种猪，采用人工授精技术进行自繁自养。2003 年"智业牌"生猪通过广东省农业厅无公害农产品认证；2004 年被汕头市政府评为汕头市农业龙头企业、汕头市农村科普示范基地；"智业生猪"获得原国家农业部无公害农产品认证。

5. 汕头市佳鑫种养有限公司

位于潮阳区谷饶镇乌窖村，创立于 1994 年 10 月，是一家以"公司＋基地＋农户"的生态饲养企业，占地面积 30 亩，猪舍建筑面积 3750 平方米，建有消毒池、防疫室、沼气池储气柜等，年出栏生猪上万头，是革命老区出色的种养有限公司。

6. 顺兴种养殖有限公司

位于潮阳区和平镇练北村，创办于 1997 年，是一家以生猪饲养、水果种植相配套的生态农业企业，占地面积 50 亩，猪舍建筑面积 2.58 万平方米，配套饲料加工厂 350 平方米，年生猪存栏量 2.7 万头。2011 年获 "广东省重点生猪养殖场" 称号。

7. 汕头市粮丰集团有限公司

该公司是一家专业从事粮食加工、储备、购销为一体的 "农业产业化国家重点龙头企业" "国家重点粮油产业化龙头企业"。公司拥有土地面积 200 多亩，建成 8 万吨的粮食储备仓库；配备电脑智能粮食烘干中心和优质大米先进生产线。公司承担中央储备粮和地方储备粮储放任务，是政府应急定点粮食加工企业。产品荣获 "中国名牌农产品" "全国放心米" "广东省名牌产品" "广东省著名商标"，"粮丰" 牌金丝香米、胜泰香米被认定为 "绿色食品"。2014 年度带动联结本地及周边革命老区农户 1.58 万户，粮食种植面积 8.9 万亩，户年均增收 1150 元。

8. 汕头市潮阳区越秀种养基地

位于潮阳区金灶镇澄港村，是一家集养殖和种植果树林木于一体的农业龙头企业，基地占地面积约 20 亩，2012 年 3 月获得原广东省农业厅颁发的无公害农产品产地认定证书，是汕头市家禽养殖示范点。2014 年出栏量约 15 万羽，创值 375 万元。

（二）建设规模化农业

当前，全区粮食作物种植面积 39.33 万亩，总产量 39 万多吨。

潮阳区针对农村生产体制的变化，深刻分析农户分散经营存在的弱点，以培植种粮大户为切入点，努力建设规模化的农业生产，扶持种粮大户的发展。2004 年 12 月，潮阳区安排 200 多万元专项资金直接用于全区种植大户的生产补贴和购买农机补贴。在政策、资金、措施等多方面的支撑下，优质水稻基地屡创高产，全区种粮大户发展呈良好势头。

2014 年，在关埠镇农业水稻万亩高产创建示范片，现场实测亩产量为早稻591.18公斤、晚稻584.60公斤。一系列科技和人、财、物的投入，提高了潮阳区粮食综合生产能力，促进粮食生产稳定发展，增强粮食自给率，保障粮食的有效供给，达到农业增效、农民增收。

和平镇全国种粮大户马镇顺（马四弟）的水稻种植面积4100亩，总产量约3000吨，销售2950吨，产值约814.2万元，拥有农机170多台（套），2017年被国务院授予"全国粮食生产大户十大标兵"称号，奖励117匹马力东方红拖拉机一台。此外，潮阳还涌现了铜盂镇林丰顺，关埠镇林宋文等全国种粮大户。

（三）推进农业机械化生产

推广农机示范，提高作业水平。潮阳区被原广东省农业厅确定为全省20个"水稻插秧机械化示范县（区）"建设项目之一。从2009年开始，历时3年，经全区共同努力，项目建设名列创建县（区）前茅，连续3年被原广东省农业厅评为项目建设先进单位，2011年全区机插率达13.6%，超全省机插率6%的平均水平。通过几年来农机化作业的示范推广，使潮阳区从一个农业机械化生产落后地区跻身到全省中上水平地区。

二、大力兴办工业，发展工业园区经济

潮阳区委、区政府高度重视工业建设，提出大力发展工业，使革命老区跟上全区发展的步伐，走新型工业化道路是建设经济强区、实现现代化的必由之路的理念。近年，举全区之力大办工业，集全区资源倾斜工业，聚社会资金投入工业，在棉北、文光、城南特别是海门一带兴办发展能源、冶金、纺织工业大项目，并形成产业链。在练江片区，和平、谷饶两镇工业实力雄厚、产业基础扎实、辐射功能强，要进一步提高该片区民营工业水平，建立工业园区，吸纳民营工业入园区生产，进一步提高练江片区民

营工业水平，并实现大规模扩张。

2016 年，全区完成规模以上工业总产值 706.3 亿元，增长 13.6%。支柱产业持续较快增长，纺织服装业实现产值 324.79 亿元，增长 14.28%；塑料制品业实现产值 216.22 亿元，增长 17.12%；音像制品业实现产值 27.85 亿元，增长 15.32%。建筑安装业完成建筑安装工作量 60.85 亿元。总投资 3.42 亿元的 9 个省技术改造登记备案项目加快推进。谷饶镇创建技术标准化示范镇通过省专家组考评并获得优秀等次。新增专利授权 494 件，注册商标 4444 件，中国驰名商标 1 件，省著名商标 1 件。支持企业冠广东省名称 10 家，累计 116 家。全国轻工机械知名品牌示范区创建工作扎实推进。上市后备企业扶持工作力度不断加大。

潮阳区的工业生产之所以得到迅猛地发展，是因为紧紧抓住以下四个方面：

（一）培育壮大支柱产业

建设以谷饶针织服装、和平音像制品、金浦纸品建材和城区机电制造等为主业的生产基地，加快创建谷饶镇"中国针织内衣名城"、和平镇"中国音像制品名城"步伐。通过资本运作，形成规模效应，运用高新技术和先进应用技术，改造提升传统产业，促进产品更新换代，做大做强针织服装、音像制品、纸品文具、机电制造和建筑安装 5 大支柱行业。

（二）依靠科技创建品牌

结合市场需求和产业、产品结构调整，加快科技进步和创新，提高企业整体科技含量，生产名优产品、拳头产品，打造潮阳品牌，走品牌兴区之路。

位于文光街道的广东省紫薇星实业有限公司生产的紫微星牌电子净化血液循环机、和平镇的广东省宝克文具有限公司（BAOKE）宝克牌钢笔和蕾琪化妆品 3 项获中国驰名商标；和平镇的广东三凌塑料管材有限公司生产的 HESU 塑料的非金属管、城南街道的汕头市粮丰集团有限公司生产的粮丰牌米、面粉制品等 32 项产品均获得广东省著名商标。

谷饶镇立足产业发展和社会发展实际，实施创新驱动，推进产业转型升级，通过鼓励引导荣杰、骏荣等企业向商贸、酒店、教育、物流等产业转型，发展多元经济。同时引导时佳、中绣机械等企业进行产业升级，实现 4 家企业完成高新企业申报，1 家培育入库。推动奥思佳芬实业、联兴盛织造等 14 家企业，以及吉祥购物 1 家零售业纳入规模上企业范围，形成谷饶新的经济增量；全镇把创新摆在发展全局的核心位置，推动"互联网＋"与"实体＋"相结合，以互联网经济新兴产业模式推动信息化与工业化深度融合，切实加快产业结构调整，全力推动"谷饶制造"向"谷饶创造"转变。汕头市时佳实业有限公司研发的具有自动调节人体脉搏、血压和自动调整内衣松紧度等功能的智能内衣，科技含量目前处于世界同行领先水平。中绣机械公司生产的织绣设备也处于同行领先水平，部分研发成果填补了国内技术空白。

（三）做大工业园区经济

近年，潮阳明确提出，打破行政区域，建设 4 至 6 个规模大、标准高、体制新、功能全、环保型的工业园区，完善工业布局。工业园区要集聚技术、信息、人才、资金、物流，引导现有企业有序向各类工业园区集聚，带动相关企业配套生产，形成完整的产业链和特色工业板块，从根本上改变潮阳工业的弱势格局。榕江片区各镇要统筹协作，改善环境，创造条件，集中建设 1 至 2 个大型工业园区，想方设法引进、发展劳动密集型企业、农产品加工企业，培育新的经济增长点。棉城片区各镇（街道）积极发挥资源优势和区位优势，规划建设沿 324 国道、高速公路和城南的工业园区。

2016 年，平北、平南、东家宫、棉田 4 个工业区，辖区内形成以平北工业区为基础，连带东家宫、平南、棉田工业区整体。

潮阳经济开发试验区是潮阳最大的工业园区，于 1993 年 7 月经广东省人民政府批准设立，原面积 4800 亩。1999 年 1 月起与海门镇政府合署，实行一套人马，两块衔牌。2015 年经市、区政府对产业园区规划调整核除后，园区现有规划土地面积 9256 亩。园区濒临南海，海岸线长 5.5 公里，毗邻接壤的潮阳港是国务院 1996 年批准设立的一类港口、广东省对台贸易重点口岸、潮阳唯一对外贸易口岸，可对外国籍船舶开放，建有 5000 吨级集装箱码头和 500 吨级散货泊位，年吞吐能力达到 10 万个标准箱，经香港可达国际各大港口。目前园区内建成企业 8 家、在建 1 家、签约项目 3 个。

贵屿循环经济产业园区位于贵屿镇革命老区华美、联堤、东洋片区，占地面积 2500 亩。园区于 2010 年 3 月启动规划，2011 年 1 月被原广东省经信委认定为第一批省市共建循环经济产业基地，于 2012 年 7 月成立汕头市潮阳区贵屿循环经济产业园区管委会。园区将构筑集拆解、科研、物流、环保于一体的循环经济产业园。

贵屿环境污染综合整治涉及各项任务已经在 2015 年底前完成，并于 2016 年 3 月通过广东省的复核验收。

至 2016 年底，园区已完成废旧家电整机拆解厂、火法冶炼项目、废塑料清洗中心、拆解作业区、塑料造粒加工区、湿法冶炼项目（酸洗处理厂）、废弃机电产品集中交易装卸场等建设项目。还有工业污水处理厂、危险废物转运站、园区垃圾转运站，已完成建设。

（四）调整工业平衡发展

潮阳大力发展乡镇街道工业，鼓励发展街道个体、私营工业。

要加强规划、建设、管理和指导，鼓励现有工业企业增资扩产，抓紧结构性调整升级，推动乡镇、街道工业新的发展。

2016年，城南街道重点服务和扶持4家规模以上企业。按照"优选一批、改制一批、规范一批、培育一批"的思路，申报汕头市粮丰集团有限公司和广东新通达钢管厂有限公司2家企业作为上市公司后备企业。同时，加强对"四上"企业培育工作，深入相关企业宣讲政策，动员企业申报，培育"四上"服务业对象相关资料的上报审批。

西胪镇立足"建筑之乡"优势，巩固发展建筑业。2016年在外施工的建筑队伍1000多支，近4万人，足迹遍布全国各地，建筑劳务收入成为群众主要收入来源之一。镇属企业第七建筑公司建筑安装总量1.69亿元，同比增长12.7%。针对工业发展起步慢，总量小，基础薄弱的实际，引导小作坊、小工场实现"个转企"，鼓励支持中小微企业增资扩产，逐步扩大生产规模，不断壮大工业堆头。

三、拓展交通建设，发展现代立体交通

潮阳区委、区政府针对交通是经济发展的命脉和对外联系的纽带，也是区域协调发展的重要基础条件的要求，正视潮阳交通基础设施相对落后的现状，大力实施交通设施建设大会战，全力构建覆盖全区、对接全市、辐射粤东及珠三角地区的一体化综合交通体系，努力使原来道路"窄、破、阻"逐步向"宽、靓、畅"转变。陆续完成了总长约35公里的23条市政道路改造建设，基本完成城区主干道柏油路面改造全覆盖，完成厦深铁路潮阳段及潮阳站建设，2013年12月，潮阳站与厦深铁路同步开通，改写了潮阳区没有动车的历史，一条宽阔、靓丽的8车道进出站路已建成。完成国道324线潮阳段和省道234线揭海线大修改造。

潮惠高速公路全线贯通，2016 年建成通车。揭惠高速公路在 2018 年 10 月建成通车。汕湛高速潮阳段 24.38 公里，计划在 2019 年建成通车，潮汕环线潮阳段全长 36 公里计划在 2020 年建成通车。

潮阳抓住省、市各级高度重视交通建设的有利契机，以"大建设促进大交通，以大交通促进大发展"的思路，开展交通大会战，推进 4 条高速公路建设、厦深铁路潮阳站综合配套项目建设、潮惠高速公路谷饶连接线、揭惠高速公路贵屿铜盂连接线、陈南新线以及牛田洋快速通道、汕汕（汕头至汕尾）高速铁路等项目建设，带动国道省道、地方公路的升级改造，基本解决了革命老区"走路难"。为推动潮阳在建设汕头西翼现代化新城区中迈出坚实步伐，潮阳区委、区政府带领老区人民狠抓五个强化：

（一）强化组织协调，确保交通建设有序推进

一是成立专门领导机构。由一位区领导挂帅区交通基础设施建设大会战领导小组；二是科学规划交通布局，融入全市总体规划。以潮阳港、厦深铁路潮阳站为重要枢组，以高速公路、国道、省道为主要干线，以区内道路、市政干道为连接网络，科学规划全区交通设施整体布局，绘制现代化交通体系建设蓝图；三是合理安排建设计划。对全区交通建设项目分类排队，科学统筹，有序推进。

（二）强化理念创新，全面改造建设城区主干道

2012 年初，区财政统筹安排 2.02 亿元启动新华东路改造工程，历时一年建成通车，打通了潮阳城区连接潮阳港和濠江区及深汕高速公路的交通要道，全长 6.657 公里，宽 50 至 60 米。2012 年末，"12·12"潮阳区公益基金会成立。此前，区委、区政府先后在广州、惠州等地召开潮阳籍乡贤"反哺家乡"公益事业座谈会，并组团赴珠海、深圳、广州举办乡贤公益募捐活动，借助实施反哺工程契机和新华东路改造的良好效应，广泛动员引导乡贤反哺支持城区主干道改造建设。先后由乡贤捐资 2500 万元改造建设全长约 1256 米的中华路；捐资 2200 万元改造建设全长约 1091 米的中山中路、中山西路；捐资约 1.53 亿元改造建设全长约 4573 米东山大道等。由于区财政的带头投入，乡贤的大力反哺，全区掀起了大抓市政道路改造建设的热潮，水门路、柳园路、棉新大道、老过境路、城南一路、城南二路、环市东路等一批市政道路改造工程全面开花，提速推进，在较短时间内投入了 4.96 亿元，完成总长约 35 公里的 23 条城区主干道路改造建设。城区主干道将实现柏油路面全覆盖、"中国结"路灯全配套、绿化美化全跟上，潮阳城区面貌焕然一新。

（三）强化难点攻关，提速推进交通重点项目建设

切实解决制约高铁、高速、国省道等重点项目建设的资金、征地拆迁和维稳等难点问题。潮阳坚持多条腿走路，加大财政资金投入、争取上级支持、引进 BT 和 PPP 等融资模式、动员乡贤反哺等多措并举，运用市场机制，引进深圳潮商集团参与厦深铁路潮阳站站前广场及综合配套项目的开发建设。

（四）强化资源优势，深入实施港口建设"头号工程"

一是积极理顺历史遗留问题。主动汇报沟通，争取上级和海关等部门的理解支持，尽快解决潮阳港、关埠港涉案查封的遗留问题，重启港口建设和运营。关埠港于 2014 年底获汕头海关批准启封。二是加强港口开发建设。充分发挥潮阳港国家一类口岸优势，以及华能海门电厂的集聚效应，规划建设华能海门煤炭中转基地。《关埠码头地块及相关设备、设施的 19 年租赁权》已依法依规完成公开拍卖，并于 2015 年 7 月 22 日与中标方签订《关埠码头租赁合同》。三是提速发展港口经济。已在海门镇引进意向投资约数十亿元的海门旅游度假区、中电（南方）云信息科技园等一批大型产业项目。

（五）强化倒逼推动，促进任务责任落到实处

严格按照"一个项目、一位领导、一套人马、一抓到底"的工作机制，把交通基础设施建设纳入年度目标管理考核范畴。

四、建设大型电网，电力事业走向辉煌

改革开放四十年来，潮阳电力事业从小到大，从弱到强，经过几代电力人的薪火相传，成绩斐然。至 2017 年底，潮阳电网已拥有 220 千伏变电站 2 座，主变容量为 990 兆伏安；110 千伏变电站 13 座，主变容量 1411.5 兆伏安；110 千伏输电线路 26 回共 222.46 公里；10 千伏线路共 192 回 1835.11 公里；用电户达 70 万户。至 2017 年年底，当年购电量为 38.02 亿千瓦时，创造了潮阳电力里程碑式的新跨越，基本解决了革命老区"供电难"，为潮阳区的经济发展发挥了电力先行官的显著作用。广东电网汕头潮阳供电局 2009 年 11 月 23 日划归广东电网公司直管，是广东电网公司全资子公司。潮阳供电局在电网建设、安全生产、科技创新、电力供应、优质服务、企业文化等各条战线的工作和成就，闪耀着当代电力人的理想和追求，折射出"万家灯火，南网情深"，"主动承担社会责任"的企业文化理念之光，催人奋进。

（一）电网规划与建设

撤市设区后，先后新建投产的项目有：110 千伏神山输变工程；220 千伏海门、渡美二项输变工程；110 千伏东洋站、里美站电网网架等建设项目。特别是广东省第一家百万千瓦级超临燃煤机组落户潮阳，标志着潮阳电力工业的突飞猛进。

2005 年 9 月 22 日，华能海门电厂被列为国家 2006 年开工备选电站项目，高起点建设，高标准管理，高效率运行。一期 1 号、2 号机组顺利通过国家、省、市有关专家的工程可行性研究报告审查。2006 年 12 月 30 日，华能海门电厂隆重举行 1 号、2 号机

组工程开工仪式。

华能海门电厂计划投资 360 亿元，规划建设占地面积 1500 亩的 6×100 万千瓦超超临界燃煤机组。一期规划建设的 4 台机组，是国家发改委批准的广东省第一家百万千瓦级超超临界燃煤机组，投资 140 亿元，是汕头市有史以来单项投资项目之最。1 号、2 号机组为华能国际电力股份有限公司独资建设，分别于 2009 年 6 月底和 9 月底建成投产；3 号、4 号机组由华能国际电力有限公司和汕头市投资建设总公司合资建设，分别于 2010 年 12 月和 2012 年 9 月完成 168 小时试运行。2013 年投入运营，安全稳定发电，全年累计发电量 181.05 亿千瓦时，厂用电率、供电煤耗等能耗指标和各项环保指标均达到国内最好水平。

华能海门电厂注重绿色环保企业建设，是全国首批脱硫脱硝与主体工程同步投运的百万千瓦机组电厂。一期 4 台机组环保设施总投入 17.49 亿元，占工程总投资 11.8%，被广东省环保厅授予"环保诚信企业"称号，成为华能首批"优秀节约环保型燃煤电厂"。2017 年全年累计发电量 164 亿千瓦时，纳税超 5 亿元，为地方和革命老区能源建设和经济建设发展做出了贡献。

（二）安全生产

潮阳供电局以南方电网总纲为统领，深入落实广东电网公司、汕头供电局和潮阳区安全工作部署，以风险管控精益化为核心，提升体系运作水平，推进安全风险管理体系应用，安全风险体系建设在原 63 分的基础提升到 68 分水平上进一步提高，通过省公司的审核，取得 72 分的好成绩，超额完成上级下达 71 分满分值任务。

（三）优质服务

领导干部深入基层、服务一线，及时发现和解决苗头性、倾向性问题；落实职能部门向用电大客户发"潮阳供电局供电行风建设及服务情况调查问卷", 了解掌握供电系统行风评议建设情况; 组织协调上线"民声热线"期间"二级联动", 对群众反映的问题逐一跟踪落实, 及时反馈办理。

潮阳电网供电可靠性和电压质量不断提高。全口径供电可靠率累计99.94%, 用户平均停电时间累计5.35小时/户, 用户平均停电次数累计1.87次/户, 综合电压合格率累计99.97%, 各项指标均达到汕头供电局的满分值, 全面提升客户服务水平, 快速响应客户需求, 业务办结率达100%; 开展银行电费代扣业务。

五、创建教育强区, 提升教育综合实力

潮阳区委、区政府盯紧"2015年建成教育强区"目标。2011年以来, 潮阳加大教育投入, 推进教育创强, 促进教育公平, 全面实施素质教育, 提升教育质量, 着力推动各级各类教育的规模和内涵协调发展, 为潮阳经济社会的崛起提供了人才支持和智力保障, 为潮阳教育事业的改革和发展奠定了坚实的基础。到2016年, 全区累计已投入资金9.878亿元, 教育创强工作通过省验收和国家评估认定, 教育强镇(街道)建设实现全覆盖, 高考总上线率连续5年突破90%, 基本解决了革命老区"入学难", 教育事业稳步发展。

实施教育基础建设工程, 促进各级各类教育协调发展。从2012年实施"反哺工程"以来, 得到潮阳籍乡贤的积极响应, 他们慷慨解囊, 反哺家乡, 捐资建设包括教育项目在内的潮阳民生项目。据统计, 共募集涉及教育公益资金的项目119个, 认捐资金12.52亿元, 占全部公益资金的四成, 成为全区教育事业发展和创强工作强大的资金保障。近年来, 共改造中小学校舍建筑面积58万平方米, 解决学位近5万个, 有效改善中小学校的办学条件。2004年9月, 潮阳实验学校增设高中部, 增加高中生学位

9266 人；2004 年 8 月，创办潮阳金堡中学，增加学位 6700 人；2005 年 8 月，创办潮阳一中明光中学，增加学位 4000 多人；2010 年 9 月，开办潮阳区职业技术教育中心，增加学位 1992 人；2011 年，潮阳建筑职业技术学校开设施工、测量、造价等专业班，招收新生 1046 人。

（一）义务教育均衡发展

全面建立政府主导、社会参与、公办民办并举的学前教育办学体制，以公办幼儿园为骨干和示范，以民办幼儿园为补充，形成投入多元化、服务优质化、层次多样化、公办和民办优势互补的学前教育格局。全区共有幼儿园 103 所，在园幼儿 42185 人，学前三年入园率 80.10%。

推进义务教育均衡发展。申请补助资金 6030 万元对尚未通过标准化学校验收的 174 所学校进行"改薄"提升，目前全区公办义务教育标准化学校 295 所，覆盖率达 100%。开展"防流控辍"工作，全区各中小学共接纳外来进城务工人员随迁子女 2.02 万人，其中在公办学校享受 9 年义务教育就读的达 1.35 万人，入读率占 66.9%。

（二）高中阶段教育全面普及

全区高中阶段教育学位大幅增加，普通高中教育与中职教育结构比例逐步优化，全日制高中教育连年保持毛入学率达到 87% 以上，普及高中阶段教育得到巩固提高，顺利通过省普及高中阶段教育复查。先后已完成全区 14 所薄弱普通高中改造提升任务，成为汕头市一级学校。2015 年全区共有 26 所高中学校，其中广东省国家级示范性高中 4 所，占全市的三分之一；广东省一级学校 3 所，占全市的三分之一，其他 19 所高中学校全部升级为市一级学校。初步实现中职教育与普通高中教育办学规模大体相当的目标。

（三）民办教育持续发展

以谷饶启声学校、金浦培正学校、海门董明光中学为代表的潮阳民办教育办学时间虽短，教学质量却取得了优异成绩。2014年以来，区民办学校被清华大学、北京大学录取共计106人，其中潮阳实验学校101人，中英文4人，恩溢学校1人。潮阳实验学校几年来高考成绩屡创辉煌，被评为"全国教育系统先进单位""全国艺术教育先进单位"。

（四）教学质量稳步提升

"十二五"期间，全区高考一年一个台阶，高考总上线率连续四年突破九成大关，均获大面积上线和高含金量成绩双丰收，成为全市的排头兵之一。

2016年是广东省高考恢复使用全国卷的第一年，全区参加普通高考16132人。第一批上线2243人，上线总人数占全市三成半；本科上线率45.9%；总上线率91.17%，连续五年保持在九成以上。

（五）特教事业发展

为切实保障残疾人受教育权利，潮阳将残疾儿童少年教育纳入普及九年义务教育总体规划，以镇（街道）中心学校为随班就读基地学校，建设随班就读资源教室，全力推行"全纳教育"，不断提高残疾儿童少年接受义务教育普及程度。区特殊教育机构——潮阳区培智学校已于2017年9月1日开学上课。

六、构建民生工程，推进社会和谐进步

撤市（县）设区以来，潮阳区委、区政府为加快社会主义精神文明和政治文明，建立和形成精神振奋、风清气正、文明进步的社会发展新局面。以高度重视民生民居保障为基本立足点，潮阳坚持走生态发展产业化、产业发展生态化的路子，围绕"创

模""创卫"目标，增强全民环保意识，加快城区污水处理厂建设，抓好练江、护城河等重点流域的保护和污染治理。潮阳抓好创建省、市生态示范村（园、区）活动，革命老区继续弘扬老区精神、红军精神，一马当先，努力建设资源节约型和环境友好型社会。

（一）推进为民惠民办实事

2013年，潮阳区投入巨大资金办好十件民生实事，继续切实解决边远革命老区和平原地区群众关心关注的行路、饮水、就学、医疗、住房等热点难点问题，让广大群众真正得到实惠。

兴办十件民生实事：1、实施"绿满家园"全民行动；2、继续实施"千村环境卫生整治"活动；3、实施国、省道潮阳段大修工程；4、加快推进城区道路建设；5、加快推进道路及景观配套设施建设；6、建设潮阳区文化馆、图书馆、博物馆；7、解决饮水难问题；8、加大教育投入；9、继续推进保障性住房建设；10、建立城乡一体化社会保障制度。

（二）推进城乡建设扩容提质

潮阳区以提速宜居城乡建设为抓手，坚持高起点规划、高品位建设、高标准管理，大胆经营城市经济，盘活资源，加快城乡一体化进程，加快城乡一体化建设，拉大城市架构，重点革命老区村要紧跟平原地区乡村，围绕"打造汕头重要增长极、建设汕头次中心城市"的发展定位，坚持"产业进园、园区进城、产城融合"的理念，积极加强城市规划建设，着力打造多力驱动、城乡互动、产城融合的城市发展格局。练江新城开发项目已启动开工仪式，东部新城控制性详细规划加快推进，城区众多商住项目相继建成。潮阳卜蜂莲花等一批现代城市商贸综合体相继落户，城市发展活力进一步增强。引进汕头白求恩潮阳医院（养老中心）、潮尚城等综合项目，产域融合步伐进一步加快。启动陈桂森学校、桂和镇三学校、棉北街道中心幼儿园等教育服务项目建设，促成吉大白求恩医院等医疗服务项目落户。深房集团井仔湾、瑞安华庭、龙熙华庭、四海五洲城等一批"三旧"改造房产项目加速建设。

为促进城乡一体化发展，按照"生产发展、生活宽裕、乡风文明、村容整洁、管理民主"的社会主义新农村建设总方针，潮阳通过财政奖补政策带动推进了农村民生工程，解决了农村生产生活的热点难点问题。广泛发动社会、乡贤、企业家、群众参与，齐抓共管。开展"绿满家园"和"千村环境整治"行动，全力打造路网、景观、造林等绿化亮点工程。新建文光凤肚、棉北妈祖、西胪后埔等一批生态公园。建成 4 个垃圾压缩站和 220 个垃圾收集点，加快建设区生活垃圾焚烧发电厂。城乡环境不断改善，和平镇和铺社区被原国家农业部评为"美丽乡村"，另有 11 个村被评为"省卫生村"。城市网格化管理试点工作逐步推开。

（三）用文化力量烘托社会和谐进步

潮阳城区面貌和骨架在变，大道通衢，新区崛起，一年一小变，三年一大变。连续三年成功举办"潮之春"迎春文化节，文光塔被评为国家重点文物保护单位，"贵屿双忠信俗"成功申报成为潮阳第四项国家级非物质文化遗产。《大峰祖师》电影荣获中美电影节最高奖项"金天使奖"。建成图书馆、文化馆、博物馆以及笛套音乐传承基地等一批重要文化设施。

七、精准扶贫到位，提升脱贫攻坚成效

潮阳区委、区政府贯彻中共广东省委办公厅、广东省人民政府办公厅《关于我省扶贫开发"规划到户责任到人"工作的实施意见》，组织各部门落实"一村一策、一户一法"，建立工作台账，帮助村集体发展经济，开拓创收渠道，完善基础设施建设，

改善村民生产生活条件；实施就业扶贫、产业化扶贫、健康扶贫、教育扶贫、救济扶贫，帮助贫困户实现增收脱贫。至 2015 年贫困村集体经济收入平均达到 12.756 万元，贫困户人均纯收入达到 9939 元。

2013—2015 年，潮阳区委区政府开展第二轮扶贫开发"双到"工作，帮扶重点村有 12 个：金灶镇灶市社区、东仓村、潮美村、寨村，西胪镇外髻村、竹岭村，河溪镇新乡村、棉北街道白竹社区、五二社区、海门镇湖边村、和平镇练岗村、铜盂镇凤田村。列为重点帮扶对象的贫困户共有 1138 户、5849 人，由市直单位派出工作组进行帮扶。海门镇 8 个涉渔社区（和睦社区、城南社区、城关社区、城北社区、莲峰社区、北新社区、莲新社区、新德社区居委）参照新一轮省定重点帮扶村扶持标准，由区直单位进行帮扶。据统计，全区新一轮扶贫开发"双到"累计落实帮扶资金 10492.387 万元，扶持项目 325 个，其中基础设施建设项目 204 个，民生项目 100 个，生产经营项目 21 个。新增硬底化道路 21.26 公里，机耕路 5.53 公里，三面光渠 12.31 公里，解决住房难问题 222 户，新增饮水安全 1065 户，贫困户全部脱贫。

（一）建立和完善减灾防灾制度

至 2015 年底，基本完善了区、镇（街道）、村（居）三级灾害应急救助系统。全区设立各级灾害紧急庇护中心 38 所，其中，区级 2 所、镇（街道）36 所。救灾物资储备仓库配套设施逐步得到完善，全区创建全国综合减灾示范社区 13 个，其中 7 个通过国家民政部命名；进一步完善了医疗救助制度，满足困难群众基本医疗服务需求；从儿童先天性心脏病扩大到成年人风湿性心脏病救助，共调查上报 400 多名低保及低收入家庭的先天性、风湿性心脏病患者申请手术治疗。实行城镇"三无对象"、农村五保供养对象和重点优抚对象医疗救助"一站式"结算服务。"十二五"

期间，全区累计支出医疗救助金2290多万元，累计资助低保、五保对象等困难居民参加城乡居民基本医疗保险14万多人次，实施住院医疗救助4800多人次。

（二）推进养老增点扩面

2010—2015年，开展"社会养老服务体系建设推进年"暨"敬老爱老助老工程"活动，开展"农村邻里互助养老"试点。各类养老服务设施拥有养老床位数共计3680张，每千名老人拥有养老床位20张。全面建立老龄津贴制度，80周岁以上老年人均享受高龄津贴，每人每月30元，发放资金总共1251.3万元；为100周岁及以上的老年人发放长寿金，每人每月300元，发放资金总共117万元。目前全区有百岁老人62人。实施老年人意外伤害综合保险"银龄安康行动"，为全区80周岁以上高龄老人和60—79周岁的"五保"和"低保"老人统一办理购买老年人意外伤害综合保险，惠及全区2.3万多老年人，年投保资金67万元。

（三）完善优抚对象抚恤补助

2011—2015年，各级财政投入抚恤补助和临时价格补贴资金共20672万多元，为6500多名优抚对象落实抚恤补助；为2700多名满60周岁农村籍退役士兵发放老年生活补助。全区各级累计为义务兵家属和重点优抚对象发放优待金3591万多元。

（四）加强新时期精准扶贫力度

2016年7月，潮阳区委、区政府根据广东省委、省人民政府《关于新时期精准扶贫精准脱贫三年攻坚的实施意见》，制订《汕头市潮阳区新时期贫困村、贫困人口精准脱贫攻坚工作方案》，并印发潮阳区委办〔2016〕16号文件，要求各镇（街道）党（工）委、政府（办事处）、驻潮单位、区直局认真贯彻执行。区委书记蔡永明、区长张元武等28位党政主要领导全部安排到挂钩扶贫具体单位，实行"一对一"的督导，把扶贫责任制落实到人到户，落实扶贫建档卡台账。经申报核查，全区253个涉农村（居）中贫困户13211户、44782人，其中列入新时期精准扶贫省定重点帮扶村13个，贫困户843户、3469人，由市派驻单位开展帮扶工作，其余240个村（居）贫困户12368户、41313人，由区、镇（街道）自行帮扶（扶贫任务较重的52个村由区派出52支工作队帮扶。任务较轻的188个村由各镇、街道自行帮扶）。按省、市有关通知要求，由区领导挂村督镇，镇领导挂村、干部联系贫困户；组建驻镇帮扶工作组。驻镇帮扶工作组由镇（街道）党政主要负责人、市、区派出工作队成员、镇（街道）派出帮扶工作队成员组成。

（五）开展助残济困活动

2016年"全国助残日"前夕，区残联联合区工商联和汕头市粮丰集团有限公司走访慰问海门镇和城南街道的单亲残疾人家庭、一户多残特困残疾人家庭等，发放慰问金4000元、大米100袋、食用油100瓶；联合福建省龙头山粮油发展有限公司免费为各镇（街道）敬老院及纳入低保范围的极重度肢体残疾人和90周岁以上老人发放食用油8761瓶，折合人民币27万元。为420名长期卧床特困残疾人发放救助金49.71万元；为88户"一户三残"及以上且生活困难的残疾人家庭发放困难补助金，每户发给1200元补贴；帮助9户家庭经济特困残疾人危旧无房户修新建住房，每户拨给2万元；与广东狮子会练江、铁山、四季服务队联合开展助残筑巢行动，为西胪、金灶、海门、贵屿4个镇7个村（社区）8户危旧（无）房户修（新）建住房，投入帮扶资金30万元；为34名残疾人发放2016年度机动轮椅车燃油补贴8840元。当年，区残联还分两批为942名符合条件的学生发放助学金81.08万元；为2016年新入学的11名大专以上的残疾学生申请省级一次性的资助金12.5万元。

八、区老促会在"促"下功夫，在"进"见成效

加快老区建设和发展，是历史交给潮阳人民的任务。潮阳一批久经考验的离退休老干部，历经岁月的打磨，早和老区人民结下了殷殷情缘，怀着深厚的情谊，在中央、省、市老区建设促进会的关怀下，在潮阳区党委、区政府的重视支持下，原潮阳县（现潮阳区、潮南区）老区建设促进会于 1991 年 6 月成立，1993年经国务院批准，撤销潮阳县，设立潮阳市（县级），潮阳县老促会改称潮阳市老促会；2003 年 1 月 29 日，经国务院批准，撤销潮阳市，设立潮阳区、潮南区。2004 年 4 月，成立潮阳区老区建设促进会，广泛发动老红军、老赤卫队员、老交通员、老游击队员、老党员，形成区、镇（街道）、村（居）的组织网络。区老促会明确宗旨，甘当配角，不越位又到位，发挥特殊社团组织的作用，是一支不占编制、不求索取、只讲奉献的队伍。经更新换届，不忘初心，牢记使命，弘扬革命老区精神，为加快老区建设和发展，为实现民族复兴事业，奉献晚秋年华，呕心沥血地为老区人民鼓与呼、帮与促，当好党政参谋、助手、桥梁，在"促"字上下功夫，在"进"字上见成效。

2002 年至 2004 年，潮阳区三年三批获广东省政府批准列入改造老区小学校舍 31 所，每所省政府拨款 30 万元，汕头市政府、潮阳区政府，各配套 10 万元。区委、区政府高度重视，有改造任务的镇、村普遍发动当地乡贤捐资，共筹资 4200 多万元，31 所老区危破小学校舍，分别建成二层、三层或四层教学楼，矗立在山区和广袤的平原，成为老区独特的风景线，进一步解决了老区的"入学难"。

2008 年，潮阳区在省、市的正确领导和老促会的指导下，老区镇卫生院改造按省的部署顺利推进。河溪镇卫生院华阳分院，

集民资，兴建新院址，在调动老区医务工作者的积极性，增购更新医疗设备等方面成绩斐然。

区老促会坚持做好老区建设发展的宣传。自成立以来，先后在全国老促会刊物《中国老区建设》发表《大南山革命根据地红色石刻革命标语》的文图，在网络广泛传播，被中央文献出版社《中国工农红军革命石刻标语的时代特点和语言风格研究文集》一书选中发表，是广东省唯一入选的作品；《东坑村里的"摇钱柿"》的文图于《中国老区建设》封三彩色版发表；《桥陈村来了一支扶贫工作队》等680多篇（幅）文图，先后在国家、省、市报刊发表，受到上级的表彰奖励。区老促会在省、市老促会的支持下，坚持发放烈士后裔助学金，荣获"1995—2015年广东省烈士后裔助学工作先进集体"的称号。

2017年7月，潮阳区老促会换届，第三届理事会选举产生，全体理事认真学习践行习近平总书记一系列重要讲话精神，承先启后，坚持在"促"下功夫，在"进"见成效，把加快老区建设发展作为政治任务扛在肩上，为潮阳纳入海陆丰革命老区振兴发展建言献策，配合协助区党委、区政府制订潮阳相关革命老区振兴发展规划；促进潮阳革命老区东谷公路、金灶镇金高线等建设项目；认真做好编纂《汕头市潮阳区革命老区发展史》工作，挖掘整理红色乡土文化资源，推进老区建设发展。

九、潮阳区被广东省列入重点老区苏区振兴发展政策支持范围

2017年6月，潮阳区被广东省人民政府列入海陆丰革命根据地13个老区县（区）之一。2018年8月又被省政府列入《海陆丰革命老区振兴发展规划》县（区）之一。

2019年5月11日，中共广东省委粤发〔2019〕11号文件

《中共广东省委、广东省人民政府关于进一步推动我省革命老区和原中央苏区振兴发展的意见》，潮阳区、潮南区被列入我省老区苏区振兴发展政策支持范围的重点老区苏区，为加快潮阳老区建设发展注入新的动力，喜讯传开，潮阳区人民奔走相告，欢欣鼓舞，感恩党和政府对革命老区人民的亲切关怀，感恩中国、省、市、区老区建设促进会为此作出的辛勤努力，感恩省、市、区党政、人大、政协及有关部门的重视支持。前期，省老区建设促进会陈开枝会长亲自带队前来潮阳区、潮南区调研，倾听老区人民的呼声，竭尽全力取得省委、省人民政府的高度重视和支持，这种情系老区、服务老区的无私奉献精神使老区人民深受感动。潮阳区各级党政及有关部门和广大党员干部群众表示要倍加珍惜这一来之不易的成果。

该文总体要求以习近平新时代中国特色社会主义思想为指导，深入贯彻党的十九大和十九届二中、三中全会精神，深入贯彻习近平总书记对广东重要讲话和重要指示批示精神，继续传承弘扬老区苏区精神，按照构建"一核一带一区"区域发展格局的要求，加大扶持力度，完善政策支撑体系，补齐民生领域短板，提升发展内生动力，建立促进老区苏区振兴发展长效机制。到2020年，现行标准下全省老区苏区农村相对贫困人口全部实现稳定脱贫，确保老区苏区在全面建成小康社会进程中一个都不掉队；到2022年，全省老区苏区基本公共服务水平进一步提升，经济社会发展取得更大实效，人民群众获得感、幸福感、安全感更加充实、更有保障、更可持续。文件提出各级党委和政府要切实加大对老区苏区振兴发展的支持力度，加快推进基础设施和民生保障项目建设，不断提高老区苏区发展能力。省重点支持原中央苏区和海陆丰革命老区（简称重点老区苏区），具体是九项支持政策：一、加大财政保障力度；二、加强基础设施建设；三、提升基本公共服务水平；四、强化红色资源保护利用；五、增强老区苏区发展内生动力；六、支持乡村振兴和脱贫攻坚；七、加强用地保障；八、推进水田垦造和农村拆旧复垦；九、完善帮扶机制。文件强调实施保障，要求各地区各部门要提高政治站位，切实担负起老区苏区振兴发展的历史责任，建立党委领导、政府负责、部门协同、社会参与的工作机制，整合各级财力和各类资源，推动老区苏区加快振兴发展。建立由省领导同志牵头的老区苏区振兴发展协调机制，每年召开推动老区苏区振兴发展工作会议，定期召开部门联席会议，研究解决工作中的重点难点问题。省有关部门要按照职责分工制定支持老区苏区振兴发展的具体政策，强化政策落实和工作督导。老区苏区所在市、县党委和政府要切实履行主体责任，制定实施方案，明确责任分工，完善工作机制，确保完成目标。潮阳老区苏区人民为革命作出重大牺牲和贡献，其基础设施滞后，贫困面较大，属经济欠发达的革命老区，党政高度重视，经相关部门协作，上下配合，调查核实，作出一揽子规划，拟申报纳入振兴发展规划十项：一、交通基础设施建设项目；二、能源基础设施；三、水利基础设施建设项目；四、重点产业项目；五、贵屿循环经济产业园区建设项目；六、省产业转移园区海门片区建设项目；七、贫困村和贫困人口重点帮扶项目；八、社会事业重点项目；九、生态、环保重点项目；十、省级特色小（城）镇项目，共 171 个，申报上级支持拨款、地方配套自筹共 780 亿元。潮阳老区苏区广大干部群众要全面对接融入大湾区建设和汕头发展大局、加快建设汕头西翼现代化新城区，继续发扬自力更生、艰苦奋斗的优良传统，弘扬老区精神，不等不靠，齐心协力，用足用好老区苏区政策，不断开创老区苏区振兴发展的新局面。

奋进新时代

时间砥砺信仰，岁月见证初心。回首潮阳革命老区的发展历程，潮阳人民和全国人民一起，弘扬革命老区精神，取得一个又一个胜利。中华民族迎来了从站起来、富起来到强起来的伟大飞跃。中国特色社会主义进入了新时代，新的历史方位赋予潮阳区新的历史使命。前行于百尺竿头，发展正中流击水，任务千头万绪，潮阳人民唯有始终同全国人民想在一起，干在一起，坚定舍我其谁的信念，勇担使命，才能早日实现伟大中国梦。

潮阳老区人民在战争年代和社会主义建设时期，为中国革命和建设事业都付出了巨大的牺牲，做出了积极的贡献。

潮阳党组织和共产党人在新民主主义革命时期的历程，是艰苦奋斗和成就辉煌的历程，在漫长的征途中，党组织虽然饱经危难，屡遭破坏和挫折，但是共产党人依然前仆后继，坚持不懈地高举着红旗前进。无数共产党员、革命者和老区人民为中国革命事业和潮阳的解放流血牺牲，他们的鲜血染红了胜利的旗帜，他们的革命精神和不朽功勋永远绽放不灭的光辉。

《汕头市潮阳区革命老区发展史》作为共产党人和老区英雄儿女在潮阳区英勇奋斗的历史见证，作为党的历史经验的总结，无疑是一份极其宝贵的精神财富和丰富的政治资源。他们面对强敌和困难毫不动摇，饱经危难而不气馁，在革命遭受挫折和处于低潮时信念不改、信心不变的坚定性，弥足珍贵，对当前和今后的实践具有重要的借鉴和启迪意义，并将变成强大的精神动力，起到鼓舞人心、催人奋发和将党的事业推向前进的作用。《发展史》是一部"教科书"，足以告慰无数为党、为老区人民的事业英勇牺牲的先烈，教育激励广大党员、干部、群众和年轻一代，值得永远铭记，永远珍惜，从红色记忆中汲取力量。

在举国学习贯彻习近平新时代中国特色社会主义思想和党的十九大精神，在新的历史起点上推动改革开放再出发，奋力开创潮阳区新局面的关键时刻，中国共产党汕头市潮阳区第四届委员会于 2018 年 6 月 25 日召开第五次全体会议，区委书记蔡永明传达省委、市委全会精神，会议通过了《中共汕头市潮阳区委关于贯彻落实习近平总书记重要讲话精神，奋力实现"四个走在全国前列"的决定》，要求全区各级党组织和广大党员干部要认真贯彻落实省、市、区委全会的部署要求，带领全区人民抓好大学习、真落实，坚持问题导向，聚焦短板弱项，真抓实干，推动潮阳区加快建设汕头西翼现代化新城区，努力为全省实现"四个走在全国前列"，为汕头建设内秀外名的活力特区、和美侨乡、粤东明珠做出积极贡献，奋力推动习近平新时代中国特色社会主义思想在潮阳落地生根结硕果。

全区党员、干部和广大老区人民深知任重道远，抓住被省政府纳入《海陆丰革命老区振兴发展规划》的契机，用好各项扶持政策，从潮阳区革命老区发展史中汲取思想营养，弘扬老区精神，为完成革命先烈未竟的事业，发扬自力更生、艰苦奋斗的光荣传统，脱贫攻坚，以优异成绩迎接中华人民共和国成立 70 周年，迎接中国共产党成立 100 周年，奋进新时代，共圆复兴梦。

一、深化学习贯彻习近平总书记重要讲话精神，开创潮阳工作新局面

2018 年 3 月 7 日，习近平总书记参加十三届全国人大一次会议广东代表团审议并发表重要讲话，对广东提出"四个走在全国前列"的重要要求（1、在构建推动经济高质量发展的体制机制上走在全国前列；2、在建设现代化经济体系上走在全国前列；3、在形成全面开放新格局上走在全国前列；4、在营造共建共治共享社会治理格局上走在全国前列），这是习近平新时代中国特色社会主义思想在广东的展开和具体化，也是开创潮阳工作新局面的强大思想武器和科学行动指南，全区各级党组织、党员干部和广大群众要以高度的政治自觉，持续深入学习贯彻习近平总书记重要讲话精神，切实把习近平总书记的重要讲话精神转化为加快潮阳建设汕头西翼现代化新城区的强大动力。

（一）坚持系统深入学习，真正学深学透。

学习贯彻习近平总书记重要讲话精神，必须防止表面化、简单化，浅尝辄止、流于形式。要提高政治站位，在前阶段学习贯彻的基础上，坚持系统深入、学深悟透、融会贯通，做到领会更全面、把握更准确、贯彻更坚决。要带着感情学，在学习中深刻感受总书记对广东人民的深厚感情和殷切期望，激发出贯彻落实总书记重要讲话精神的内生动力、强大力量，发自肺腑忠诚核心、拥戴核心、维护核心、捍卫核心。要以上率下带头学，各级党委（党组）特别是"一把手"要加强学思践悟，带动本地本单位党员干部自觉学、主动学、深入学，形成良好氛围，取得实实在在的效果。

（二）坚持问题导向，找准制约潮阳发展的短板弱项。

"四个走在全国前列"是广东破解发展瓶颈的根本出路，也

是潮阳开创发展新局面的必然选择。当前，制约潮阳改革发展的问题不少，经济实力不强，发展方式粗放，经济仍处于转型期，旧动能发展阻力越来越大，新动能仍未形成；营商环境不优，一些公职人员的工作作风、服务意识和办事效率有待提高，制约经济社会发展，亟待进行"革命性再造"；生态环境保护任重道远，练江流域还待整治，绿色生产生活方式未形成；城乡二元结构明显，城市化进程、乡村振兴等任务繁重；民生建设欠账大，教育、医疗、文化、住房等社会事业发展滞后，优质公共服务资源供给不足；历史遗留问题以及一些重大项目涉及的不稳定因素未彻底消除，维护稳定的压力大；一些村级基层党组织的组织力亟待加强，基层干部队伍总体素质、作风能力未能完全适应形势发展要求，等等。这些问题事关潮阳发展大局，是工作的重点和突破口，必须持之以恒，精准发力，全力解决。

（三）坚持用结果说话，展现新担当新作为新气象。

学习贯彻习近平总书记重要讲话精神，关键是要体现在实际工作中和具体成效上。必须深刻领会省委提出的"四个转变"的部署要求（即：在发展方式上，要从过去的粗放发展、追求速度，转向质量变革、效率变革、动力变革，率先建立高质量发展体制机制；在经济结构上，要从过去的低端产业、世界工厂、缺核少芯，转向实体经济、科技创新、现代金融、人力资源协同发展，率先建立现代化经济体系；在扩大开放上，要从过去的加工贸易、规模扩张、低端国际分工，转向推动海陆内外联动、东西双向互济，率先形成全国开放新格局；在社会治理上，要从过去的大包大揽、自上而下、单向管治，转向多元共治、协同治理、良性互动，率先营造共建共治共享社会治理新格局），必须深刻领会市委提出的总体工作思路，围绕把汕头建设成为名副其实的省域副中心城市，打造内秀外名的活力特区、和美侨乡、粤东明珠的目标定位，以及补齐"三大短板"，突出"四个重点"，打造"四个平台"的部署要求，抓住国家推进"一带一路"倡议、省委推进"一核一带一区"发展规划、市委加快推进省域副中心城市建设的契机，加强营商环境"革命性再造"，不断增强潮阳的竞争力、吸引力和软实力，积极加强对外招商合作，鼓励支持纺织服装、办公文具等民营企业抱团走出去，促进产业结构优化、活力提升。同时，充分发挥侨乡优势，打好"乡情牌""乡愁牌"，动员引导海内外潮商、本地企业以及优秀教育工作者、医务工作者、新型职业农民等各类社会主体参与乡村振兴工作。

目前，宝能、碧桂园、龙光、都市丽人等知名企业争相落户潮阳或正在洽谈投资，潮阳的老百姓越来越能看到潮阳区的美好前景和希望。区、镇、村党员干部要切实用习近半新时代中国特色社会主义思想指导工作，牢牢把握机遇，敢于直面挑战，化压力为动力，扛起潮阳发展重任，聚焦关键环节，狠抓交通、环保等基础设施建设、产业投资平台建设和营商环境建设，大力发展实体经济，加快城市化进程，实施创新驱动发展和乡村振兴战略，抓好精准脱贫，污染防治攻坚战，深入开展扫黑除恶，加强基层治理，以钉钉子精神抓好落实，以实际行动和实际成效贯彻习近平总书记重要讲话精神，落实"四个走在 全国前列"的要求。

二、抓住潮阳发展主旋律，营造共建共治共享社会治理新格局

面对实现"四个走在全国前列"，加快建设省域副中心城市，努力把经济特区办得更好、办出水平的新形势新要求新任务，要以习近平新时代中国特色社会主义思想为指导，学习贯彻习近平总书记关于粤港澳大湾区建设重要论述和对广东重要讲话、重要指示批示精神，认真落实省委十二届七次全会、市委十一届九次全会和区委四届八次全会精神，动员全区干部群众不忘初心、牢

记使命，真抓实干、开拓进取，全面融入粤港澳大湾区，积极投身汕头建设省域副中心城市、打造现代化沿海经济带重要发展极工作大局，加快建设汕头西翼现代化新城区。

（一）全面深化改革开放，构建高质量发展的体制机制。

要按照高质量发展的要求，全面深化改革开放，围绕解决问题、补齐短板，进一步完善体制机制，努力提高发展的质量和效益。

1. 坚决落实新发展理念。要树立高质量发展的政绩观，破除唯 GDP 论英雄的错误观念，深刻吸取因片面追求经济效益忽视环境保护造成贵屿污染、练江污染等突出问题的历史教训。习近平总书记指出，绿水青山就是金山银山。生态至关重要，在"五大理念"中，绿色发展靠理念、靠制度、靠绿色的发展根基，"生态兴则文明兴，生态衰则文明衰"，筑牢生态的绿色屏障，"功在当代，利在千秋"。因而，在加快发展的同时，充分考虑资源、环境和生态的承载力，倡导和形成绿色发展方式和生活方式，坚定走生产发展、生活富裕、生态良好的文明发展道路。推动重点改革任务落实。深刻把握新时代全面深化改革的新任务新要求，按照《区委全面深化改革领导小组 2018 年改革工作安排》，落实 37 项重点改革，严格按要求完成党和国家机构改革任务，革除制约发展的体制机制弊端，推动潮阳在新时代改革开放再出发。

2. 充分激发创新第一动力。深入实施创新驱动发展战略，研究建立以企业为主体、市场为导向，科技、产业、资金、政策、人才深度融合的创新体制机制，构建产学研协同创新机制和创新成果孵化转化机制，努力解决经费投入、人力投入、平台建设薄弱等问题。推进奎创科技、星河电子产业园、快通智能科创园等建设，提升 2 家广东省院士专家企业工作站建设单位的服务能力，加快建设广东省质量监督再生贵金属材料检验站（汕头）等服务平台，力争2018年建立6家技术中心、10家工程中心。要用好人才第一资源，深化人才工作体制机制改革，营造培育人才、吸引人才、用好人才的良好氛围，吸引乡贤能人、专业人才、优秀大学毕业生到潮阳就业创业，利用潮阳职教中心、西胪建筑中专等平台，加强实用型、急需型人才培训。积极创建"广东省质量强区示范区"，建设质量诚信体系，加强质量安全监管，支持广东轻工机械二厂等企业参与行业标准制订。

3. 深化供给侧结构性改革。贯彻落实中央关于推进供给侧结构性改革的战略部署，继续推进"三降一去一补"，淘汰落后产能，化解过剩产能，彻底清理"僵尸企业"，促进纺织服装、办公文具、机电制造、废旧拆解等产业优化重组，进一步打响谷饶"中国针织内衣名镇"等区域品牌，支持企业上市融资。

4. 加强营商环境建设。要以实体经济为支撑，强化创新驱动，加快产业转型升级，加大招商引资力度，努力推动经济高质量发展。紧紧围绕服务效率最高、管理最规范、综合成本最低的目标，转变作风、优化服务，切实为企业解决实际困难和问题；改进流程提效能，深入推进"一门式一网式"服务，全面减少行政审批程序、缩短审批时限；多措并举降成本，采取措施减轻企业税费、用电、物流、借贷融资、用地等方面的成本负担；以更大力度、更优服务、更高效率吸引投资和人才。

5. 积极参与汕头经济特区对外开放合作。要以全面深化改革开放为先导，勇于解放思想，全面深化改革，优化营商环境，推动开放合作，构建对接融入粤港澳大湾区和汕头发展大局的"软联通"。增强全域特区理念，强化特区人意识，发挥潮阳侨乡和毗邻港澳台的优势，把握"一带一路"建设机遇，承接"粤港澳大湾区"发展辐射，落实省委"一核一带一区"发展部署，主动对接融入汕头经济特区发展大局，为汕头经济特区成为改革开放的重要窗口、试验平台和开拓者、实干家履行潮阳责任、作出潮阳贡献。落实广东省"外资10条",支持纺织服装、办公文具等民营企业抱团走出去,鼓励指导生产型企业自营出口,加强对进口流通型企业的培育和引进,提高外贸发展质量和效益。

（二）做大做强实体经济,补齐补足现代化经济体系短板。

要立足潮阳实际,坚持抓重点、补短板、强弱项,努力推动发展动能转换、发展步伐提速、发展质量提升。

1. 大力发展实体经济。要推动"都市丽人"时尚内衣总部基地产业集群项目尽快落地建设,支持润德电子3D玻璃生产技术改造等项目建设,鼓励支持谷饶、和平、贵屿、铜盂4个专业镇加速向集群式经营转型发展,带动纺织服装、电子音像等产业加快转型升级步伐,提升竞争力。要大力发展新产业、新模式、新业态和现代服务业,培养造就一批以高新技术企业为主体的骨干企业,促进信息、中介、电子商务、现代物流、工业设计等现代服务业和生产性服务业规模扩张、质量提升和集群发展。

2. 大力打造园区投资集聚平台。要严格执行不再批准集体工业用地的红线,推进园区资源高效整合,杜绝"村村点火、户户冒烟"粗放式发展,增强集聚效应。要创新土地合作模式,推动园区二次开发和标准化厂房建设,加快推进海门园区土地收储、贵屿园区扩能增效,整理开发金浦、金灶、谷饶、铜盂等地产业园区,科学规划江湾新区、海门临港经济区、三屿围片区,建设承接传统产业转型升级、引进好项目大项目的平台。

3. 积极发展海洋经济。潮阳拥有海门国家级中心渔港和24.9公里海岸线,渔业发展基础比较扎实,要积极发展远洋捕捞业、水产品深加工业、渔业集散市场和滨海旅游业,做大做强现代化海洋经济。

4. 大力发展现代效益农业。推动全区225家农民合作社、34

家家庭农场、12 家农业龙头企业健康发展，扩大乌酥杨梅、三棱橄榄、潮阳姜薯三个"国家地理标志保护产品"的品牌效应，规划建设现代化农业产业园，发展名优特果蔬、花卉种植，完善农业精深加工、保鲜物流、农业电商等配套产业，支持发展乡村旅游，促进农业完善链条、改善结构、提高效益。

（三）加快城市化进程，推动区域协调发展。

贯彻新发展理念，区分各片区功能要素，优化规划布局，以城市化为抓手，以"提升四个水平"为重点，主动对接融入汕头经济特区东部大发展、西部大开发、南部大建设、北部大提升的发展新布局，积极融入参与粤港澳大湾区建设，优化中心城区、榕江片区、练江片区和海门临港经济区功能定位，形成各片区协调发展、齐驱并进的发展格局。

1. 对接布局，加快汕头西翼现代化新城区建设。潮阳干群对接市谋划建设潮阳"江湾新区"，调整优化榕江南岸新经济走廊建设的规划思路，与新一轮的改革开放相结合，与现代新的科技、新的资本相结合，与新的生态、新的经营模式、新的生活方式相结合，充分发挥片区已布局建设的潮汕环线、潮惠、揭惠高速公路、牛田洋快速通道等交通要道，利用 75 公里岸线空间、关埠、金灶港口码头和约 130 平方公里的未利用土地资源，以及生态良好、区位独特、优特农产品丰富等优势，主动承接汕头"中以"创新产业园的辐射带动，高起点、高标准规划功能分区、产业布局、土地利用、基础设施、公共服务、城市生态等，推动生态、文化、产业、城镇融合发展，规划以河溪湿地医养小镇、西胪建设文创小镇、关埠潮人休闲小镇、金灶四季水果生态旅游小镇为支撑，构筑"一带三区四核，多园多点"的产业空间和"一轴一带、四心四片"的空间结构，重点建设堤路结合的"滨江公路"，主动融入汕头中心城区，打造城市发展新的增长极。同时，要加强高新技术产业的培育引进，建设高新技术产业、生态环保产业集聚区，对接融入加快西部大开发，树起特区全面改革开放的新标杆。作为榕江片区一员的金灶镇，抢抓机遇，主动融入，对接谋划，加快推进榕江堤路、金高线和20多条农村公路的改造建设，与潮汕环线、潮惠、揭惠等高速公路无缝对接，打造便捷、通畅的对外交通网络，要以完善一体化交通体系为重点，加快重大交通设施建设，加快打通区内互联互通路网，完善交通枢纽功能配套、构筑对接融入粤港澳大湾区和汕头发展大局的"硬联通"。加快建设发展，争当融入粤港澳大湾区建设排头兵。2019年6月，在"千年古县"项目建设乡贤企业家座谈会上，乡贤捐资1亿元，支持建设北闸路口改造提升工程和新华中路（东段）拓通工程两个项目，凸显了乡贤助力加快建设汕头西翼现代化新城区的桑梓之情。

2. 提升中心城区城市化水平。要加快打通对接汕头中心城区的交通网络，大力推进市政道路建设，力争及早完成环市东路、新华中路贯通改造、北闸路口改造，加强城市建设和管理，提升城市公共服务能力，加快城市化步伐。树立经营城市理念，增强主城区综合服务功能，鼓励社会资本参与城市建设。完成了东山公园改造，改造一新的东山公园成为城区标志性现代化开放式绿地公园，独树一帜。华润集团管道燃气投资项目，以及碧桂园、宝能、龙光等城市综合体建设，也正在积极推进。大力发展公共交通，提高城市生活便利程度。

3. 打造练江产业集聚区。立足练江片区产业基础扎实的优势，发挥厦深铁路潮阳站服务辐射功能，抓准契机，实施创新驱动发展战略，加快产业转型升级，构建传统优势产业、现代物流业和新兴产业竞相发展的产业聚集区。

4. 建设海门临港经济区。抓住汕头建设"一带一路"枢纽港口的契机，发挥片区海陆交通便利、土地资源和文化旅游资源丰富，以及海门镇（潮汕风情渔港小镇）入选全国特色小镇等优势，加快完善潮阳港基础配套和集疏运体系，提升潮阳港、海门国家级中心渔港的港口服务功能；加快海门产业转移园区的土地收储工作，拓展产业投资平台，统筹产业转移和临港产业培育，提升临港产业聚集水平。

5. 筑牢支撑产业发展的交通等硬件基础。继续推进交通基础设施建设大会战，按时完成汕湛、潮汕环线高速公路建设，配合推进汕汕高铁、牛田洋快速通道前期工作，推动国道 324 线以及省道 234 线、235 线、237 线潮阳段有关路段改造建设，抓紧推进各条高速公路连接线和练江滨江通道、榕江堤路工程等互联互通网络的前期工作。

（四）举全区之力整治练江，坚决打赢练江流域综合整治攻坚战。

全区要以更高的政治站位、更大的决心、更严的力度、更严的问责、更实的举措，打赢练江整治翻身战，推动潮阳生态环境质量持续改善。

1. 严格落实中央环保督察反馈问题整改工作。坚持立行立改，边查边改，对中央环保督察反馈问题、"回头看"发现问题和交办案件，不躲不饶，迎难而上，以非常之举，行断然之策，主动作为，周密部署，铁腕推进综合整治。逐项建立台账，制订整改方案，落实责任单位和责任人，严格按照整改时限和目标要求，认真整改，并举一反三，推动城乡环境整治，加快推进工业源、生活源、农业源"三源"共治，从源头上截污治污，是推进练江综合整治的治本之策。

2. 全面开展治练大会战，建立治练长效机制。练江流域综合整治是省、市、区党政部门的重大部署，是水污染防治工作的重点和难点，也是人民群众的迫切要求。2018 年 8 月 16 日，在省、市两级的重视支持下，潮阳区举行练江整治环保工程启动仪式，共有 6 个项目集中启动，分别是：潮阳区城区污水处理厂二期项目及配套管网，谷饶、贵屿、铜盂 3 座污水处理厂二期项目及配套管网，和平污水处理厂二厂、三厂三期及配套管网，潮阳区纺织印染环保综合处理中心污水处理厂及配套管网，项目总投资 66.27 亿元，新增污水处理能力 30.8 万吨/日，新建配套管网 384 公里，实现练江流域污水管网全覆盖。从源头上截污治污，是推进练江整治的治水上策，练江整治提速，水清景美可期。仪式简约隆重，市、区领导参加，彰显了上级领导和潮阳全区干群彻底打赢治练攻坚战的决心和毅力。

省、市、区领导多次深入潮阳区各镇村指导，练江流域污水处理设施建设节节推进。"中国针织内衣镇"谷饶镇污水处理厂及二期配套管网进度最快，该厂位于谷饶溪畔，而谷饶是练江流域潮阳段污染较严重的支流，是污染的重灾区。2018 年 11 月 15 日谷饶溪西侧约 3 公里截污管网建成通水，使谷饶污水处理厂与主镇区 75.1 公里市政污水管连接起来，将主镇区的污水通过管网送到污水处理厂进行处理，谷饶溪的水体明显不再恶化。谷饶人民对污水处理设施建设寄予很大希望，一旦全部投产，谷饶 18 多万人口的生活污水便有好的去处，生态环境将得到大幅度提升。

治练攻坚，事关潮阳区人民的千秋大业，其中，生活垃圾焚烧发电厂、印染园区、污水处理厂及其配套管网工程是最棘手最难啃的"三大难点"。铜盂镇草尾村于 2019 年 4 月率先建成污水管网，成为该镇最早进行污水收集处理的村居。村民洪先生坦言，当他看到又黑又臭的污水，经过近两小时、前后 5 道工序的层层处理，从终端流出时已变成清澈无味的净水，"这真是历史性的转变"。其时，各个污水处理厂加紧铺设污水管网，将每家每户的污水集中收集处理，使练江减少压力，面貌改观。在此过程，党员干部率先处理，村民群众自觉配合，渐渐地，违法排污成为人人喊打的"过街老鼠"，保护生态、爱护练江成为社会的自觉行动。良好的生态环境，必将能够吸引更多企业到谷饶、铜盂、和平、贵屿等镇落户。环境质量上去了，营商环境也会变得更好，接下来，对招商引资将有极大的促进，实现生态环境和营商环境"双提升"。

全区练江流域综合整治时间轴显示表明，污水处理厂及其配套管网建设已按下不同时段的"倒计时器"，污水处理设施达标排放指日可待。与此同时，全区开展"潮阳无垃圾"大会战百日行动，全面向河面漂浮物宣战，全域推进272个村（社区）垃圾整治全覆盖、地毯式大排查、大清理、不留死角、不存盲区，集中100天整治清理，实现消灭存量垃圾、日产日清和河面无漂浮物的目标，百日行动旨在唤起百姓彻底打赢这场治练攻坚战的意志和冲劲，在基础建设中，实现"一项目、一方案、一对策""一项目、一领导、一专帮"，摒弃"空对空"和只喊不干的形式主义，通过整治大行动建立健全治练的长效机制。

这场攻坚，是主题教育和党建引领、领导率先、全民参与、八方合力的治理"高速度"，更是干部作风、行政能力提升的"高速度"，这一条是潮阳区在治练中摸索出来的新创举。

走过迷茫现曙光，练江整治见成效。一年多来，潮阳区上下同心，治练攻坚全面动起来了，可喜的是，"高速度"创造了新局面，治练攻坚终于攻克了"三大难点"，2019年9月10日上午，汕头市政府召开练江综合整治新闻发布会，全区人民笑逐颜开，截至2019年8月30日，潮阳区练江流域环保基础设施建设取得丰硕成果，谷饶二期、贵屿二期、铜盂二期、潮阳区城区二期、和平二厂三期、和平三厂三期等6座新建污水处理厂及配套管网建成，截至 2019 年 8 月 29 日累计投资 49.88 亿元，项目已完成厂区工程量约 95.22%，污水管网完成管道长度 399.38 公里，完成率 95.77%。同时，污水处理厂生活污水处理设施捆绑 PPP 模式实施项目，自 2019 年 8 月下旬全面启动进村入户生活污水源头截污工作，将每家每户厕所、厨房和洗衣的污水全部接入污水管道，汇入污水处理设施，切实提升污水截污率，实现"雨水不入厂、污水不入河"，从根本上改善练江干支流的水质。练江综合整治，潮阳人留下荡气回肠的答卷，换来了环境的大变化，提升了群众的获得感和幸福感。早在 2019 年 1 月至 6 月，海门湾桥闸国考断面化学需氧量、氨氮和总磷平均浓度比 2018 年同期相比分别下降 63.4%、43.6% 和 60.2%。确保 2020 年前海门湾桥闸国考断面基本清除劣 V 类水体。从成果看奋斗、看精神、看获得，全区人民马不停蹄，攻坚不止，持续坚持科学施策，开展练江流域"五清"、生活垃圾专项整治、畜禽养殖污染专项整治、环境违法行为专项打击、"散乱污"专项整治等五大行动，用最严格的制度、最严密的法治保护生态环境，健全污染防治和保护练江的长效机制。同心同德，笃定前行，继续营造练江水清岸绿、鱼跃鸟飞的美景。

潮阳纺织印染环保综合处理中心易址海门产业转移园区，该中心科学规划、合理布局、总量控制、集中治理、统一监管，优化全区印染行业，占地约 1500 亩，建设内容包括园区基础设施、污水处理厂、通用厂房、自建厂房、供热供电、生活配套设施等。项目总投资 25 亿元，至 2019 年 8 月累计投资 8.3 亿元。污水处理厂完成土建工程的 69.65%，自建厂房的 13 家企业已陆续进场建设。整个园区计划于 2019 年 12 月底前满足企业入园需求。

潮阳区生活垃圾焚烧发电厂一期（1500 吨/日）2018 年 12 月 27 日正式投产运营，二期（750 吨/日）厂区累计完成总工程

70%，计划 2019 年 11 月底完成二期建设。

如今，珍惜资源、爱护环境、保护生态，越来越成为干群的自觉行动。全区人民再接再厉，遵照习近平总书记的嘱托，在治练攻坚和振兴潮阳中营造共建共治共享社会管理格局上力争逐步走在全国前列。

3. 确保完成练江支流整治任务。治练攻坚这场硬仗不容犹豫，在攻克"三大难点"的同时，组织兵力整治支流，紧扣"2019 年底见成效"的目标，按照"断源、截污、清淤、修复"的工作思路，采取超常规措施，以只争朝夕的干劲，统筹推进北港河、官田水、中港河潮阳段 3 条练江主要支流的污染源整治、截污管网及堤防建设、河道清淤清漂、生态修复等一系列工作，必须环环扣紧，力争事半功倍。此外，还有练江整治剩余的 11 宗水利项目建设，治练台账项项列明，多管齐下，互促互进。同时，积极配合推进韩江、榕江、练江"三江连通"工程，力争潮水溪整治工程及早启动。

4. 压实河长制，推进练江的彻底治理。一年多来，坚持以人为本，转变作风，以担当有为为荣，以消极无为为耻，潮阳练江流域沿岸从区到镇（街道）村（居）相应级别的党委或政府一把手分别担任区级、镇级、村级河长，实行专项工作包干责任制，共筑练江治理之网。实践证明，开展"河长制"在于锁定责任人，压实责任，落实"四个转变"：推动河涌整治压力由单位向责任人转变；整治模式由"九龙治水"向协同治水转变；整治任务由定性任务向定量定质转变；练江整治由政府督查向社会督查转变。全区深入开展清污、清源、清淤、清障、清违的"五清"行动，实施省中小河流治理（二期）项目，采取明察暗访、无人机航拍、广东智慧河长 APP 定位拍照等方式，推动治练扎实开展，确保到 2020 年全面完成总长 191 公里的 29 条中小河流的治理任务。很多河长主动沿河巡查污染，查明河道整治情况，从政治的高度对待清漂、清污。和平镇临崑社区河长张泽丰，绑上绳子，跳下河里，把垃圾捞起。这一举动打动了村民，该村乱丢垃圾入河的现象大大减少。在主题教育和党建中，潮阳练江流域的党员争当治练先锋，争做治练的"保洁员""监督员""宣传员"。老区人民激动地说："我们生活在潮阳、工作在潮阳，为'母亲河'梳妆打扮是本分呀！"

5. 巩固深化贵屿环境整治成效。贵屿环境整治工作虽然取得一定成效，但巩固深化的任务仍然很繁重。贵屿镇党政班子引导全体干群回顾龙港地下情报交通站为解放粤东立下的功勋，以老区精神为引领，保护贵屿的一片蓝天、一泓碧水，坚持绿色发展，告慰革命先烈，造福子孙后代。全镇认真贯彻落实省委、省政府和市委、市政府的要求以及省、市领导的批示精神，持之以恒、强力推进整治工作，尽快实现真正意义的"五统一"（统一规划、统一建设、统一运营、统一治污、统一监管）。要抓紧完成中节能火法冶炼项目的技术改造和园区集中拆解楼一期项目改造等重点整改任务，持续推进生态修复、拆违清障、植树绿化、公共设施建设等，努力把贵屿的环境污染问题彻底解决好。贵屿是红土圣地，是改革热土，不忘初心、牢记使命的贵屿人，也将打造出美丽潮阳的"贵屿模式"。

6. "零容忍"严厉打击环境违法行为。组织开展"环境违法行为打击年"活动，加强对印染、造纸、电子拆解和农业面源的环保执法监管，全覆盖、"零容忍"严厉打击、顶格处理各类环境违法行为，坚决及时关停取缔各类非法生产、非法排污企业。加强行政执法与刑事司法衔接，推进环境保护公益诉讼，对发现主观恶意、逃避监管的环境违法行为，一律"零容忍"依法顶格处罚。查处环境违法行为97宗、治安拘留99人、刑拘57人，关停取缔"散乱污"企业（场所）212家、停产49家。依法从严查处在环保执法中办人情案、关系案、金钱案的行为，深挖"保护伞"。重奖举报环境违法行为，积极发动全民参与。

7. 动员全社会参与环境治理。通过党员干部带头，加强法制宣传教育，落实举报奖励制度，鼓励群众对污染现象"随手拍"，切实把党员干部的标杆作用树立起来、把企业主的环保意识唤醒起来、把群众的积极性调动起来，形成全社会广泛参与环境治理的工作格局。

8. 加快传统产业转型升级。按照"从2019年1月1日起，现有园区外的印染企业一律不得延续排污许可证"的要求，稳妥推进印染企业关停转产。加快传统产业转型升级步伐，依法淘汰落后产能，加强产业园区规划建设，推动"都市丽人"时尚内衣总部基地产业集群等项目加快建设，促进产业转型升级。要继续抓好农业面源污染防治，全面清退练江两岸1000米禁养区内的畜禽养殖，鼓励引导畜禽养殖产业向规模化、集约化和生态化转型，是建立长效机制的亮点。

9. 高悬"问责"利剑。区纪委监委要把生态文明领域特别是练江整治作为工作重点，加大监督执纪问责力度，做到敢追责、真追责、严追责，全面压实区四套班子领导、区直部门挂钩基层的责任、镇（街道）党委政府正职及班子成员和包村（社区）干部、村（社区）支部书记和主任、主责部门主要负责人的责任，倒逼其切实担负起生态文明建设的政治责任。

（五）全面提高潮阳农村发展水平。

要顺应农业发展新形势、农村发展新要求、农民群众新期盼，大力实施乡村振兴战略，抓好清垃圾、治污水、修村道、兴产业、强组织等重点工作，整体提升农村发展水平。

1. 筑牢乡村振兴的组织基础。实施基层党组织"头雁"工程、"千名干部驻村强基"党建工程，充分发挥党组织在乡村治理中把方向、谋大局、推改革、促发展的引领作用。要建立健全人才培训、教育、激励机制，鼓励引导优秀教育、医务、农技等人才到农村工作，加快培育新型职业农民，打造一支强大的乡村振兴人才队伍。

2. 实施农村人居环境整治三年行动计划。结合"创文巩卫""百村示范、千村整治"美丽乡村建设等工作，加强村庄黑臭水体、生活垃圾、违建等突出问题治理，抓紧完成"垃圾转运体系"、雨污分离管网以及 52 个分散式农村污水处理设施建设，实现农村垃圾、污水减量化、无害化处理，加强绿化美化亮化，持续把乡村环境整治推向深入。完善农村公共服务配套。进一步完善农村供水、供电、信息网络，以及农贸市场、文体休闲、教育医疗等公共设施建设。落实好"厕所革命""四好农村路"等重点工作，确保按时完成 84 座公厕改造任务和 13 个省定贫困村村道路面硬化，争取到 2020 年全部完成农村公路的改造建设任务。

3. 推动农村一二三产业融合发展。要按照"基在农业、惠在农村、利在农民"的总体要求，以让农民分享二三产业增值收益为核心，着力培育农村新产业新业态新模式，延长产业链、提升价值链、组合供应链，坚持"一村一品、一镇一业"，因地制宜发展特色农业，打造海门、金灶等一批特色小镇，促进产业兴旺和城乡融合，为农业农村全面发展提供有力支撑。

4. 加强农村文明建设。加大对农村古镇、古村落、古建筑、文物古迹等的保护开发力度，留住乡情乡愁。大力弘扬社会主义核心价值观，加强农村思想道德建设，开展文明村镇、文明家庭等群众性精神文明创建活动，深入开展"奢侈浪费、攀比低俗之风"专项整治，形成文明乡风、良好家风、淳朴民风。

5. 打造"千年古县"旅游文化经济圈。充分利用好"千年古县"这块国家级金字招牌，加强文化建设和宣传，进一步提升潮阳文化的知名度和影响力，整合串联潮阳城乡的"非遗"文化、历史文物和特色景点等资源，加紧推进"千年古县"旅游文化经济圈，东山西山"千年古县"核心景区等项目的规划建设，推动文化与旅游的融合，以文化为支撑、旅游为带动，打造城乡一体的文化旅游线路，助力乡村振兴发展。

6. 坚决打赢脱贫攻坚战。潮阳区2016年至2019年新时期精准扶持资金51090万元已全部使用，投入产业扶贫项目305个。以抓铁有痕，踏石留印的严实作风，坚持"六个到位"（思想认识到位，推进措施到位，统筹结合到位，党建引领到位，巡察督查到位，宣传发动到位），落实好兜底政策，解决好产业发展、务工就业、基础设施、公共服务等问题，加强"造血式"扶贫，做到"两不愁，三保障"，实现贫困人口不愁吃、不愁穿，教育、医疗、住房有保障，确保按时保质完成脱贫攻坚任务。同时，要严查扶贫领域作风和腐败问题。

（六）提升城乡社区治理水平。

围绕群众关注的焦点问题，激发各方参与社会治理的积极性，推进"创文巩卫"，提升社会治理水平。

1. 努力改善民生，增强群众的幸福感、获得感、安全感。要解决群众急切盼望的民生问题，办好办实十件民生实事，各方配合发动一桩解决一桩。要扎实推进教育现代化先进区、卫生强区等创建工作，加快区人民医院硬件改造、白求恩潮阳医院、怡德脑科医院、新中医院建设，以及大峰医院创建"三甲"医院，进一步完善社会保障体系，完善养老服务体系，落实低保、特困人员、城市流浪人员等弱势群众救助。鼓励支持集约用地，建设农民公寓，已涌现一批先行的村（居），努力解决群众住房难的问题。

2. 持续深入推进"创文巩卫",提升城市管理水平和文明形象。贯彻创文"只能加强、不能减弱"的要求,聚焦"持续"和"坚持",巩固"创卫"成果、推动创文实地考察点对标创建工作落实为重点,坚持严格执法、文明执法,狠抓环境卫生、交通秩序、市场管理、绿化美化等工作,精心打造一批文明示范点,推动城乡环境持续改善,城市管理水平和文明程度不断提升。

3. 维护公共安全,促进社会平安和谐。按照"三到位一处理"原则,切实加强信访维稳工作,开展信访矛盾化解集中攻坚专项行动,积极推进"平安潮阳""法治潮阳"建设,维护社会大局和谐稳定。要坚持"党政同责、一岗双责、齐抓共管、失职追责",强化安全生产、消防安全管理。要立足防大风、治大涝、抗大旱、抢大险、救大灾,抓好风险隐患排查、整治,做好防灾减灾工作。要进一步加强食品药品安全监管、卫生防疫和打击制假贩假等工作。

4. 深入推进扫黑除恶专项斗争,保障群众安居乐业。聚焦涉黑涉恶问题突出的重点地区、重点行业、重点领域,围绕群众反映强烈的宗族和家族恶势力、毁林造坟、侵占土地、乱采矿产矿石、侵占农村集体资产、农村赌博、吸毒贩毒、制假贩假及幕后组织"非法上访"等突出问题,深查严打,彻底扫除黑恶势力及其"保护伞"。

5. 制订乡规民约,加强自我管理。要以主题教育、基层党建引领基层治理,全面确立和落实党委领导、政府负责、社会协同、公众参与、法治保障的社会治理格局。践行"有事好商量,众人的事情众人商量"的理念,探索协商式乡村治理新模式,引导群众顺应时代发展要求改进各项村规民约,加强自我管理。要进一步规范农村集体"三资"管理,圆满完成土地确权任务。

三、贯彻新时代党的建设总要求，为实现"四个走在全国前列"提供坚强政治保证

实现"四个走在全国前列"，加快建设汕头西翼现代化新城区，关键在各级党组织和广大党员干部。要贯彻新时代党的建设总要求，扎实开展"不忘初心，牢记使命"的主题教育，全面推进党的政治建设、思想建设、组织建设、作风建设、纪律建设，把各级党组织和党员干部队伍打造成政治过硬、本领高强的干事创业主心骨。

（一）始终坚决维护以习近平同志为核心的党中央权威和集中统一领导。

要始终把坚决维护习近平总书记党中央的核心、全党的核心地位，坚决维护党中央权威和集中统一领导作为最高政治原则和根本政治要求，任何时候任何情况下都要忠诚核心、拥戴核心、维护核心、捍卫核心，坚决同以习近平同志为核心的党中央保持高度一致。要牢记"五个必须"，坚决反对"七个有之"。要加强思想政治武装，真学、真懂、真信、真用习近平新时代中国特色社会主义思想。要充分发挥党委总揽全局、协调各方的作用，支持人大、政府、政协、统战依法履行职责，巩固和发展最广泛的爱国统一战线，加强党对人民武装和群团工作的领导。

（二）扎实开展"不忘初心、牢记使命"主题教育。

潮阳区委第一时间谋划部署主题教育前期各项工作，区委书记蔡永明亲自挂帅，成立主题教育领导小组，统筹推进全区主题教育，区委常委会带头读原著、学原文、悟原理，先后召开3次专题会议，深入学习贯彻习近平总书记一系列重要讲话精神，以及中央和省委、市委各项部署要求，对标省、市的做法，组建主题教育办公室，牢牢把握主题教育的主线，把学习贯彻习近平新

时代中国特色社会主义思想体现到学习教育、调查研究、检视问题、整改落实各方面。部署开展先学先改工作，坚持每月印发组织生活清单内容和基层党建工作指引，为各单位、基层党组织订阅《贯彻落实习近平新时代中国特色社会主义思想在改革发展稳定中攻坚克难案例》一书，赠送红色教材1.2万册，推动形成先学一步、学深一层的生动局面。

习近平新时代中国特色社会主义思想是当代中国马克思主义、21世纪马克思主义，是党和国家必须长期坚持的指导思想。开展"不忘初心、牢记使命"主题教育，根本任务就是深入学习贯彻习近平新时代中国特色社会主义思想，使初心和使命一以贯之，深学细悟、细照笃行，筑牢信仰之基，补足精神之钙，把稳思想之舵，铸炼忠诚干净担当的政治品质，以担当尽责践行初心使命，"不采华名，不兴伪事"，锲而不舍、久久为功，团结带领全区人民为实现伟大理想共同奋斗。

2017年6月以来，潮阳区以被广东省人民政府列入海陆丰革命根据地13个老区（县）之一和桥陈村确定为省"红色村"党建示范工程建设先行点为契机，抓准2020年将为实现第一个百年奋斗目标的时间节点，推动习近平新时代中国特色社会主义思想学习往深里走、往心里走、往实里走，内化于心，外化于行，让老区百姓的操心事、烦心事得到妥善解决，让群众真切感受到主题教育带来的变化和进步，筑牢党长期执政的阶级基础和群众根基。为此，实施"红色领航"工程，走访潮阳老一辈革命家、革命后代，搜集整理有关历史资料和口述资料，精心编印了《红色领航，不忘初心——潮阳党史回忆录汇编》一书作为学习资料；以桥陈村为支点，打造了以"小北山革命纪念馆"、红色长廊、革命情报交通站为主要内容的小北山革命传统教育基地，修复了谷饶镇深洋村"赤杜岭南昌起义军营地旧址"；集中命名了15个党员教育基地，针对不同群体，设计了各具特色的红色讲座，激励广大党员干部不忘历史、牢记初心、担当使命，带领群众干事创业。在农村，介绍革命老区村光荣历史，激励党员群众传承红色基因，弘扬优良传统，为推进新农村建设、环境综合整治、乡村振兴发展贡献力量。在社区，为党员干部讲述中国革命史、讲党史，从伟大历程看党的领导、看人民的奋斗，强化社区党员干部宗旨意识，做好服务群众和城市基层治理工作。在学校，为学生讲述潮阳党史及潮阳相关地情历史文化，积极引导青少年培育和践行社会主义核心价值观，培养爱党爱国情怀。在企业，侧重为企业员工讲述中共潮阳党组织在国民革命、土地革命、抗日战争和解放战争四个不同时期的革命历程，使企业员工进一步领悟革命之艰难，自觉弘扬践行爱国奋斗精神。这几项活动，举办红色教育讲座 34 场，收到了预期的效果。2019 年"七·一"前夕，潮阳区委组织部、宣传部、区老促会、区电视台组成联合采访组，再访革命老区、再走红军路，冒着酷暑风雨，登上海陆丰小北山革命根据地的骆驼岭，瞻仰小北山革命烈士纪念碑、红军洞；采访龙港地下情报交通站旧址；再访赤杜岭红军纪念碑等，写出了 10 条专题，于"七·一"当晚开始陆续播出，为全区人民提供了红色精神"套餐"。

区委坚持问题导向，全力推动边查边改。区领导牵头组成 13 个课题组开展 47 个专题调研，带动形成大调研工作机制。区委召开全区作风建设大会，就区委巡查发现的问题进行深刻剖析，见人见事，一针见血，切实向党员干部作风问题"沉疴顽疾"开刀。按照"先做起来、先学起来、先改起来"要求，全力推进专项整治各项工作。今年以来，区委共召开常委会会议 13 次，其中学习贯彻习近平总书记重要讲话和重要指示批示精神议题 26 个。围绕解决不担当不作为问题，起草《潮阳区关于激励广大干部在新时代新担当新作为的若干措施》。严格查处形式主义、官僚主义问题和违反中央八项规定精神案件。

全区继续抓住开展"不忘初心、牢记使命"主题教育的有利契机，全面加强党的思想、政治、组织、作风、纪律制度建设，推动全面从严治党向纵深发展，推动全区党员干部严起来实起来干起来。全面对接融入大湾区建设和汕头发展大局，加快建设汕头西翼现代化新城区，继续奋斗，日夜兼程，风雨无阻，奋力开创潮阳改革发展新局面，以新担当新作为新成就向中华人民共和国成立 70 周年献礼。

（三）牢牢掌握意识形态工作领导权管理权主动权。

坚持用习近平新时代中国特色社会主义思想统一意志、统一步调、统一行动，压实意识形态工作责任，加强对意识形态工作的领导。要加强意识形态阵地特别是新媒体阵地的建设管理，规范管理引导好民间信仰活动，筑牢意识形态"护城河"和"防火墙"，坚持正确的政治方向和舆论导向。要教育和引导各级领导干部在原则和大是大非问题上立场坚定、旗帜鲜明、敢于亮剑，坚决反对和抵制意识形态领域的各种错误思想观点。

（四）加强基层党组织和党员干部队伍建设与管理。

要坚持政治标准第一，落实好干部标准，牢固树立"四个意识"和"四个自信"，在练江整治、乡村振兴、脱贫攻坚、扫黑除恶、"创文巩卫"等重点工作中成绩突出的干部。要深入落实中央《关于进一步激励广大干部新时代新担当新作为的意见》，建立健全干部正向激励、容错纠错、能上能下机制，切实为干事者撑腰、为负责者负责、为担当者担当。要以提升组织力为重点，加强基层党组织建设，提高村（社区）"两委"战斗力。要强化基层党组织的政治功能，使党组织真正成为群众的"主心骨""贴心人"。要全面整顿软弱涣散村（社区）党组织，实施党员先锋工程，推进基层党组织体系建设和带头人队伍建设。要实施"红色领航"工程，抓好金灶镇桥陈村广东省定"红色村"党建示范工程创建点以及面上 88 个革命老区村建设。

（五）巩固和拓展落实中央八项规定精神的成果。

以钉钉子精神持续深入推进作风建设，聚焦整治"四风"老问题和新表现开展整治，健全作风建设长效机制，推动中央八项规定精神成风化俗。要突出立规则、守规矩、树正气，让全区各级领导干部和广大党员形成严守政治规矩、组织规矩、工作规矩、生活规矩的高度自觉，带动全社会进一步提高规矩意识。要坚持领导带头、以上率下，坚决整顿"慵懒散浮拖"，提高工作效率和抓落实的能力，形成担当、实干、高效的干事创业氛围。

（六）重拳高压反腐败，保持清正廉明的政治生态。

要以永远在路上的坚韧和执着，坚持无禁区、全覆盖、零容忍，坚持重遏制、强高压、长震慑，坚持受贿行贿一起查，深入推进反腐败斗争。要深化运用监督执纪"四种形态"，使红脸出汗成为常态，让广大党员干部知敬畏、存戒惧、守底线。要严查基层"蝇贪""村霸"、宗族恶势力、黑恶势力背后"保护伞"和生态领域特别是练江整治、扶贫领域腐败案件，巩固发展反腐败斗争压倒性态势。要规范落实述职述廉工作，强化审计监督，落实派驻监督，深化巡察巡访，聚焦解决"微腐败"问题，推动全面从严治党覆盖到"最后一公里"。要构建"亲""清"新型政商关系，规范政商交往行为，做到亲而有度、清而有为。

附　录

附录一 革命遗址

一、中共潮阳县部委员会成立处遗址

1927 年 1 月，根据党中央关于"如组织发展支部增多时，应于区委或地委下添设部委"的精神，经中共汕头地委批准同意，在棉城大盐巷尾同善社乾坛楼上，秘密成立"中共潮阳县部委员会"。县内党员 40 多人大多数出席会议，中共汕头地方委员会书记郭瘦真到会讲话。县部委员会主要成员有：书记文农，组织委员郑之朴，宣传委员周宏钧，工运委员李志锐，农运委员林国英，军事委员钟鼓，妇女委员陈超英，秘书郑有涯。县部委机关秘密设于潮阳区文光街道文祠（今改建为潮阳区电影院），后迁至棉城石狮巷。部委辖下分设棉城和一区农会两个支部，棉城党支部书记为文农（兼），一区农会党支部书记为马英俊。

中华人民共和国成立后，乾坛楼被拆除，改建为潮阳区广播电台办公楼，现又被拆除。仅留今潮阳区电影院的遗址。

二、潮阳县总工会遗址

该址位于汕头市潮阳区文光街道"姚氏祖祠"（现为姚宗侠学校校址）。1925 年 11 月，广东省总工会特派员方汝辑到潮阳县组织成立"潮阳县总工会"，会址设于潮阳区文光街道"姚氏祖祠"。总工会主席李志锐，蔡致祥、罗铭、李志锐、赵虚之等担

任执委，工会会员 1 万余人。当时，工会提出"改善待遇，实行 8 小时工作制，取消包工制，铲除奸细、工贼"等口号。中华人民共和国成立后该址被拆除，建成潮阳区镇六小学，现为姚宗侠学校。

三、潮阳县农民自卫军总部遗址

该址位于汕头市潮阳区文光街道"陈氏祖祠"。

1926 年秋，潮阳县农民自卫军成立，总部设于潮阳区文光街道"陈氏祖祠"。中共党组织派黄埔军校第四期毕业生钟鼓任农民自卫军总队长，创办农民军事训练班，由各乡农民协会轮派自卫军到潮阳军训，以加强对各乡农民自卫军的领导。总部下辖 3 个中队共 300 多人。中华人民共和国成立后"陈氏祖祠"被拆除，现已建成潮阳区公安分局老干部之家。

四、双望村农民协会遗址——天后古庙

该址位于汕头市潮阳区文光街道双望居委春池路北侧"天后古庙"。

1926 年，双望成立了农民协会，会址设在该庙，集会会场在洪厝埕，当时赤杜园及各乡也相继成立了农民协会。1926 年夏，潮阳县农民自卫军在双望村"陈厝祠"成立（"陈厝祠"在双望"天后古庙"左侧，与农民协会连在一起），因此，双望"天后古庙"成为县农民自卫军活动的主要场所。土地革命战争时期，原"天后古庙"残址被大南山革命根据地作为秘密联络点，联络员翁四妹，主要负责人姚淡。该庙对其时掩护中共地下党组织的活动，传递情报和保护党员干部等具有很大的作用，为潮阳的革命斗争做出了很大的贡献。

中华人民共和国成立后，该庙于 1989 年由村民集资重建。

1997 年 8 月 5 日，原潮阳市文物管理委员会公布该遗址为镇级文物保护单位。现为双望居委老人的活动中心。当地干群十分重视，组织干群重温历史，建设美丽家园。

五、潮阳县部委机关和武装队伍退驻地——清武庙

清武庙位于城南五仙居委城南公园内，坐北朝南，始建于清代咸丰年间（1851—1861 年），光绪年间（1875—1908 年）扩建。

1927 年 4 月 12 日，蒋介石在上海发动了反共政变。4 月 15 日在全广东发动了反共政变，潮汕各县的革命团体也受到国民党反动派的包围查封，共产党员和进步人士遭受捕杀。潮阳部委审时度势，采取应变措施，派员筹枪筹饷，约定完成任务后到沙陇集中。在组织暴动的同时，争取主动，保存力量，于 4 月中下旬间部委机关和武装队伍退驻到城南五仙乡清武庙。后得知潮梅警备司令何辑伍已从汕头派兵来县城镇压。于是，部委和武装队伍 300 多人由继任部委书记郑之朴和部委成员林国英、钟鼓等带领，从龙井码头分乘三艘船撤转到沙陇，驻扎于溪西村五皈古寺（五堡庵）。部委派到各区武装骨干也陆续集中到沙陇。由于派郑有涯到汕头、惠来联系均未得到上级党组织的指示，鉴于形势严峻，部委遂决定抓紧筹枪筹饷，充实力量，随时准备撤转海陆丰。

清武庙为保护部委机关和武装力量做出贡献，2000 年 4 月被原潮阳市文物管理委员会定为文物保护单位。

六、南侨中学第三分校遗址

该址位于潮阳区和平镇下寨居委下寨大街。1939 年 3 月，中共地下党组织在潮阳上埔创建南侨中学第三分校，南侨总校和二分校分别位于揭阳的石牛埔和水流埔。南侨第三分校作为中共地

下党组织的一个联络点，办学宗旨是培养抗日救国人才，传播革命种子。当时该校的校长由总校校长黄声兼任，中共地下党员马士纯任校务主任，校址设于"双忠庙"和"关帝庙"。教员由中共潮阳县工委指派或聘请，多属爱国进步人士，少数为中共党员。学校设有3个班，学生共130多人，以"团结、紧张、严肃、活泼"为校训。该校以办学为掩护，在宣传抗日、统战工作方面做出了成绩。学校从开办至结束虽只有半年多时间，仍培养了一批抗日骨干。1956年8月，潮阳县政府在原南侨第三分校的遗址上建立一所初级中学，名为"潮阳县和平里美中学"，1964年8月，更名为"潮阳县和平中学"。1982年5月，为纪念革命史迹，经潮阳县有关部门批准，将"潮阳县和平中学"恢复原名为"潮阳南侨中学"。2004年5月，更名为"汕头市潮阳南侨中学"。

七、西胪镇凤山庄抗日自卫中队旧址——绍聪祖祠

该址位于汕头市潮阳区西胪镇东凤村大沟围路"绍聪祖祠"。

"绍聪祖祠"曾作为"凤山庄抗日自卫中队"训练基地，在训练队员抗击日寇方面起了重要作用。抗日战争时期，日军因太平洋战争兵员物资日紧。1944年5月，部分日军流窜到西胪劫掠，凤山庄抗日自卫中队痛起还击。1952年村民将该祠建成凤山三乡总校。2006年村民捐资对该祠进行修缮，并作为"抗击日寇"的爱国主义教育基地。2010年3月22日被汕头市人民政府定为市级文物保护单位。

八、铜盂镇潮港村解放战争游击根据地旧址——郭氏祖祠

铜盂镇潮港村解放战争游击根据地旧址，位于汕头市潮阳区铜盂镇潮港村"郭氏祖祠"，是解放战争潮汕地区游击根据地旧址之一。该祠始建于清康熙五十九年（1720年），1917年为地震

所损，1922 年又受台风所毁，1928 年修复，1943 年又遭破坏，1995 年重修。该建筑坐西向东，二进院加拜亭格局，宽 13.2 米，纵深 27 米，建筑面积 359 平方米。解放战争时期，党的游击队曾在潮港村开展活动，"郭氏祖祠"是主要活动场所之一。1993 年，潮港村被原潮阳市人民政府评为解放战争游击根据地村庄。现祠内挂有郭建平少将等人的照片，祠外围墙嵌有"历史文物纪念园地"石碑，该祠对研究潮阳解放战争时期的游击活动有一定历史价值。

九、谷饶镇青年抗敌同志会旧址——张氏宗祠

该址位于汕头市潮阳区谷饶镇华光居委中一区 14 巷"张氏宗祠"。

1937 年 10 月，当时在汕头华联中学读书并参加"华南抗日义勇军"的共产党员张鸿飞，遵照中共汕头市工委的指示回乡任教，发展党组织和发动广大青年参加抗日救亡活动。1938 年 1 月 11 日，赤寮（现谷饶镇）青抗会成立，会址设于该祠，并秘密成立谷饶第一个中共党支部，党员发展至 20 多名。时任赤寮党支部书记的张彦军、张应松相继任会长。至 1939 年，青抗会已发展会员 100 多名和近百名少先队员。青抗会成立后通过墙报歌谣、漫画、戏剧等形式积极开展抗日救亡工作。1939 年夏，青抗会配合游击队做好征枪借粮工作，为抗日战争的胜利做出了积极的贡献。

1997 年，该址经过修缮已焕然一新，并保持清代祠堂格局。2001 年 12 月 18 日被原潮阳市文物管理委员会评为镇级文物保护单位。

十、解放谷饶激战旧址——若光楼

该址位于汕头市潮阳区谷饶镇华光居委"若光楼"。

1949 年 7 月，中国人民解放军闽粤赣边纵队第 5 团和 2 支队

5 个团 3000 多人，在司令员张希非、副司令员陈彬指挥下，联合作战，以攻点打援的战术突击围歼国民党驻赤寮（现谷饶镇）地方自卫队黄少初部，解放谷饶。该役歼灭黄少初部 110 人，缴获重机枪 1 挺，轻机枪 5 挺，冲锋枪 3 支，步枪 100 多支，短枪 10 多支，弹药物资一大批。该役是潮汕人民武装给原国民党部队第 18 军 11 师后称"台湾新军"当头一棒，大振军威。中共潮汕地委书记曾广专程前往部队驻地参加祝捷大会，中共中央华南分局为此给边纵第 5 团和 2 支队发来嘉奖电报。

旧址若光楼，钢筋混凝土结构，均设有炮眼和瞭望窗，激战时留下的弹孔现仍清晰可见。

十一、潮阳青年抗日救亡同志会旧址——姚氏大宗祠

该址位于汕头市潮阳区文光街道兴归居委中山中路"姚氏大宗祠"。

1924 年至 1927 年，党的创建和大革命时期，广东省总工会和中共汕头地委、县委、农会、总工会等有关领导人，以"姚氏大宗祠"为据点，组织和领导当地人民开展革命活动。抗日战争时期，中共潮汕地方党组织成员马士纯、吴英、姚念等，以"姚氏大宗祠"作为"潮阳青年抗日救亡同志会"活动据点，组织和领导当地人民进行艰苦卓绝的抗日救亡运动。

中华人民共和国成立后，先后作为"县联中""县三小"校址和"县织布厂"址使用，对建筑整体造成较大影响。1994 年 10 月，经原潮阳市人民政府有关部门批准，将该祠业权归还姚氏家族。1995 年 8 月至 2005 年，海内外姚氏大宗祠理事会按原貌进行复建，今保留明代建筑风格。该祠不仅曾作为革命活动的据点，而且对研究潮汕宗族祠堂建筑有一定的历史价值。2010 年 3 月 22 日被汕头市人民政府定为市级文物保护单位。

附录二
革命烈士纪念碑、革命纪念馆

一、赤杜岭红军纪念碑

深洋村位于潮阳区小北山南麓，谷饶镇东北部。距潮阳中心城区约 26 公里。始建于明崇祯年间（1628—1644 年），从福建白叶迁入分衍创村，至今近 400 年历史。深洋村东连谷关公路，西连谷金公路，南接厦深铁路潮阳站，北与西胪青山交界。辖区内面积 4016.22 亩，其中耕地 1281 亩，山地 2586 亩。2017 年底人口 1730 户、8701 人。

村内的古驿道旧时称官道，环绕村东侧向南北逶迤延伸，于村境内约长 2.5 公里，宽 1.5 米，现村内遗存约长 200 米，宽 1.5 米。驿道连接潮普揭之人流、物流，古时，过往官员、商贾、游客甚多。宋代有文天祥率领军士经古驿道屯兵赤杜岭并招募乡勇抗元。深洋早有红色文化渊源，从 1923 年开始，先后有陈少琴、陈长立、陈英杰、吴清真（女，原籍谷饶东寮村）、陈木来等投身各个革命时期。

赤杜岭是南昌起义军宿营地旧址，又曾是古代重要驿道途经之处，对研究南昌起义及古今军事路线具有一定的历史意义。赤杜岭红军纪念碑于 2016 年评定为第六批汕头市文物保护单位。

1927 年 10 月 1 日，南昌起义军前敌委员会机关及贺龙、叶挺率领的起义军部队数千人，路经京北、巷内等村，沿途群众热情迎送，再经关埠、西胪青山古驿道，急行军抵达今潮阳区谷饶镇深洋村附近的赤杜岭。这里有方圆 8000 多平方米的平坦山脊，起义军于岭上驻军扎营，以感天大帝古庙作为临时军事司令部，黉夜挑灯，于巨石上錾刻"红军万岁""拥护红军"的革命标语，工农红军在赤杜岭上留下了光辉的历史印记。抗日战争时期，村境内埔角山牛角洞，系小北山、赤寮地区和该村地下党组织、赤卫队的重要活动据点。另外，古村落一世祖厅为秘密联络点。革命者辗转于埔角山、烟墩崇、鸡母石山、赤杜岭至乌窖大寨山，在各个哨点观察敌情，交接情报。1943 年夏，因叛徒告密，牛角洞被日伪军包围，被枪杀 6 人、烧死 1 人，地下党组织损失严重。中华人民共和国成立后，该村被省政府确认为革命老区村。

深洋全村铭记历史，以红军精神为建设美丽乡村的动力，以厦深铁路建成通车为契机，积极作为。在市、区、镇的重视支持下，于 2016 年"八一"建军节鼎建"赤杜岭红军纪念碑"，隆重揭幕。

开国元勋刘伯承元帅之子刘蒙将军，获悉深洋村特邀题额碑名之约，坚持求实，要求基层必报史料，咬文嚼字推敲，终于欣然挥毫，留下"赤杜岭红军纪念碑"的墨宝。一代英风，严谨典范，红军精神，世代相传，彪炳青史。此后，每逢"八一"建军和重要纪念日，深洋村党支部书记陈岳生组织党员、干部、师生列队到纪念碑前瞻仰，讲述当年红军夜宿赤杜岭的故事，磨砺激发信仰伟力，筑牢筑实党在农村基层的执政根基，今欣逢区委确定该村为"红色村"示范工程建设村，经村民代表大会通过，以"红色深洋，绿色家园，红军精神，育人兴村"为总体思路，筹划把赤杜岭扩建成红色旅游区，前景喜人。

二、小北山革命烈士纪念碑

巍巍的小北山革命烈士纪念碑，地处金灿镇外美、下寮、高斗村附近的骆驼岭。

在 1934 年反"围剿"血战中，由于敌强我弱，农民赤卫尖兵队队员许进运、许宝春、许亚凸、许亚音和外省籍 7 位红军战士等，为掩护群众安全转移，断后阻击，不幸被捕，被敌杀害。还有许秋荣、许炳升和外省籍的 4 位红军于徐寮"红军洞"牺牲，共有 17 位革命先烈捐躯。一代英烈，英名盖世，红军精神，永垂不朽。

1966 年 6 月，为永远铭记革命烈士，金玉公社、驻外尾和外美村工作组修建烈士墓。碑体正面刻"红军烈士之墓"，右面刻"一九三四年四月二位红军牺牲此地"，左面刻"一九六六年六月修建"。此后受"文化大革命"的影响，石碑淹没于田洋旷野39 年。

2005 年 2 月，驻外美村工作组与镇、村配合，为了纪念小北山一带革命先烈为革命事业做出的重要贡献和巨大牺牲，在骆驼岭重修了小北山革命烈士纪念碑。

三、红军洞旧址

1931 年 9 月 30 日，国民党反动派调集驻潮阳县东坑村的剿共委员会联络处陈玉波、张德明率正规军围剿徐厝寮、官母坑、外美等村的红军和赤卫队。隐蔽该村的揭阳县委、红军率众展开殊死血战，出身徐厝寮的红军许秋荣、许炳升和外省籍的 4 位红军，为掩护主力部队和群众撤退，主动断后，来不及转移进洞隐蔽，敌人在洞口堆砌柴草焚烧，烟火冲天，6 位红军战士因子弹已尽，不屈不挠，以石头当武器，迎击敌人，最后壮烈牺牲。

从此，该洞被称为"红军洞"，革命底蕴丰富，给子孙后代留下了捍卫海陆丰小北山革命根据地的红色记忆。如今，"红军洞"成为小北山麓，崇山峻岭，山高林茂的一点红，到此瞻仰缅怀者络绎不绝。

四、龙港革命纪念馆

1945 年春，中共潮汕特委和中共潮阳县委在龙港建立地下情报交通站，站址设在时为龙港学校的"彭氏祖祠"。当时，中共潮阳县委特派员朱泽涛宣布龙港地下情报交通站成立，该站负责人是龙港学校校长彭承运。情报交通站成立后及时搜集情报，传递党的秘密文件，接待和掩护中共地下党领导人、交通员、伤病员，隐蔽枪支、弹药，护送干部、物资上山，配合部队和游击队作战。1946 年秋至 1947 年初，中共潮汕特委书记曾广在龙港地下情报交通站直接指挥潮、普、惠、南的武装斗争。从 1945 年春至 1949 年 9 月，先后到该站进行革命活动的有省委、地委、县委等同志共 140 多人，该站为解放战争的胜利作出了重大的贡献。1996 年 12 月，由李习楷同志亲笔题写的"龙港革命纪念馆"正式挂牌。2004 年 5 月该馆被潮阳区委宣传部及关工委定为青少年爱国主义教育基地。2010 年 3 月 22 日被汕头市人民政府定为市级文物保护单位。

五、中共龙港地下交通情报站联络点旧址——龙春庵

该址位于汕头市潮阳区贵屿镇仙彭社区西北面的"龙春庵"。

仙彭社区，是抗日战争时期和解放战争时期中共龙港地下党组织活动场所和大南山、小北山苏区重要交通情报站联络点。其时，中共潮阳县委决定秘密建立中共龙港地下交通情报站，"龙春庵"遂成为该站的联络点。中共汕头地委负责人曾广曾经到此

指导工作和指挥潮、普、惠一带的武装斗争。1997 年 4 月 9 日，潮阳市（县）人民政府公布"龙春庵"为潮阳市（县）级文物保护单位。

六、"卢根烈士从事革命活动旧址"——爱国主义教育基地

卢根，原名鸿照，字辉煌，笔名卢雪痕。潮安县庵埠镇人。1910 年出生，1926 年投身革命，同年参加中国共产主义青年团，1927 年参加中国共产党。南昌起义军攻占汕头前夕，他按照党组织的部署，积极做好迎接起义军入城的宣传工作，受到了周恩来、彭湃等领导人的接见。

他先后担任普宁梅峰公学教员，第 8、第 14 分校校长，揭阳牌边、潮阳柳岗中心学校校长，汕青抗驻 155 师随军工作队队长，潮普惠南中心县委驻潮阳县和平区工作队队长，汕青抗驻独立第 9 旅战地工作队队长，中共潮普惠南中心县委青委部长，中共揭阳县第 4 区区委书记等职。

1945 年 7 月间，他战斗在揭阳县棉湖一带，在一次执行任务时，因被人告密，不幸被捕，在榕城的监狱里，国民党揭阳县县长李某，对其软硬兼施，严刑拷打，他坚贞不屈，严守党的机密，于同年 9 月 18 日下午 5 时，被杀害于揭阳榕城进贤门外东郊校场埔，时年 35 岁。

为缅怀卢根烈士的功绩，怀念烈士的英灵，以史育人。潮阳区金灶镇柳岗党总支、村委会决定把卢根烈士任教过的柳岗中心学校定为卢根烈士从事革命活动旧址，经申报上级批准，被定为潮阳区青少年爱国主义教育基地。

在区委、区政府的重视支持下，2008 年 4 月 18 日，于柳岗中心学校原校址柳岗陈氏宗祠，举行了"卢根烈士从事革命活动旧址"、潮阳区青少年爱国主义教育基地揭牌典礼。区委宣传部、

共青团区委、区教育局、史志办、关工委、老促会、镇村代表以及当地师生等参加仪式。

卢根的次子卢湖生等亲人、朋友、亲属参加，使人们沉浸于亲切、悲壮的回忆中，为与会的干部、党员、青少年学生上了爱国爱乡的生动一课，发挥了缅怀先烈，以史育人的作用。

七、烈士陵园

（一）红军烈士墓

1934年4月，在保卫海陆丰小北山革命根据地的血战中，两位红军为了掩护群众转移到安全地带，壮烈牺牲。外美村的村民流离失所，逃亡外乡，历经两年余才陆续归村，许多成为绝户。这两位英烈未能在英名录留下英名，成为乡亲难以忘怀的无名英雄。

1966年6月，金玉公社、驻村工作组为这两位红军烈士组织修建烈士墓，因受"文化大革命"影响，石碑淹没于田洋旷野39年。2005年2月，驻村工作组与当地干群配合，发动群众，收殓在荒山野岭沉睡71年的烈士遗骨，"红军烈士墓"正式安葬于外美村附近骆驼岭。

（二）成文迪烈士墓

成文迪烈士墓原位于汕头市潮阳区海门镇莲花峰忠贤祠右侧，现已迁往汕头"七日红"公园。

成文迪，1909年2月出生于潮阳县海门镇一户贫苦木工家庭。1926年，在中共党组织领导下，他积极参加工会、农会、秘密发动工人、渔民起来斗争。1927年秋天，参与攻打潮阳县署和营救"四一二"政变被反动派拘禁的共产党员、农会干部的"劫狱"斗争。

1928年2月，由于叛徒出卖，成文迪于海门一蔗寮被捕，两天后被押解县城，从容就义，时年仅 19 岁。中华人民共和国成立后，党和政府为纪念成文迪，追授他为烈士，并于烈士故乡海门莲花峰侧另建墓茔，把烈士遗骸迁葬于此。碑文为"革命烈士成文迪烈士纪念碑，公元一九二七年二月十日立，公元一九七三年五月十三日修"（成文迪于 1928 年牺牲，碑文为"一九二七年"有误）。

（三）李绍发烈士墓

李绍发烈士墓原位于汕头市潮阳区和平镇桥尾山蛇脐地，碑文刻有"李绍发烈士之墓"字样，现已迁移。

李绍发，别名立懋，潮州市人，1929 年 10 月任中共潮阳县委书记，发动了震动潮阳全县的抗租抗债、抗缴费斗争。1930 年 1 月，与中共和平区委领导马英俊等人在和平区里美溪南上的一草屋中开会，被叛徒马章带人包围并掷炸药烧毁草屋，壮烈牺牲，年仅 24 岁。

（四）马英俊烈士墓

马英俊烈士墓原位于汕头市潮阳区和平镇桥尾山蛇脐地，碑文刻有"马英俊之墓"字样，现已迁移。

马英俊是党的创建和大革命、土地革命战争时期在潮阳开展革命活动的一位坚强的无产阶级战士，是一位优秀农运干部。他先后担任过中共潮阳一、四区区委书记，县农会主席、县委委员、县委常委和东江特委委员。1930 年 1 月，与中共潮阳县委书记李绍发等人在和平里美溪南上的一间草屋中开会，被叛徒马章带人包围并掷炸药烧毁草屋，壮烈牺牲。年仅 31 岁。

八、先驱人物

蔡楚生

蔡楚生，潮阳区铜盂镇集星村人，是中国进步电影的先驱者、中国现实主义电影的奠基人、著名的电影艺术家。其以《都会的早晨》《新女性》《迷途的羔羊》初现才华，尤以《渔光曲》获莫斯科电影节荣誉奖。抗战时期，他始终以电影艺术激励全民，呼吁团结抗日。抗战胜利后，蔡楚生回上海导演的《一江春水向东流》深博广大观众的共鸣。中华人民共和国成立以后，历任文化部电影局副局长，电影艺术委员会主任，又被选为中国电影工作者协会主席，全国文联副主席，第一、二、三届全国人民代表大会代表。

为了纪念中国电影诞生（1905 年）100 周年和蔡楚生诞辰（1906 年 1 月 12 日）100 周年，在省委、市委及省、市宣传文化部门的重视和支持下，潮阳区对蔡楚生故居进行修缮并正式对外开放。故居包括一座"四点金"、一座"厝包"（从厝），均为 20 世纪初潮汕传统民居建筑。原中共广东省委副书记蔡东士亲自为蔡楚生故居题匾。2006 年 1 月 15 日，在蔡楚生故居对外开放之际，区委宣传部、区文化局和铜盂镇委特地举办了题为《蔡楚生的艺术人生与爱国情怀》的展览，让人们更多地了解和深切地缅怀蔡楚生。2005 年 9 月，蔡楚生故居被汕头市委市政府评为"汕头市第二批爱国主义教育基地"，同月还被潮阳区委宣传部和潮阳关工委评为"潮阳区青少年爱国主义教育基地"。

革命历史文献资料

一、革命历史文献

(一)《中国共产党潮阳县委员会号召全县工农兵大暴动宣言》

亲爱的工农及革命的兵士兄弟：

我们不团结起来把反动的军阀豪绅地主等消灭，将来他们一定要向我们讨老债，加重租，抽军饷，勒苛捐，台（杀）人烧厝……种种的惨祸，这是如何的危险?!

所以我们要马上团结起来大暴动，把一切反动的军阀豪绅地主……等杀尽! 没收一切土地，分配到我们穷人的身上，我们的痛苦才能解决，我们的危险才能消除。

现在反动军阀张发奎和陈济棠、李济深又打起战来了，海陆丰的反动军队也被我们革命民众和红军消灭大半，惠来反动势力也完全被我们民众和红军肃清，普宁又继续的起来暴动，各地的工农也都应时而起，军阀现已无法应付，这是予我们一个土地革命大暴动夺取政权的绝好机会，我们应该乘时坚决的起来实现以下的口号：

1. 工农兵团结起来!

2. 全潮阳的工人农民贫农暴动起来!

3. 打倒屠杀工农的国民党!

4. 肃清白派军队!

5. 杀尽民团、警察保安队！

6. 杀尽豪绅地主资本家！

7. 根本铲除封建势力！

8. 没收土地、焚烧田契、租簿、债约！

9. 分配土地给参加暴动的农民！

10. 改善工人生活！

11. 改善兵士生活！

12. 建立工农兵的苏维埃政权！

13. 潮阳县暴动胜利万岁！

14. 全东江暴动胜利万岁！

15. 中国共产党万岁！

16. 无产阶级胜利万岁！

一九二八年二月二七日

（抄自潮阳县档案馆保存的《大革命文件汇集》）

（二）《全潮阳大暴动告工农兄弟书》

亲爱的工农兄弟：

几千年来封建的余毒，我们已经尝饱了，新旧军阀及一切反动派的残暴，我们也受够了；如果我们现在还不起来暴动，我们的痛苦是永远不会解除的。

工农兄弟们：起来暴动吧！我们不要自己看小我们的力量，我们祇看最近攻打惠来城，在很短小的时期中就将惠来的白派军队肃清了！这种胜利并不完全是红军的力量，而是惠来工农兄弟的力量。所以，我们工农兄弟只要能团结起来，我们的力量是很伟大的。

工农兄弟们：偷安与退却，都是我们的死路，只有冲锋杀贼，才是我们的生路。同志们！前进！前进！本团全体武装同志誓为你们之后援，以达到完成土地革命之目的。我们的口号：

工农兵团结起来！

打倒背叛革命的国民党！

杀尽一切反动派！

潮阳暴动胜利万岁！

土地革命成功万岁！

中国共产党广东省工农革命军

第三独立团党代表办公厅印

一九二八年二月二八日

（抄自潮阳县档案馆保存的《大革命文件汇集》）

二、红色诗词歌曲

（一）红色民谣

潮阳（现潮阳、潮南区）历史悠久，山川秀丽，人文荟萃，素有"海滨邹鲁"之称。潮阳人在这片红色的革命热土繁衍生息，子民爱国爱乡，聪颖敏捷，剽悍勇敢。人们经常挂在口头的"口头禅"甚丰，口耳相传的民间"口头文学"是我邑珍贵的红色文化遗产。这些民谣纯真朴实，富含哲理，脍炙人口，余音绕梁，给人以教诲启迪。

编者今仅采撷潮阳民谣十首，以飨读者，既表怀念文友之情，又抒爱乡之怀。

保卫潮汕

日本鬼，真猖狂，
派飞机，炸潮汕。
炸掉俺个厝，
炸死俺个人。
得寸又进尺，
侵略不放松。
同胞兄弟们，
大家要武装。
不抵抗，要亡国，
大家怎心甘！
不做亡国奴，
不做狗汉奸。
大家齐联合，
保卫俺潮汕。
赶走日本鬼，
大家正平安。

（记录人：郑绵佳）

杀倭奴

月儿光光军号声，
投笔从戎去当兵。
妹妹吩咐哥上阵，
勇敢杀敌立功名。
月儿光光好开枪，
刣（杀）到倭奴叫爹媛。
倭奴害俺无好日，
杀尽倭奴保家乡。

月儿光光好相刣（杀），
刣到倭奴叫父媛，
倭奴害俺无好日，
杀尽倭奴正回来。

（记录人：陈国显）

245

刣（杀）汉奸

叫声凡是中国人，
做人切勿做汉奸。
汉奸卖国当走狗，
随人指使随人牵。
探军情，落毒药，
自己害死自己人。

兄弟姐妹听我言，
遇着汉奸勿放松，
掠来刣，掠来割，
汉奸除掉心平安。

（记录人：元方）

硗仔苦

硗仔者，苦！苦！苦！
所住涂角厝，
所食番薯块，
所着脚屐丕，
所穿破裘古，
睡哩睡涂地，
无床共无铺，
寒哩无衫穿，
冻到面乌乌。
正月人闹热，
俺哩抱屎肚。
硗仔苦，苦！苦！苦！

五十还无儿，
四十哩无亩（妻）。
三餐自己熏，
衫破无人补。
夜来无被盖，
终夜听更鼓。
时节无物拜，
家神好扣鹊。
死落脚翘翘，
无衫无裤见公祖。

（记录人：叶大强）

生产练兵两不误

持起锄头背上枪，
田野阔阔当战场。
生产练兵两不误，
增加生产保家乡。

（记录人：陈国显）

西胪抗日歌

过去人生真惨凄，
夜受寒来日受饥。
饥寒交迫，
谁人知机。
抗日救亡保家乡，
西胪群众当"便衣"。
五月十五日军到，
阮与自卫队同坚持。
敌人无法退回去，
北畔围困在塭边。
将敌人，来杀尽，
缴有轻机共四挺，
还有脚炮共三架，
步枪数着三十支。
总共尸体四十九，
运到揭阳城门边。
观围人山共人海，
上级慰劳到身边。
立功有奖赏，
歼灭日寇庆胜利。

（注：便衣，即民众抗日组织）

（记录人：元方）

喻英奇坏东西

喻英奇，坏东西，
人民死活你不理，
三征苛杂肥自己。

潮汕人民摩拳擦掌，
咬牙又切齿，
欲你死！

（记录人：黄鹤生）

奴仔人

奴仔人，
奴仔生来面红红。
勿说奴仔无用人，
奴仔团结有力量。
擎红旗，大步走，
走到半路遇着反动派，
把伊杀了了。

土豪面猴猴，
劣绅肚肿肿，
地主分人嫖，
食饱经心事，
害俺无读书，
害俺唔识字，
害俺只做青盲牛。

（记录人：陈汉光）

我们人民自卫队

我们人民自卫队，
作战最勇敢。
掠奸细、保家乡，
目标认得清。
协助抗征队，
到处打敌人。
打倒反动派，
大家有食有穿都翻身。
大家要翻身，

勇敢向前进。
拖洋枪，抬土炮，
一齐都上阵。
平时勤作田，
训练要加紧。
铲除伪政权，
蒋根都歼尽。
实行大民主，
大家有食有穿享太平。

（记录人：黄鹤生）

田主讨租

生债多，田割无，
田主佬，上门讨。
讨无钱，踢脚肢，
踢到我半死，
牵猪剥鼎真惨凄。
阿爹藏蔗园，
阿娘去图死。
俺奴仔，头低低，
哭哭啼啼倚门边。
天下间，有此理？

俺耕田，着还伊？
田主佬，食白米。
耕田饿到死。
大家团结起，
一齐勿还伊，
将伊活活来打死！

（记录人：张旭源）

249

工农团结紧

工农兄弟要知机，豪绅地主在这时；

穿鞋袜，着新衣，摇头摆脑雅滴滴，

清心呾凉话，帽子戴到冷欺欺；

终日逍遥找姿娘，行路脚手体下体；

臭绝种，面横横色水死；

粟又到大筥，裤袋净毫只，

三顿白米饭，山珍甲海味。

俺哩无鞋兼无袜，所穿破衫裤，

终日做田驴，还着饿到大半死；

收粟担去还富人，米桶干净蜘蛛丝；

想要娶老婆，衫袋断个钱，

这生妖唅好，妖唅出头天，

免用想，长此这样只有死；

要免死，劝大家，团结做一致，

拥护共党苏维埃，抗租抗债抗捐厘，

加入红军游击队，打倒豪绅地主，

没收反动财产，没收富人个田地；

给俺大家来享福，给俺大家来活市，

这些正是唅珍对；大家快乐笑喇嘻！

潮普惠县文教部

六二三纪念日印

（注：此件来源于土地革命战争时期历史档案材料）

胜利是俺的

嘟嘟嘟，田仔骂田主，

田仔作田作到死，田主在内食白米。

有作有好食，无作就着歇。

大家起来手牵手，来跟田主见输赢，

伊人少，俺人多，胜利一定是俺的！

（中共潮阳县委书记李绍发撰）

农会擎红旗

农民协会有劲势，大家团结擎红旗。

打倒贪官共豪劣，乜事由俺来主意。

抗租抗债又抗税，称心快意过日子。

地主虽然心唔愿，农会有势欲怎呢？

土改乐悠悠

地主土地来没收，贫雇中农免愁忧。

男女老少都有份，丰衣足食乐悠悠。

沦亡教训记心中

九月十八秋风凉，日本起兵打沈阳。

只因当时不抵抗，东北三省遭沦亡。

（二）红色诗词

怀念文农同志

静静练江浪未兴　　雄风挥指巨波腾

心归祖国力归党　　道打豺狼岩打鹰

鱼水海滨愁日短　　参商天际叹神凝

茫茫何处寻踪迹　　五十年来失畏朋

悼马英俊同志

红花初放练江滨　　英俊茂年赏识频

心向旌旗归马列　　力谋组织重清贫
计歼大敌胆如斗　　指战长征智似神
祸出叛徒遭暗袭　　风云叱咤勇成仁

成文迪烈士

生不识荆死识坟　　史篇读罢挹清芬
毁家纾难摧豪劣　　洒血抛颅慑警军
海域滔滔怀革命　　天空袅袅望卿云
莲花峰侧埋忠骨　　正气歌声又一闻

刘大刚烈士

一载同窗佩朴诚　　五年英勇帅长征
豺狼练水难眠食　　草木南山易长成
机警谷饶方脱险　　光辉陈店忽牺牲
两英枭首胁群众　　益彰千秋烈士名

翁千烈士

翁千家族多人口　　革命献身十八九
白匪兴灾祸犊羊　　赤民雪恨屠狼狗
心归苏政力支持　　嫉及蒋权思夺取
两岭雷盐远距离　　石雕百里尽星斗

马士纯烈士

大名鼎鼎马士纯　　群阅党刊墓影珍
榕水登庭斥牛鬼　　申江入狱唾蛇神
金瓯补缺先驱日　　玉帛望收首树人
残寇未降身先卒　　赢得形象广传真

（编者注：郑有涯，1927 年 1 月，中共潮阳部委成立，任部委秘书，中华人民共和国成立后，原在潮阳县第二中学任职，后退休，这是他于生前 1982 年 5 月和 1983 年 5 月，先后刊于《潮阳县党史资料》的七律六首）

（三）红色歌曲

一首歌曲。马毅友手头有一首抄存多年的《查田歌》，并配有曲谱，全文如下：

查 田 歌

1=C　2/4

| i 7 6 | i 5 6 | 7 i | 0 7 i | 2 3 2 |

他 本是 个 地主 富农 　 假冒 是 贫
要 认清 革 命的 敌人 　 不 让 他 隐

| i 2 i | 2 0 | i 7 6 | 5 5 | 6 7 i |

苦 工 农 　 分得 好 地 欺 　 骗群 众
藏 冒 充 　 要依 照 着 阶 　 级路 线
斗 争 　 苏 维埃 支 柱 是 贫农
查 田 　 完全 消 灭 封 建势 力

| 0 7 i | 2 2 i | i i 0 |

暗地 　 里等 待反 动
来进 　 行查 田运 动
中农 　 是亲 密联 盟
巩固 　 苏维 埃政 权

原在海陆丰革命根据地大南山西部普宁界锡坑村，大路边有个"吴爷宫"，门口右侧墙壁上，写着六个大字，叫做"开展查田运动"。红军曾设医院在这里，后改办村学，故又称为"老书斋"。据该村老干部李锦海同志说："几年来，因房屋拆建，把这幅革命标语毁掉了。"既有歌曲，又有标语，当年大南山苏区，曾经进行过"查田运动"，是可以肯定的了。

《新观察》1981年8月10日出版的第15期，载有胡思升访问王观澜同志的文章，题为《不唯心，只唯实》，文中说到：

1933年初春，在党中央、临时中共苏维埃政府和军委所在地——江西瑞金县叶坪乡，第一次全国苏维埃代表大会召开的所在地，担任中央土改部副部长的王观澜同志，从乡主席朱先祺口中了解到的特殊情况，便走访了几个贫雇农，终于听到一种实际的反映：分田不公平，粮食不够吃。过去收租放债摆架子不干活的人，又钻进了农会，摇身一变也成"贫苦工农"了。毛主席当晚跟王观澜同志，走到贫农团开会的会场，亲自听到群众在热烈地议论。便决定把查田运动，扩大到整个苏区。因此 1933、1934 年，虽然战争频繁，全苏区农业生产发展很快，既保证了红军的需要，也使群众生活得到改善。

大南山苏区土地革命前期，在分配土地后，纵有提出查田（即复查），但作为"查出运动"提出来，可能是在当时中央苏维埃政府毛主席决定"把查田运动扩大到整个苏区"之后，而不是在它之前。上述那首《查田歌》，也可能是从中央苏区传来的。

（注：根据潮阳县档案馆及马毅友保存的原始资料整理）

三、重大革命事件、革命人物论述文章

（一）《彭湃年谱》摘录

1926 年 1 月 15 日　广东省农民协会潮梅海陆丰办事处在汕头市志成里 1 号成立。省农协决定由彭湃兼任办事处主任。

叶佐能在《海陆丰革命根据地史》一书中指出："彭湃自 1926 年 1 月兼任省农协潮梅海陆丰办事处主任后，对于发展各县党组织与农民运动十分重视，亲临各县指导，并多次输送海陆丰农民运动的优秀党员干部到潮梅地区不少县份去加强工作。其中，派到普宁有陈魁亚、彭奕、陈颂、吴棣五等，陈魁亚任普宁县部委书记；到潮阳的有林国英、黄连渊，林国英任潮阳县部委书记；到揭阳的有颜汉章，任揭阳县部

委书记；到惠来的有黄符等多人，黄符任惠来县部委书记。"

1927年4月23日　广东普宁、揭阳、潮阳等县农军举行武装暴动，进攻普宁县城。5月中旬，暴动失败。

4月27日—5月9日　中国共产党第五次全国代表大会在武汉举行，中心议题是确定党在紧急时期的任务。大会批评陈独秀犯了忽略同资产阶级争夺领导权的右倾错误，但没有提出任何切合实际的纠正右倾错误的办法。大会的决议案指出全国农民协会会员已经发展到900万。彭湃出席大会，并被选为中央委员。

1927年4月下旬　广东潮梅各地相继发动工农暴动，但由于缺乏统一组织指挥，此起彼伏，各自为战。"广东区委有见及此，决定组织东江特别委员会，负责指挥全东江党务、政治、军事"。接着，中共东江特委宣告成立。以彭湃、郭瘦真、杨石魂、林甦、张善铭、何友逖等7人为委员。以彭湃为负责人（在彭湃赴武汉期间，由张善铭主持工作）

1927年10月3日　在流沙天主教堂参加南昌起义军前委书记周恩来主持召开的最后决策会议。周恩来在报告中首先检讨了起义军打败仗的原因，接着又提到收集整顿，向海陆丰撤退，今后要做长期的革命斗争。彭湃在发言中强调进行土地革命、分田地的重要性，还提出今后不要再用国民党的旗帜来作号召，应改用红旗，而且从现在起就马上实行。

1927年11月17日　《红旗》第6期刊登中共广东省委致东江革命委员会、工农革命军第二师诸同志电，内容是：

"来电敬悉。赖诸同志之努力，使本党旗帜飞扬于海陆丰、紫金县境，数十万劳苦农民同志闻风兴起为铲除豪绅地主奋斗，本委员会甚为嘉慰。望更积极扩大土地革命之宣传，尽力搜杀反动分子，没收一切土地归农民，并助五华、普宁、潮阳一带奋斗之农友，根本覆灭地主阶级之势力，且进而摇动推翻东江反动军阀之政权，以促成全省农工之大暴动。革命前途幸甚。"

1927年12月8日　中共广东省委致函东江特委并转各县委，普宁必须帮助附近各县如潮阳、揭阳及惠来等处农民起来暴动，才能得到胜利。

1928年　（彭湃）率红四师向陆丰县东面挺进。在工农革命军的配合下，收复了陆丰县城及附近三四个白旗匪徒作乱的乡村。至此，陆丰全县的反动武装被消灭。之后继续向惠来、普宁、潮阳挺进，开辟了大南山红色区域，与海陆惠紫红色区域连成一片。

1928年3月12日—15日　朱道南在《难忘的岁月》中回忆说：敌军大举向潮（阳）、普（宁）、惠（来）压来。在彭湃的直接领导下，我们和敌军打过两次仗。那时，我们的枪支质量差，子弹不多。农民赤卫队用的是尖串，一种是红缨枪，一种是竹子削尖。作战时，彭湃很勇敢，常常拿着尖串往前冲。

1928年3月21日　红二师与红四师会合后，同赤卫队等工农武装一起进攻惠来县城，毙敌七十七团团长向卓然，再克该县城。在彭湃指导下，惠来县苏维埃政府成立。

1928年3月底　召开红二师、红四师负责人联席会议。决定红二师除留下一营外，其余开往普宁，红四师开赴潮阳，"将潮普惠三县造成一个新的割据地"。

1928年3月底　在三坑这个地方，董朗带的红二师也来了。二师原在海丰的北面，以后撤到惠来。彭湃这个时候虽然反对上山主义，但仍在想办法如何坚持游击战争。他说，我们可以打埋伏，还说没有机枪可以在煤油桶里放鞭炮去扰乱敌人。在三坑一个时期后，潮阳的游击队也来了，配合我们的行动，他们的力量也不大，只有四五十人。

1928年4月23日　中共广东省委再次指示东江特委：即刻用海陆丰的力量恢复海陆丰；同时，要继续扩大惠来、普宁、潮阳的暴动。

1928年5月5日—12日　在惠来林樟乡召开三县有关负责人的联席会议，总结了这次反攻海丰县城的教训，成立了三县暴动委员会，选出彭湃等15人为委员。决定将留在潮、惠、普的红军300多人及三县的赤卫队，合并组成红军第五师，以袁裕为师长。会议还决定立即分别召开三县的工农兵代表大会，具体安排并实施各县的暴动计划。

1928年5月17日　中共东江特委给省委写报告，汇报了惠、潮、普三县暴动失败的经过及今后计划，继续提出了一系列重要的武装斗争原则，报告说：三县暴动策略有六点，其中集中力量各个击破敌人，集中三县的武装，从惠来暴动起，普宁次，就后集合两县的力量助潮阳暴动，在潮阳方面，现在即急速割据北、西、南，向县城取包围形势。

1928 年 7 月 18 日　中共广东省委写信给东江特委：要求分散在惠来、普宁的红二、四师官兵应向海陆丰大部队集中；并决定将东江特委和潮梅特委合并为东江特委，指定彭湃为书记；设立东江特委军事委员会，指定由彭湃、董朗、颜昌颐、黄钊等组成。稍后，彭湃和东江特委机关转移到潮阳县的雷岭。

1928 年 9 月 29 日　（彭湃）带同几个警卫人员，到距离雷岭不远的羊公坑村开展工作，突然被敌人包围。在警卫人员和群众的掩护下，彭湃翻过山岭，冲出了敌人的包围圈。

（二）《五十年前革命往事》片段

钟鼓（原名钟敬先），浙江省宁波市人。钟鼓系潮阳县党的创建和大革命时期参加革命的老同志，1927 年任中共潮阳县部委委员、农军大队长。他虽出身浙江省宁波市，但为了潮阳人民的翻身解放，无私奉献，英勇斗争，潮阳人民永远记住他、怀念他！

曾记当年，潮阳党史办公室有关同志从《"八一"南昌起义史论》这篇文章中获取钟鼓的历史线索，经发专函给浙江省宁波市党史办公室，在该室热情的帮助下，终于转来了钟鼓同志 80 多岁的爱人叶逸青手抄钟鼓在重病中坚持 7 个多月，亲笔写就的《五十年前革命往事》的复印本。钟鼓最末附言：因为这段时间，处在革命高潮转入低潮时期，我个人也无例外，由高潮转入低潮，我这些经历，是微不足道的，只能自己把他回忆一下。

《五十年前革命往事》，分 5 个方面，现采撷其中一个部分，作为革命人物的珍贵回忆，以飨读者：

1925年冬，我背着家人，只身赴粤从军。在军校入伍时约三个月，叫做入伍生，后来升学为学生。在校训练时，我与同班同学曹讽非、武暴二人最要好，他们常常和我讲些革命理论，他二人都是年轻的共产党员。有一次集合站队，我迟了一分钟，他两人就帮我扣好衣钮，情同兄弟，也不肯让反对派见笑。充分表现革命的团结友爱精神，毕业后他们派在叶挺的独立团，北伐时在打汀泗桥战役中光荣牺牲。我时常想起二位好同志，悼念不已。

在校时，听到第一军下面有一个团长叫李皋的在农村残害农民，心里非常气愤，我就写文章在黄埔壁报抨击他。1926年下半年我毕业了，分配在第一军何应钦部。我想这样反动的军队，我一定不去。所以在医院住了两星期。待第一军出发到江西那边去了，我就打报告到教育处（那时教育长是方鼎英），要求派到广州农民运动训练班（在广州文昌阁）。我到达比较迟了，训练班不久就结业了（后来改为农民运动讲习所），在训练班中同学认识的不多，只有李芳歧、崔舒等几位同志。结业后与李芳歧和其他几个同志派到汕头农民协会。李芳歧同志在农会办事处工作，我被派到潮阳县农民自卫军任中队长，后来农会调一部分农民来训练，改为大队，我任大队长。

潮阳第一个党支部书记文农同志，湖北人，他和李芳歧同志介绍我入党（1926年底到1927年初），后来潮阳支部改为部委。汕头农民协会也是汕头地委所在地，是二上二下的普通房间。我们去汕头时也和彭湃一起吃饭。二条长板桌接连在一起，大家都立着吃，二碗咸白菜一箩饭，彭湃同志也和我们一起吃；这种艰苦朴素的作风和彭同志的民主作风，对同志态度诚恳爽朗。他有时也来潮阳指导工作，与农军讲话。

1927 年 4 月，蒋介石叛变革命，到处残杀农会农军人员。此时文农同志早已离开潮阳。我们潮阳农民协会和农军也转移到乡区，和革命老区人民亲如兄弟。此时新调训的农军有许多都回家去了。方志敏同志也来过我们乡区农军所在地，对我们说："这次革命失利，可能革命要推迟十年到廿年"，要我们保存实力，准备继续革命，当天就离开我们，此后不知他往哪里去了。

我们潮阳农会农军中有许多是海丰县人，潮阳又站不住了，就到海丰县去，与海丰农军汇合，海丰农军大队长吴振民同志（嵊县人），就组织农军为惠潮梅农民自卫军总指挥部，吴振民同志任总指挥。我那时有胃病，所以任连长（潮阳农军这时也只有百余人了）。此时彭湃同志也不在海丰了。

我们经过研究，决定向粤赣湘边境出发打游击。上述是半个世纪以前的事情，这一段人生的路程好像火车开过一样，有大站、小站，大站停的时间比较长，见闻的现象比较多些。因此，有的印象比较深刻，小站则比较简单，印象也极个别的，其他一忽儿过去的情景，是不能记忆的了。

（三）关于"八一"南昌起义部队路经潮阳的史料

一九二七年九月二十七日我军进驻揭阳西北面的新圩、白石一带，其后即在浮山与敌前哨遭遇，敌即退守汾水村阵地。及我军二十八日晨追到揭阳西北五十里之处，即揭阳县属的汾水村一带，即遭到敌军主力顽抗。这一战役过去我们称为汤坑战役，实际上就是汾水之战。

……

二十八日和二十九日两日战斗（汾水）中，敌我双方伤亡均严重。

……

次日即三十日拂晓，我连突奉命后退，其他部队还继续抵抗着。我连到揭阳时会到贺龙同志，并即随贺龙同志搭汽船到汕头，时已天黑。其后又奉命防守汕头北火车站，同时也准备迎着潮安撤回的同志，因当时潮安情况已不明。……约至十一时左右，火车到了，我连即转总指挥部，并即奉命同搭汽轮出发，当晚即到揭阳县属的炮台，革命委员会和我军在汕头的全体同志以及潮安撤下来的同志都同时转移到炮台。

十月一日天明时，我连奉命掌管当时所有的汽轮，总共只有十只，并保证把我军全体同志安全渡到南炮台，这一任务一直到当天黄昏前才胜利完成。到此时，我才知道，我军已由汾水村一带全部转移，并将向海陆丰转移。

炮台过渡时的序列：贺龙同志的部队在前，其次是革命委员会的同志们，再次是叶挺同志的部队，贺叶和我连最后。

从南炮台（潮阳关埠京北一带）向海陆丰前进，中间经过普宁县属的流沙。南炮台到普宁县属流沙相距八十余里。

（此史料摘自《八一起义前后的回忆》，作者黄霖是贺龙部队警卫连连长，其回忆录发表于1959年《江西青年报》）

（四）革命的武器，战斗的号角——两英古厝大队珍存于墙头上的红军时代宣传标语摘录

没收一切土地

土地归农民

实行土地革命

共产党万岁

一切革命分子加入共产党

·共产党宣传队·

革命的军人不打工农

工农兵联合起来

建（立）苏维埃政府

·共产党宣传队·

一九二八年二月

一切青年工农加入青年团

没收豪绅地主财产分给贫苦工农

实行土地革命

铲除封建势力

打倒屠（杀）工农的国民党

士兵爱惜工农就是爱惜自己

兵士的枪不打工农

兵士是工农的化身

穷人不打穷人

共产党是保护一切贫苦农民的党

拥护共产党

世界革命成功万岁

中国共产主义青年团

潮阳县委员会宣传队

一九二八年二月

（五）坚信红军一定会回来

余赛香口述，编者整理：

我名余赛香，现年七十二岁，出身于红场公社大溪坝大队贫苦农家，是大南山革命时期的红军女战士。我早年丧父，三个哥哥先后参加红军、赤卫队。在兄辈的影响带动下，我十五岁就加入农会，在村里参加革命活动；十八岁时，作为村代表参加在红场（注：今潮南红场镇）召开的工农兵代表大会，同年参加红军，在红二团团部工作。这时，大南山上红旗飘舞，革命声势很大。同我一起入伍的山区青年妇女八九人，大家身穿军装、短裤，打绑腿，背马枪，英姿焕发，每天上操训练，有时随军到各处宣传，开展农运活动。

红军经常同白军遭遇作战。为了医治伤病员，我军在大南山西部梅仔坜地方设立红军医院。我在团部工作一年后，被调到医院搞护理工作。我服从组织分配，一个人管理过十八张病床。当时医疗条件很差，在领导教育下，我工作热情认真，态度诚恳，给伤病员带来了慰藉。我经常同伤病员谈心，耐心护理。一次，一位红军战士在打仗中被子弹打穿脚后跟，我细心地把子弹碎片挟出来。伤员很痛苦，我悉心照料，用革命的乐观主义鼓励伤员坚强战胜病魔。

有一次，我同彭沃、古斌等六位同志到惠来县林樟地方挑粮食，在回来路上与一小队白军遭遇。同志们赶快掩蔽在刺丛里。眼看着彭沃同志三人将被敌人发现，为了同志的安全，我临急生智，宁可牺牲自己，掩护同志。于是冒出刺丛向上方的大石头迅速攀登，故意引开敌人的注意力。当白军集中向我追赶来时，我镇定地绕弯奔跑。敌人的枪弹犹如雨淋地向我射来，我把个人生死置之度外，一心为了吸引敌人，让同志们安全脱险。子弹打穿我腋下的衣服，没能打中我的身躯。这一场追绕过程，把敌人闹得找不着北。眼看夕阳西下，白军不得不悻悻溜走。

在敌人多次向南山"进剿"，我军反"进剿"的战斗中，我多次掩蔽同志，让同志及早脱险。当革命处于困难的时候，我三个哥哥先后被白军杀害，家里房屋被烧毁，母亲又被敌人打伤致死，我虽然十分悲痛，但总是强忍着，继续工作。

大革命失败后，大南山根据地遭受破坏，我和组织失去了联系，但心里永远存在一个信念："红军一定会回来，革命一定能胜利！"

解放战争时期，南山又沸腾了。红军回来了！党领导的游击队活跃在大南山区，我积极做好支前工作。中华人民共和国成立后我在村里参加土地改革运动，担任过乡妇女协会主席，参加各项政治活动。近年来，我被选为出席潮阳县人民代表大会的代表。党的关怀，人民的信任，我虽年逾古稀，但仍要保持革命者的本色，发扬革命光荣传统，教育子孙紧跟共产党，走社会主义道路。

（余赛香，出身红场镇大溪坝村，是大南山土地革命战争时期的红军女战士，已逝世）

（六）1931 年《中共苏区中央局通告》

1931 年 1 月，中共苏区中央局发出第一号通告，明确划定了闽粤赣苏区 28 个县的地域，加上原有东江地区 10 个县，合计 38 个县市。

闽粤赣边区（苏区）市县一览表	
福建	龙岩、上杭、长汀、永定、武平、连城、宁化、清流、明溪、漳平、宁洋、平和、南靖、诏安
广东	海丰、陆丰、惠阳、紫金、潮阳、普宁、惠来、揭阳、潮安、澄海、饶平、龙川、五华、兴宁、梅县、大埔、丰顺、蕉岭、平远
江西	寻乌、安远、会昌、瑞金、石城

（七）1934 年潮阳县行政区划表

1934 年潮阳县行政区划表

区名	辖乡镇数		乡（镇）名
	乡	镇	
一区	13		归厚、淳化南、淳化北、平和东、平和西、兴让、南薰、南桂、锦缠、洞内、东郊联、金浦、梅花
二区	4	1	凤岗、大南塘、小南塘、外四、海门（镇）
三区	30		达濠、附浦、南山、葛园、上人家、河浦、埔头、松柏山、珠浦、磊口、葛洲、广澳、塘边、洋背、下底、下芽、玉石、洞豪、岗背、上头、凤岗、新寮、东湖、三寮、林后、马滘、赤港、澳头、溪头、青林
四区	8		和平上中、港头、西岐、溪头上厝、石米岐、溪头下厝、里美下寨、泸岗
五区	23		峡山、泗水黄、泗水联、溪尾、西港、桃溪、夏东浦、莲塘、上东浦、大宅、英大埔、鹤洋、陈禾陂、洋沟、洋汾陈、义英、华桥五、华桥六、华桥东、南田、洋内、东溪、图溪
六区	16		大亨、新桥、横山六乡、仙陂、宅尾十三乡、谷饶、溪西、下练、石佛八乡、南阳上、南阳下、华美、上练、八堡、胜前、深洋
七区	10		沙陇、井都、下家溪尾、成田溪东、华瑶西、简朴、八堡、盐汀、深沟、成田田中央

（续上表）

区名	辖乡镇数		乡（镇）名
	乡	镇	
八区	40		福仓、金溪、柳岗、玉路、玉浦、南炮台、沟头、堂后、桥头、花园、前洋、田东、路内、路外、宅美、埔上、树厦、港底、洋贝、金钩、华阳、泉塘、凤山郑、内八、海埔石、玉井张叶、凤山庄、邹阳、东里、华岗、夏底、灶浦、玉井林、外八、凤山李、大园埔、桥东、西垆、陂尾、桑田
九区	5	7	溪尾、禾沟、高堂、华殿、塭尾、西南（镇）、西北（镇）、大布（镇）、司马浦（镇）、金溪（镇）、仙城（镇）、仙港（镇）

此表来源《潮阳县志》的《建置沿革篇》

革命领导人物、英烈

一、革命领导人物

彭湃（1896. 10—1929. 8）

彭湃，乳名天泉，原名彭汉育，广东省海丰县海城镇人，1921 年加入中国社会主义青年团，1924 年初由团转入中国共产党。1927 年 10 月，在广东省海陆丰地区（今汕尾市）领导武装起义后，于今汕尾市建立海丰、陆丰县苏维埃政府，这是中国第一个农村苏维埃政权。1929 年 8 月 30 日在上海龙华英勇就义，时年仅 33 岁。他曾撰写的《海陆丰农民运动》一书，成为从事农运者的必读书，被毛泽东称为"农民运动大王"。

1922 年 7 月 29 日晚，彭湃与五位农民组成全国第一个农民协会（六人农会）；1923 年 1 月 1 日，汕尾市海丰县总农会成立，彭湃为会长；1924 年 6 月 30 日，广州开办农民运动讲习所，彭湃为第一届农讲所主任，11 月 26 日，彭湃以国民党中央农民部特派员身份到广宁，开展长达 3 个月的广宁农民反对地主武装的斗争。1925 年 2 月 19 日，广宁农民反对地主的武装斗争胜利结束，彭湃赴东江参加东征。5 月 1 日，广东省第一次农民代表大会在广州召开，正式成立广东省农民协会。10 月 29 日，根据中共广东区委的指示，中共海陆丰特别支部改组为海陆丰地委，彭湃任书记。

彭湃领导建立的海陆丰苏维埃政府，为海陆丰革命根据地的建立起到了重要作用，为中国革命胜利建立了不可磨灭的功勋，为以后红色政权的建设在理论和实践上积累了经验，开辟了中国以农村为基地走向胜利的道路。彭湃发表的《没收土地案》，是新民主主义的土地革命运动起点，为中国共产党领导土地革命运动积累了经验，也为全国农民运动开展土地革命提供了借鉴。

1928年3月27日，海陆丰苏维埃政权遭国民党反动军队的夹攻，在东江特委书记彭湃和红军第2、4师董朗、叶镛、徐向前、颜昌颐的率领下，从海陆丰转移到大南山。彭湃和伴侣许玉磬（庆）策马挥戈，足迹遍及潮阳县（现为潮阳区、潮南区）各地，播下了革命种子，留下了不少动人的故事，为海陆丰大南山、小北山革命根据地的创建呕心沥血，彭湃革命伴侣永远活在潮阳人民的心中。

1929年8月31日，中共中央发表宣言，对彭湃一生作了高度评价："他这样的革命历史早已深入全国广大工农劳苦群众心中，而成为广大群众最爱护的领袖。谁不知广东省的彭湃，谁不知彭湃是中国农民运动的领袖！"

2009年9月10日，彭湃被评为"100位新中国成立作出突出贡献的英雄模范人物"。彭湃历任中共中央政治局委员、中共中央农委书记、中共中央军委委员、中共江苏省委书记、海陆丰革命根据地创始人、中共东江特委书记、广东省农民协会潮梅海陆丰办事处主任。他从日本留学回国后，深入农民群众，传播革命思想。

方方（1904—1971.9）

方方，1904年出生，原名方思琼，广东省普宁市洪阳镇人，1926年参加中国共产党，1930年进入闽西苏区，1934年10月红军主力长征后，留福建苏区。抗日战争时期，任中共闽粤赣边区省委常委兼组织部长、省委书记。1940 年 10 月，任南方工作委员会书记。中华人民共和国成立后任华南分局第三书记，1955 年调任中央统战部副部长，国侨办党组书记、副主任，全国侨联副主席。

他少年时期受到进步思想的启蒙，十几岁便参加革命，参加爱国学生运动，被选为普宁县学生联合会会长，到广州农民运动讲习所学习，结识了彭湃、苏林、阮啸山等，加入共青团外围组织新学生社，参加过保卫孙中山大元帅府的战斗。1925 年 6 月东征军回师广州后，在党的领导下，在潮汕地区组织峡山（潮阳县）农民自卫军独立营，这是潮汕地区党领导下的第一支武装。为了响应第二次东征，这支赤卫军于 8 月中旬在潮阳县关埠镇夜袭军阀洪兆麟部，牵制汕头之敌，随后转到潮汕铁路沿线活动，破坏敌人交通线，配合东征军进军潮梅。1927 年"四一二"政变，蒋介石实行白色恐怖。他转入潮安农村，开展武装斗争，先后担任潮安县宣传部长兼赤卫军第 3 团党代表、普宁县委书记、汕头市委书记、潮阳县工农革命委员会党团书记。1930 年，他到潮普惠交界的大南山参加闽粤赣边区第一次党代会。会后调闽西苏区继续革命工作。

古大存（1897—1966.11）

古大存，原名古永鑫，广东五华县梅林村人。他是深受人们爱戴的老一辈革命家；他一生刚正不阿，光明磊落，不畏强暴，不避艰险，忠诚于党、国家和人民的事业。

他早年就读于广东公立法政专门学校。1924 年加入中国共产党，参加第一、二次东征，参加创建海陆丰大南山革命根据地和东江红军，是东江革命根据地的主要创建者之一，先后担任中共东江特委委员、常委、军委书记、东江苏维埃政府副委员长、东江红军总指挥、红 11 军军长。1930 年，中国工农红军第 11 军成立，任军长兼代政委；1934 年末，在他主持下，中共东江特委在大南山召开了第五次党代会。1935 年 6 月，在反"围剿"中，他率特委保卫队 17 人从大南山冲出重围，转移到丰顺、大埔一带坚持革命斗争。抗口战争期间被任命为广东省常委兼统战部长；并当选为中央七大南方代表团团长兼党支部书记，此后长期在华北等地参加和领导革命工作。

中华人民共和国成立后，他先后担任中共中央华南分局委员、常委、统战部长、副书记，中南军政委员会委员，中共广东省委书记处副书记、书记，广东省人民政府副主席、副省长兼民政厅长，全国人大常委会委员、省政法委员会和老根据地建设委员会主任、省政协副主席等职。

许玉磐（庆）（1908—1932）

海陆丰革命根据地的巾帼英烈许玉磐（庆），1908 年出生于广东省揭阳市榕城，生父黄丙子，她幼年时由于家庭生活困难，被卖给榕城禁城边富绅许英豪为养女。她是彭湃的革命伴侣。

许玉磐（庆）是粤东工、青、妇运动的先驱；是海陆丰革命根据地的巩固和发展者之一；在武装斗争和秘密战线上既是杰出的战士又是优秀的领导者。尤其是她在伴侣彭湃被捕牺牲后，识大体、顾大局，接过彭湃的枪杆返回海陆丰大南山区和小北山区继续战斗，其人生虽然短暂，但与彭湃一样，永垂青史。

1925 年，第二次东征军到潮汕后，彭湃与杨石魂等在汕头市领导工农群众进行反帝反封建斗争。6 月 19 日，省港大罢工爆发，当年 18 岁的许玉磐（庆）风华正茂，她带领宣传队深入街道、农村，动员人民反帝、反封建军阀，在斗争中加入了共青团。1926 年初，参加了中国共产党。1926 年夏，党组织派她到揭阳发动广大妇女群众参加革命活动，担任揭阳县妇女解放委员会主席。是年夏末，许玉磐（庆）调汕头地委工作，在革命活动中，她得到彭湃的帮助和教导，俩人建立了深厚感情，于同年冬在汕头市结为伴侣。他们戎马倥偬，足迹遍及大南山和小北山。1928 年 3 月，红军、赤卫队攻打惠来县城时，许玉磬（庆）身先士卒，冲杀在前列。1928 年 11 月，党组织调彭湃到中央工作，许玉磬（庆）随彭湃抵达上海，在国统区从事地下交通站工作，她不顾自己安危，常常乔装打扮往来于各个交通站，多次完成党组织交给的传递情报和重要文件任务。

1929 年 8 月 30 日，彭湃由于叛徒出卖被捕，在上海龙华国民党淞沪警备司令部被国民党反动派秘密枪杀，时年 33 岁。许玉磬（庆）闻此噩耗，挥泪写下了"我彭湃同志虽然死了，但他光荣的历史，伟大的战绩，英勇的精神永远不能磨灭！""继承我彭湃同志的精神，遵从他的遗嘱，踏着彭湃的血迹，坚决的到群众中去磨利我的刺刀！"

许玉磬（庆）请求党组织收回委派她到莫斯科学习的成命，并于 1930 那年夏，奔赴大南山继续战斗。1931 年春，当选中共东江特委委员。

1932 年 2 月，她带领的东江小分队驻扎于普宁大坝杜香寮村，由于叛徒告密，春节前的一天晚上，突然被敌人包围，她立即组织队伍突围，并主动殿后掩护战友，由于敌众我寡，在激战中被捕。经突审后，被押往汕头市，她在敌人的酷刑中坚贞不屈，没有泄露党和军队的机密，最后被敌人杀害。牺牲时，许玉磬（庆）年仅 24 岁。

二、革命英烈

（一）革命烈士重点人物（以革命烈士牺牲时间先后为序）
成文迪（1909—1928.3）

成文迪，乳名阿木，1909 年农历闰二月十八日出生于海门一户贫苦木工家庭。父亲系一个安分怕事的木匠，常受渔霸土劣盘剥，成文迪 12 岁就随同父亲到当地鱼行当"柴工仔"（修船木工）。

1926 年，在党组织指引下，于潮阳县棉城姚厝祠成立县工会。17 岁的成文迪受党委派到海门活动，秘密发动工人、渔民起来斗争。不久就在海门詹家堀杨厝祠秘密创建了造船工会，发展会员一百多人。成文迪任海门工会负责人。当时形势险峻，大革命趋于低潮，海门地方封建势力猖獗。因此，工运遭到极大困难，工会会址几经反动派查抄。成文迪一方面取得同上级的联系，一方面与当地农运负责人李求作了横向联系，互相配合。

1928 年农历正月上旬的一次游行，就是在工农运动互相配合下海门镇一次有声有势的斗争行动。成文迪率领渔工船工几百人，高喊"打倒臭十家"的口号（"臭十家"系指海门镇十家恶贯满盈的渔霸、资本家），冲击各渔栏主、资本家行业，大振人心。这次游行，由于延续时间较长，使县侦缉队有机可乘，在其袭击下，导致几十名工会会员被俘，工会会址也被焚毁。成文迪只好转入农运，协同李求在海门的内、外四乡一带组建农会，发动群众抗租废债，发展赤卫队员，并逐渐把武装斗争的范围扩展到海门本地。

成文迪率领工人群众公开捣开海门"当铺"，查处不法粮商，开仓济贫，此举为满城群众拍手称快。接着，他又组织几十名工农群众，配合县城地下党组织捣毁县城烟膏局、海门烟膏馆。1927 年秋天，他参与攻打潮阳县署和营救"四一二"政变被反动派拘禁的共产党员、农会干部的"劫狱"战斗。他和洪洞村李求（二区区委书记）配合，在战斗中转运炸药。成文迪几经挫折，招致身弱多病，他仍坚忍不拔地奔走在斗争的第一线。

1928 年仲春后，由于叛徒出卖，县侦缉队和军警包围了洪洞村，并对海门附近的山谷、海滩进行搜捕。成文迪刚从井都转道回到海门，身体有病，独自于蔗寮中隐蔽，被敌人包围，不幸被捕，被押解县城。经受严刑拷打，宁死不屈，没有吐露一点机密。1928 年 3 月 31 日，国民党反动派把成文迪押至棉城龙井"坛坪埔"处决。临刑前，他高呼口号，怒不下跪，从容就义，时年仅19 岁。成文迪被铡下头颅，差役捧在手上，沿龙井至北门大街，向 18 家商贾勒索钱财。

中华人民共和国成立后，党和政府为了纪念成文迪，于烈士故乡海门镇莲花峰侧另建墓茔，把烈士遗骸迁葬，同宋代英雄文天祥丞相忠魂合在一起，为莲峰正气增添一色，为教育后代增添一课。

蓝松坤（1894.7—1928.12）

蓝松坤，1894 年 7 月出生于广东省潮阳县河浦镇浮山村（今濠江区河浦街道浮山村）一户贫苦农民的家庭，身材魁梧，十三岁读初小三年辍学后，帮助父亲种田，农闲时兼做小船工。1926年初春，蓝松坤帮汕头市工运领导人方惟精逃过反动派的跟踪，后参加了汕头岭东工会。蓝松坤在革命的道路上成长很快，不久他参加了中国共产党。

1927 年蒋介石发动"四一二"反革命政变，大肆捕杀共产党人，在这白色恐怖的日子里，潮阳县各地许多地下党员、农会、农军骨干分子被捕入狱，有的惨遭杀害，革命处于低潮。河西二十三乡农民不畏强暴，在蓝松坤的带领下，继续坚持抗租抗税的斗争。三区区署派出警察前往镇压，当时有 10 多名农军和群众在军警的突袭下被捕，关押于区署驻地的达濠警察所。蓝松坤装扮成卖鱼人，从警察口中刺探相关情况。他回来后，马上召开自卫军干部会议，研究和制定了突袭警察所的战斗方案，救出了被捕的同志和群众。

农民自卫军在蓝松坤的带领下，取得一个又一个的胜利。敌人由于接连受挫，国民党营长关中岳气急败坏，反复"围剿"浮山村，闹得乡民惶恐不安，无辜的群众惨遭杀害。在敌强我弱的形势下，蓝松坤接上级党组织指示，要求农民自卫军暂停活动，保存革命力量，分散隐蔽，撤进大南山。其时，蓝松坤因爱人已近临产，经党组织同意，带其家属前往下底乡警卫员邓廷河家中隐蔽。

1928 年 12 月 11 日早晨，叛徒"大头周"带领一群反动地痞流氓前来缉捕，开枪击中蓝松坤的左臂，他的妻子听到枪声急从房中奔出，上前掩护蓝松坤，叛徒们连发几枪，蓝松坤与妻子连同即将出生的孩子被叛徒杀害。蓝松坤牺牲时，年仅 34 岁。

郑金莲 （1902—1929.7）

郑金莲，1902 年，出生于潮阳县第二区岗头乡的凤北村（今城南街道凤北村），是潮阳县二、三区赫赫有名的人物，曾担任三区区委书记，他为农民运动牺牲，时年 28 岁。

1927 年初，中共潮阳县部委成立后，郑金莲的二兄明宪也从广州回来，以教书作掩护，秘密组织农会。郑金莲在他的指引下，开始参加革命活动，是年被吸收参加中国共产党。1927 年秋，郑金莲担负二区党的负责人，组织岗头乡农军 60 多人，联合海门洪洞的队伍，在三区农军负责人郑明犹、农会干部蓝松坤等人的带动下，组织了 200 多人的农运武装队伍，经常活动于河浦的河西、五南、钱塘、下底等乡村。

1928 年，郑金莲被组织调任中共潮阳县三区区委书记，负责三区党和农军工作，同时与蓝松坤紧密配合，领导潮阳县第三区河西 23 乡农民自卫军坚持革命斗争。有一次夜里，二、三区领导人正在洪洞村海滨"龙头山"石洞开会，由于叛徒告密，海门警察所出动人马前来搜捕。顷接李求的女儿李玉枝报讯，他们果断采取措施，安全转移，使反动军警扑了一空。

1929 年农历 7 月的一天深夜，正当三区农民自卫军分为两部驻扎海门湖边村和三区长边村时，郑金莲接到报讯：白军分两路进犯，首尾包围湖边和长边农军营地。他急中生智，试图绕到白军前头，指挥农军抗敌。这时，他被敌人发现了，为使村里的农军得到敌人前来"包剿"的消息，郑金莲鸣枪击敌，自己陷入敌人的包围圈。他火速隐蔽于蔗寮，白军集中火力向蔗寮射击，郑金莲不幸右眼被子弹击中，血流如注，终于倒在坑陷之中，光荣牺牲，其胞兄郑明宪也被敌杀害，一门双烈士。

马英俊 （1898—1930.1）

马英俊，另名阿淮，1898 年出生于潮阳县棉城镇五仙乡（今城南街道五仙居委会）一个贫苦的家庭。他是潮阳党的创建和大革命、土地革命战争时期一位优秀的农运干部，先后担任过潮阳一、四区区委书记，县农会主席，县委常委和东江特委委员。

1925 年，彭湃从海丰派农运干部吴涵到潮阳县一、四、五、七等区开展革命活动，不久五仙乡农民协会成立，马英俊被选为乡农民协会主席；次年又被选为潮阳第一区农民协会执委。1926 年，参加了中国共产党。

1925 年，潮阳九个区里，每个区、乡都成立农民协会和农民自卫军组织。1926 年，马英俊以县农民协会主席身份，光荣地出席在广州召开的广东省农民代表大会。

正当革命运动蓬勃开展的时候，国民党反动派发动"四一二"反革命事件，一时白色恐怖笼罩全国。马英俊被列入追缉名单，他毫不动摇地先后隐蔽于一区的五仙、五响和二区的岗头、南塘、外四乡的洪洞、湖边等村，昼伏夜出。

1927 年秋，"八一"南昌起义军南下潮汕，县委根据上级指示，攻打潮阳城及解救"四一二"反革命事变被逮捕拘禁的共产党员、农会干部和革命群众。在中秋前，于棉城南门的东家宫召开了由林国英、马英俊等参加的秘密会议，林国英传达县委的指示，要求组织农军、工人纠察队 300 多人，搜集枪支子弹、土炸药，于 9 月 25 日夜间攻打县署。释放犯人 100 多人，当场枪毙汕头专署催粮委员和警长各一名，缴获长短枪支数十支。此役，反动派大为震恐，革命群众大长斗志。

1929 年夏收前，身为东江特委委员、县委常委，县农会主席的马英俊奉命到潮阳第四区任区委书记。

这一年四五月，四区和平上、中、下寨乡遇到内涝，致早稻失收；晚稻种下不久，八月又碰到罕见干旱。马英俊根据县委的指示，深入基础，把群众的意见总结为"先用池塘水，后借古溪水"的经验。成功的领导各乡农民群众进行了有声有势的"借水"斗争，取得晚稻好收成。晚稻登场，地主又要催租，他又要求地主实行"减租、减债"，使农会会员进一步发展，农民协会也进一步巩固。

1929 年冬，和平土匪出身的马某叛变革命，在和平一带为非作歹。马英俊和县委李绍发多次对其进行教育，马某不仅不悔改，反而于 1930 年 1 月 7 日晚，乘马英俊与县委书记李绍发等在和平地下交通站溪南村开会至深夜之机，暗令一个手下，把该处大门紧锁。凌晨五时，我地下人员发觉情况有异，准备突围时，马某等便下令投掷炸药并纵火焚烧该屋。马英俊和几位同志不幸在突围时壮烈牺牲。他殉难时年仅 31 岁。

李求（1890—1930.11）

李求，1890 年出生于海门外四乡洪洞村一户世代务农的家庭。从小务农兼浅海捕捞作业，过着半耕半渔的贫困生活。在"五四"运动和海陆丰农民运动的影响熏陶下，参加大革命、土地革命战争；1926 年参加中国共产党，为潮阳县二区农运领导人之一，1929 年末至 1930 年 10 月，任中共潮阳二区区委书记。1930 年初冬被反动派杀害，牺牲时年 40 岁。

1925 年秋天，在县党组织的领导下，李求组建了农会、工会组织。李求在农友的帮助下与棉城（一区）农会马英俊等接上了线，活跃于凤岗、棉城之间。

1927 年，蒋介石发动"四一二"事变。潮汕各县从城镇到农村，反革命气焰甚嚣尘上。整个棉域已经风声鹤唳，弥漫了白色恐怖，李求也在被缉之列。为了保存实力，李求暂时离开家乡，出走海外。他在泰国沙巴逗留二十多天，就被同乡人认出，散播他因参加"土匪"被缉才逃难至此的风声。李求在沙巴站不住脚，到城市又无亲友投靠，于是不得已只好通过关系人藏匿于轮船里潜回汕头，重返故乡，待机再战。

海陆丰农民运动的怒潮席卷潮汕平原，外四乡的农运再起。李求与海门镇工运负责人成文迪取得联系，把区乡活动联结起来。

1928 年夏天，洪洞村高竖了一面鲜红的犁头旗，展开了"抗租废债"的斗争。夏收时节，棉城、岗头、河浦、海门等乡地主不敢前来收租逼债。李求和农运悍将邻居李老天配合，农运工作成果斐然，洪洞村成为外四乡的农运中心。李求的女儿李玉枝，时年十四岁，在父亲的影响下，也积极为党组织做掩护工作。

李求的革命活动，使国民党反动派和乡里土霸劣绅，恨之入骨，他们悬赏"花红"抓捕李求。1930 年 11 月中旬，李求到大南山革命根据地参加潮普惠第一次工农兵代表大会，叛徒告密，遭到岗头乡联团组织伏击。被捕后，联团头目如获至宝，当天就把他押解到国民党县署请赏，李求被囚禁于监狱。党组织虽经积极营救，但终难逆转李求被害的厄运。

1930 年 11 月 19 日，反动派把他押到棉城北关大榕树下枪杀。李求对刽子手斥责道："你们杀我一人，很多人会为我报仇，20

年后，我们一定会除掉你们的！"

20 年后，全国解放了，潮阳开展了清匪反霸，杀害李求的凶手受到人民政府的镇压。

郭启木（1907.1—1935.8）

郭启木，乳名娘森，1907 年 1 月生于潮阳县贵屿镇山联村。1935 年被捕，不久惨遭国民党反动派杀害，时年 28 岁。

1930 年，启木被聘于南阳上乡三分校任教，结识了时任南阳上乡乡校校长的地下工作者郭基声。1931 年"九一八"事变后，东北三省相继沦陷，全国掀起了抗日救国的高潮。郭基声、郭启木等组建了抗日救国宣传队，揭露日军侵占我国东北的暴行。

1934 年夏秋之交，张声文（时任中共普宁县执委书记）不幸于普宁被捕而光荣牺牲。旋由潮普揭县委李彤接替他联系南阳革命活动的工作。他们以"练江文化社"为核心，建立半公开的青年读书会，吸收青年教师和学生参加；还开办农民识字班，妇女识字班，开展宣传教育，发动群众。青年读书会设在乡校，参加青年读书会的有 30 多人。定期组织专题报告，由郭基声和郭启木主讲。郭启木带头谈形势、议国事，揭露反动派的倒行逆施，开展对反动势力的斗争，配合地下党进行各种宣传活动，散发宣传品。

1935 年初，国民党第 3 军第 9 师（邓龙光部）进驻潮汕，对大南山苏区大规模围剿。师长邓龙光派其部下项国雄率一个营驻扎于南阳，营部设于大池向北祠，悬赏通缉要犯郭基声和郭启木等人。是年春夏之交的一个夜晚，由于叛徒告密，启木在铜盂学校里被项国雄的部下逮捕，项抓到启木如获至宝，为邀功请赏，亲自出马审问，威逼利诱，施以种种酷刑，甚至用烧红了的熨斗，烙在他的前胸、后背、大腿，他一次次昏死过去，又一次次被冷水淋醒过来。但他始终坚贞不屈，坚持斗争，敌人无计可施。

1935 年农历七月初六日，郭启木和他的战友郭秀和，还有红军第 2 团战士郭如松、郭尔洪等人，被杀害于流沙大操场。

马士纯（1910.10—1941）

马士纯，曾用名马梦樵、马应宣、马翼亭、马柏元，潮阳和平镇里美乡人。1910 年出生于一个贫苦农民家庭。1928 年春考入汕头礐光中学，次年转学于汕头市立一中。他一向勤奋好学，思想进步，潜心研读进步书刊，努力钻研马列主义，博古通今，有"潮汕书囊"之称。1929 年下半年入党。

1930 年 11 月，他前往大南山出席中共潮普惠县委在大南山召开的工农兵代表大会，途中在揭阳被捕入狱，敌人残忍地用辣椒水灌他的肺部，严重损害了肺部的健康，受尽酷刑，他始终没有泄露党的任何机密，后经党组织竭力营救获释，化名马应宣，往上海求学。1932 年，马士纯在上海因与同学郑定成（潮阳和平人）等 7 人到法租界张贴欢迎第三国际共产党人牛兰夫妇的标语，再次被捕入狱，又经党组织和亲友营救，再次获释。出狱后前往暹罗（今泰国）的崇实学校任教，兼任侨报《晨钟报》"崇实"副刊主编，并以笔名"梦樵"发表救国文章。1935 年春被聘到普宁县兴文中学任教，以兴文、泥沟两所学校为据点，秘密发展党、团员。同年 7 月至次年 6 月，先后任中共普宁县特别支部组织委员、中共普宁县工作委员会组织部长、宣传部长、书记、中共潮汕中心县委组织部长等职。这段时间，既从事教学，又组织教师话剧宣传队，举办学生军事训练班、党员培训班，发起并成立普宁教育界抗敌联合会，开展抗日救亡活动。1938 年 7 月带领一批共产党员和进步教师到揭阳县和顺乡（现属揭西县）创办西山公学（后改名南侨中学），培养抗日骨干力量；10 月，任潮普惠南分委统战部长，以广东省第八区民众抗日自卫团临时派出的督导队副队长的身份，到潮阳县开展支前抗日工作。1939 年春，按中共潮汕中心县委的决定，争取清末进士范家驹的支持，在潮阳和平里美创办南侨中学第三校；同年 5 月，在普宁县流沙主持召开岭东青抗会临时代表会议，推动潮汕青年抗日运动的开展。1940 年 4 月调任中共梅县中心县委书记；12 月当选为中共闽粤边区潮梅特委委员。1941 年 2 月，马士纯由于数度入狱，积劳成疾，隐蔽于揭阳县高美村治病，同年 11 月 11 日不幸病逝，年仅 31 岁。

马士纯的一生，是革命的一生，战斗的一生，光辉的一生，为人民留下了无产阶级的光辉形象，令人敬仰。

1957 年，中央人民政府追认马士纯为烈士。

蔡耿达 （1918—1942）

蔡耿达曾用名蔡名泉、蔡溥生、蔡英扬、蔡湘华、蔡自强，1918 年生于揭阳县锡场区坤头村（今揭阳市揭东区锡场镇）一户农民家里。

耿达是揭阳县有名的抗日骨干分子，1938 年春，党组织调他到普宁县的秀陇乡小学教书。他在学校争取团结一批进步老师，积极开展抗日活动。1939 年，蔡耿达先后被任命为潮阳县工委和惠来县工委宣传部长。1940 年，他被任命为潮普惠中心县委青年部长，调到和平里美一带工作。因革命的需要，由当时潮普惠中心县委书记罗天批准，与潮阳县工委妇女委员、模范党员马雪卿结婚。他们志同道合，婚后建立了深厚的无产阶级革命感情，更积极地为党工作。他们既是亲密战友，又是一对革命的好伴侣。

1941 年 6 月，蔡耿达到汕头市沦陷区任中共汕头市工委书记。同年 7 月，党组织因工作需要，把马雪卿也调到汕头市。当时汕头市工委机关未找到合适的地方，雪卿未能与耿达一起生活。3 个月后，通过另一个地下党员郑英杰租到内马路（今爱华街八号）一间二层楼房，马雪卿才来和他一起生活、战斗，同时还调来陈培志的母亲在市工委机关作掩护。

1942 年 4 月 2 日，叛徒刘某带领日寇前到爱华街 8 号逮捕了蔡耿达和马雪卿夫妻。被捕后，蔡耿达夫妇开始同关在日伪第五监房里，后来敌人知道他的身份就被移至第二监房。在狱中，他坚持斗争，向同时被捕的三十多位同志宣传民族气节和党员气节，启发难友们要学习革命先烈的精神，不要计较个人得失，必要时甚至牺牲自己的生命，切不可做遗臭万年的叛徒、汉奸和卖国贼。

日寇知道蔡耿达的身份后，审讯的手段更加毒辣残酷。经几个月的严刑拷打、电刑、烙刑、饥饿折磨，数十次的迫供审讯，都无法从中共优秀党员蔡耿达口里得到他们需要的一句话，这充分表现了一个共产党员的革命精神和崇高品质。最后，他在狱中英勇牺牲，时年 24 岁。

马雪卿（1918—1942）

1918 年，马雪卿出于和平里美下寨乡长兜村的一贫农户，父亲早逝，由单亲母亲抚养长大，过着穷苦清贫的生活。她虽没进过学堂，但她跟邻居婶婶学唱潮州歌册（潮汕地区传统民间说唱文本），识得一些字。1938 年，马毅友访问马雪卿的母亲，马雪卿的母亲终于同意女儿进校读书。

马雪卿在学校关心政治，勤奋读书，是一个好苗子。该校女党员林秀华动员她争取入党。1939 年春，在里美下寨下厝埕吉姆家里举行入党宣誓，这是和平第一个党的妇女小组。马雪卿成为一名中共党员，这是她政治思想上一个飞跃。

1939 年端午节，日寇侵占潮阳县城，马雪卿立场坚定，思想境界高，工作热情积极，出色完成党交与的任务，于 1940 年春中共潮阳县工委评选模范党员时，马雪卿被评为妇女模范党员。这年夏天，党派她往闽西南学习，八月左右她回来后，被组织委任命为潮阳县工委妇女委员。当时由潮普惠中心县委（罗天任书记）批准她与中心县委青年部长蔡耿达结婚。1941 年 6 月，蔡耿达调任中共汕头（敌占区）区委书记，三个月后，马雪卿才到汕头市和爱人蔡耿达（改名蔡自强）一起开展革命活动。1942 年春（清明前后），因叛徒刘某出卖，汕头区委机关被日寇破坏，马雪卿夫妇及陈母被捕入狱。他们在牢狱里想尽办法教育和发动同时被捕的 30 多位同志，提出"死罪易过，活罪难当"的口号。这对革命夫妻在敌人的残酷吊打下，死不招供，英勇牺牲，保护了党组织。

郭才（1923.7—1945.8）

郭才，又名郭启文，1923 年 7 月在柬埔寨王国磅针省三洲府实返市宗泽乡出生。1939 年 3 月，其母携带他和胞弟郭利回到祖国，在家乡潮阳县第六区南阳乡新乡村定居。

郭才读书认真，又有抗日思想，吴扬、郑希看在眼里，把他作为党员培养对象，并于 1941 年 6 月由吴扬介绍加入了中国共产党。入党后，党组织分配其做地下党交通工作，他工作积极，有胆量，机智灵活，出色完成党交给的各项任务。

1942 年 8 月，"南委事件"以后，地下党组织根据上级的指示，暂时停止组织活动，郭才和其他党员均隐蔽起来，直至 1944 年冬，党组织恢复组织活动，郭才在党支部书记郭春的领导下，秘密组织地下抗日游击小组，发动群众筹粮筹款支援潮汕人民抗日游击队，并为其输送兵员。

后经潮汕人民抗日游击队刘斌介绍，郭才、郭三、郭振贵于 1945 年 3 月到普宁南山上树棚村参加了潮汕人民抗日游击队，分配在许继领导的中队，郭才担任三班班长。

潮汕人民抗日游击队在抗日斗争中，不断发展壮大，由 200 多人迅速增至 1000 多人。1945 年 6 月下旬，根据中共广东区党委的指示，游击队的番号改称为"广东人民抗日游击队韩江纵队"，许继的中队改编为韩纵第 2 支队第 2 大队，他任大队长，郭才仍任班长。1945 年 8 月 13 日，韩纵第 2 支队率领第 2、3 大队 400 多人向小北山进发，准备开辟小北山游击区，行军途中发现敌情，连夜撤至西陇村隐蔽。国民党反动派发觉后，于次日下午一点多，派驻流沙的国民党挺进队和普宁保安团、自卫队共 500 多人，配轻机 14 挺，封锁西陇村口，支队长林川命令驻西陇村寨外的许继大队坚持在原地与敌人作战，掩护第 2 支队部和兄弟部队突围撤退。但此时许继大队已被敌包围了，与敌人展开巷战，情况十分危急，这时，班长郭才带领全班战士，迅速登上祠堂屋顶，他们临危不惧，脸不改色，使用手提机枪、步枪、手榴弹的火力打击敌人，压住敌人嚣张气焰，毙伤敌人，但敌人凭优势火力，以密集火力向大祠堂屋顶扫射，郭才持枪英勇杀敌，不幸头部中弹，鲜血直流，壮烈牺牲。

李开立（1923—1945.9）

李开立，又名李立，乳名耿强。1923 年生于潮阳县第六区壬屿北村。他家有一胞兄、三胞弟和二胞妹。

他初中毕业后，便转到揭西石牛埔南侨中学文专班学习，进一步懂得了抗日救亡和马列主义等道理。1940 年夏，他在该校毕业后，便回到家乡壬屿村，与吴扬、郑希等隐蔽在南阳乡小学的地下党员一起教书。

1942 年夏，由于南委事件，党的经费极度困难。李开立之家是华侨，经济原属充裕，李开立做通母亲的思想工作，把埋藏于地下、准备为其祖母做后事的一千元光洋（龙银）挖出来。由李开立亲自把这一笔款面交当时的县委政治交通员方文瑞，带给潮阳县委特派员罗彦，作为党的活动经费。

李开立以教书为掩护，积极协助开展革命工作，在南阳、壬屿、窖墩等小学的教学工作高度负责，且干得很出色。他于 1945

年1月，光荣地参加了中国共产党。

1945年3月，潮汕人民抗日游击队在普宁白暮洋正式宣告成立。李开立的家，一时成为爱国青年热烈报名参加游击队的场所。由李开立介绍、报名并经组织批准的青年，便先后参加了队伍。李开立被分配于独立大队第八中队任指导员。

1945年8月间，广东人民抗日游击队韩江纵队决定攻打两英南山管理局，2支领导便指派中队指导员李开立化装为农民，到潮阳九区陈店草尾村情报联络站找陈树益取情报。当时，刚好李凤把所需情报带到，兄妹相见，都很高兴。这是他们兄妹的最后一次会见。

1945年9月初，潮汕抗日游击队300多人，攻打两英南山管理局，营救张珂敏未遂便撤入大南山。2支队领导人林川便决定把李开立留下，带领这几位伤病员隐蔽在村里治疗，愈后归队。国民党匿藏在该村的谍报员兼保长陈某，乘夜到两英管理局告密。国民党反动头子如获至宝，便纠集该局警兵、便衣等共200多人，乘黑包围茶园、钟厝、羊公坑等村。天将明，羊公坑群众发现了敌情，奔来向李开立报告，要他们迅速转移。在这危急关头，李开立考虑的是广大群众和伤病员的安全，敌人把村子团团围住，逐户搜查，李开立和两名重伤病员因转移不及不幸被俘。国民党反动派将两名重病员杀害，并威胁李开立交出其他伤病员和我游击队去向。但李开立大义凛然，在双溪的雷岭公路旁遇难，年仅22岁。

吴元成（1921—1945.11）

吴元成，潮阳县华阳乡（今潮阳河溪）人，1921年出生于汕头市一个较有名望的绅士家族。1937年"七七"卢沟桥事变，吴元成投身抗日救亡运动，参加了"青救会"，成为活跃分子。是年冬，由吴南生介绍，加入中国共产党。

吴元成于 1937 年底被调到中共汕头市工委当交通员，不久，他又成为工委负责人李平同志的警卫员。1940 年初春，吴元成被调到潮安三、四区区委会担任组织委员。1941 年 9 月任副特派员。

1942 年 6 月，"南委事件"发生后，为保存力量，根据中共中央南方局的决定，潮梅地下党暂时停止组织活动，党员、干部分散隐蔽或转移撤退。吴元成以"九舍"（九公子）的身份回到华阳家乡，与乡亲"老朋友"吴表在邻乡桑田下寨开小米店作掩护。

1944 年冬，潮汕人民抗日武装斗争的条件日见成熟。潮梅地下党组织根据党中央的指示，着手恢复党的组织活动，开展抗日武装斗争。特委周礼平恢复了吴元成的组织关系，吴元成根据党组织的指示，于 1945 年 3 月起在汕头市中山路 75 号楼下创设集成号拓磨粜米店，作为潮澄饶党组织的地下情报站，

1945 年 8 月 13 日韩纵 1 支队政委周礼平在居西溜战斗中光荣牺牲，党组织任命吴元成为副支队长。是年 11 月 19 日，该支队遭到国民党 186 师 557 团的进攻，形势危急，吴元成即与支队长李亮带领 20 多位战士还击，经过一天的战斗，掩护领导和机关同志安然脱险，在阻击战斗中，吴元成壮烈牺牲，时年 22 岁。

张志华（1926.7.27—1947.1）

张志华，乳名张锡鸿，学名张明飞。1926 年 7 月 27 日生于越南板草省。父亲张秉衡，曾在越南（今属胡志明市）堤岸潮州会馆做杂工，是个修建炉灶和种花的能手。母亲翁木珍，只生了志华及其弟弟锡坚两人。他十一岁时，父亲便带他回故乡潮阳县谷饶区茂广村。由于家境贫寒，只有在靠近家的植基学校当苦学生，一边读书，一边当勤杂。当时，地下党组织看准了张志华是一根好苗，在党的教育下，进步很快，并开始负责植基和中心学校地

下党领导同志的交通联络工作。1941 年，志华在赤寮乡立小学党支部宣誓入党。

1945 年初秋，这位 19 岁的侨生青年，正式投入了抗日武装斗争的洪流。1946 年 6 月，韩江纵队遵照"双十协定"精神，48 名领导骨干北撤，大部分力量分散隐蔽，为了适应形势斗争的需要，中共潮汕特委挑选了一部分短枪队骨干，组成了地委直属特务队，志华是该队的骨干分子。1945 年 3 月，志华被任命为特务队组长。

1946 年 11 月，志华奉命送经费到揭阳大北山给后方坚持工作的同志。他不顾正患疟疾，化装成小商人，不幸在国统区遭遇敌人。当他撤到长美乡田洋时，却被不明底细的群众截住了。他们看中志华身上佩带的两支枪，将他逮捕，缴了武器，还强行将志华的衣服剥去，把他捕到梅塘乡公所拘禁。

翌日中午，揭阳县委书记陈彬带领几名特务队员赶到庄宝塘村组织营救，但队伍到达截击地点时，狡猾的敌人已于半小时前，用船顺江而下把志华押到揭阳，监禁在东桥园的林贤轸清剿指挥部。

在狱中，志华大义凛然，经受了敌人的严刑拷打，保守党的秘密，忠贞不屈。1947 年 1 月的一天，中国共产党的优秀党员，潮汕特委英勇卓绝的交通组长，淳朴忠贞的华侨青年张志华，被敌人秘密处决，牺牲时仅 21 岁。

吴粗（1927.3—1948.7）

吴粗，1927 年 3 月 29 日出生于潮阳县第八区华阳乡东陇村一个贫苦的农家。父亲吴辉，因家贫劳累过度早丧，母亲是善良正直的农村妇女，有两个胞妹，一家五口。

1944 年底，党组织恢复活动，吴表凯到家乡开展党的工作。吴粗成为党组织培养发展的对象。1945 年初，他参加了抗日游击小组。1945 年 6 月，年仅 17 岁的吴粗，光荣地参加了中国共产党。不久，地下党组织安排他进华阳学校以校工为掩护，开展党的工作。

1947 年秋天，党的武装队伍为了解决给养困难问题，在大南山设置税站，党组织派他前往税站工作。1948 年 5 月，敌首喻英奇集中兵力，大举进犯南阳山、大南山根据地。吴粗几次配合武工队袭击乡公所，他年纪虽小，但作战勇敢，战友亲切地称他为"阿粗"。

党为壮大武装力量，解决武装队伍的给养困难。根据上级的指示和县委的决定，地下武装工作队积极开展对大地主和土豪劣绅征枪借粮活动。1948 年 7 月 25 日夜，小北山武工队 9 位同志到八区沟头村，向该村土豪劣绅征枪借粮。是晚，保长陈某表面接待很客气，安排武工队在他的祠堂里住宿，并声称由他到各富户去征款和收集两支驳壳枪，然后交给武工队。但这家伙老奸巨猾，阴险毒辣，暗中派人密报驻灶浦前洋村的黄河裕联防中队部。翌日早晨，武工队不见保长来接洽，察觉到情况有变，即行部署，"砰"的一声枪响，赖裕恭中弹牺牲，武工队已被包围了。

在这千钧一发的危急时刻，党代表吴表凯右腿受伤，武工队员赖亚埃在冲过该村木桥时又中弹牺牲。当队伍撤至村外时，吴表凯右腿流血过多，吴粗见状，主动和吴表凯换位当后卫，并大声呼唤同志们快跑！自己却留下来断后，阻击敌人。

吴粗与敌周旋，紧紧地拖住敌人不放，使同志们安全地撤上山去。敌人又缩小了包围圈，吴粗身上多处中弹，子弹也打光了。最后，被敌人的乱枪射击，壮烈牺牲，年仅 21 岁。

李开国（1929—1949.1.24）

李开国，1929 年出生于潮阳县第六区壬屿北村（今铜盂镇屿北），家有兄弟六人，姐妹二人。

1945 年 6 月初，他瞒着家人，与村里青年农民李锦海偷偷离开家庭，投奔大南山许继大队，参加了抗日游击队。年仅 15 周岁的李开国，因年龄小，被分配在韩纵第 2 支队第 2 大队负责通讯工作。

1945 年 8 月 13 日，我韩纵第 2 支队第 2、3 大队 400 余人，奉令开往小北山，途中发现敌情，便退驻普宁流沙的西陇村。翌日凌晨，驻流沙国民党挺进队及普宁保安队、自卫队共 500 余人，用 14 挺轻机枪把该村重重包围，第 3 大队 100 余人便掩护司令部突出重围，部分人员则撤离战斗。为吸住敌人，使司令部安全撤退，第 2 大队则坚持原地与敌继续战斗。这时，被围困在祠堂周围，处境十分不利，与敌激战后子弹所剩无多，指挥员就果断命令战士趁黎明前的黑暗，分散突围，冲出封锁线。在突围的战斗中，李开国先是右肺中弹，接着右膝盖骨又被打穿而不幸扑倒在稻田里，因流血过多昏了过去。当醒来时已动弹不得，他听到敌人疯狂吆喝清扫战场搜捕受伤游击队员时，便装得僵硬似的，因此，敌人看到他全身及满脸都是血污和烂泥，又没有一点颤动，误认是被打死了，踢了两脚就走开了。

14 日下午，邻村乌石有一中年妇女，到田里巡视才发现了倒在田里全身满是血迹污泥的开国，她见状急忙向开国问明了情况，知道是游击队员，便跑回村里向地下站同志报告，把他藏匿在一家可靠的农民家里。数天后，转移至果陇乌堆洋村，最后转至白坑湖村伍乘山家里治疗。由于开国不仅两处负伤，大量出血，且胸部中的子弹是从右肺进，斜向腰部而出，伤口有血泡随呼吸而震动，伤势严重。

几经转折，为了安全及有效地医治，经党组织同意，开国于 1946 年初冬，从汕头乘着大轮船投奔泰国曼谷当店员工人的大哥开正、三哥开平处继续医疗。这时，开国的脚伤已痊愈，但胸部的伤却因疮口早封，而负伤倒在田里灌进去的污水没有处理，而致肺叶溃烂，呕血不止。他到泰国后，因自己不能做工，两位胞哥也负担不起他的医疗费，不得已在次年的夏天便返回家乡，由他母亲借债和变卖家私，继续治疗。

开国由于胸部重伤，没有及时得到处理而导致肺叶溃烂，加上其时家庭经济困难，缺医缺药，终于在 1949 年 1 月 24 不治而离开了人世，年仅 19 岁。

中华人民共和国成立后，由广东省人民政府追认为革命烈士。

吴和（1916—1949.9）

吴和，别名喜和，1916 年生于八区华阳乡（今潮阳河溪镇）的一个贫苦的农民家庭。

1941 年春末，日本侵占潮阳城，河溪华阳一带也相继沦陷。1944 年底，地下党组织八区负责人吴表凯等在华阳一带秘密地开展党的工作，组织地下抗日游击小组。吴和成为游击小组的成员。当时一同参加的还有他的弟弟吴龙，他们兄弟的住所（草屋）就成为小组开会碰头的秘密据点。当时华阳、桑田一带的抗日游击小组发展到 20 多人。在党组织的领导下，他和同志们积极地开展各项抗日活动。

1947 年 6 月，潮汕人民抗征队成立。1948 年夏，他被分配到抗征队第 5 大队 2 中队 1 排担任机枪手。经过几次战斗的锻炼，很快成为一名优秀的机枪手，是大队中的骨干分子之一。不久，他被提升为班长。12 月，由五大队选送到 2 支司令部办的军政训练班学习。1949 年 6 月他奉命调到闽粤赣边纵队第 2 支队第 11 团任第 3 连连长。他和指导员郑春一起，带领全连战士，出色完成各项战斗任务。不久，由指导员郑春介绍，他光荣地加入中国共产党。

1949 年 9 月 25 日，为打击胡琏匪军流窜内地，2 支 11 团决定配合主力团部队攻打驻扎在司马浦一带的胡琏残部。当晚一举歼灭了这一股残敌。

1945 年 9 月 27 日,边纵 2 支主力 1 团同 11 团部分部队,围攻流窜于两英圩的胡琏残部。三连奉命布防于两英埔美山边沿,阻击普宁方向来援之敌。下午 2 时许,突降大雨,普宁占陇方面敌人援兵 300 多人快速赶来救援。他面对装备优良的国民党正规部队,镇定指挥,鼓励同志坚守阵地,狠狠阻击敌人,保证兄弟部队歼围战斗的胜利。由于敌援兵很快抵达前沿阵地,另有一路援兵也从金溪方面向 3 连背后袭来。三连处于腹背受敌的不利地位,战斗十分激烈。指导员郑春腿部中弹受伤,他冒着枪林弹雨,不顾自己的安危,一跃而上,前去抢救。由于他个子大,且手持短枪,敌人便集中火力向他射击,击中了他的腹部。他咬紧牙关,忍着剧痛,一手捂住伤口,一手持枪向敌射击,拒不下火线,一面严肃地命令战士们撤退,一面爬上高地,阻击敌人,吸引敌人火力,掩护同志们撤退。战士们含着眼泪顺利转移了,可是,他和郑春却光荣地献出了宝贵的生命。

郑春（1927.11—1949.9）

郑春,原名郑允春,乳名郑银烈,1927 年 11 月出生于潮阳县金浦南门乡一个贫苦的农民家里。郑春是聪明的孩子,上进心强,学习勤奋,成绩在全班名列前茅。

1941 年春末,日军入侵潮阳城,潮阳人民深受日军的蹂躏和掠夺,生活更加困苦。郑春因父亲生意失败,一家生活很难维持而辍学。

1947 年农历十二月三十日,他在金浦地下党组织的牵头下,为小北山武工小组安置隐蔽地点。是日傍晚,武装小组到县城南关活捉了三名武装警察后,他不怕担风险,把缴来的枪藏在自己的屋子里。1948 年 7 月间,地下党为解决武装队伍生活给养等问题，决定派武工队突袭金浦乡公所，活捉大恶霸。事前，郑春和有关的同志受组织的安排，暗中侦察乡公所的位置、人员和防卫情况，及时把情报提供给地下党组织。7月20日，他和郑衍智当向导，一起到猴子坑带武工队进村，使武工队顺利地完成突袭乡公所和活捉两个大恶霸任务。他还与吴和一起向农民借了两艘木船，使武工队渡过龟头海，顺利地向大南山转移。这次行动，郑春由于身份暴露，就随队伍上山，参加了小北山武工队。

1949年1月4日下午，小北山武工队员挺进铜盂中练乡田赋仓库，郑春与其他同志化装成缴田赋谷的农民，把短枪藏于谷箩中，出其不意地进行突袭，近十名国民党谷仓管理人员被当场活捉。武工队焚烧一切田赋账簿，并把民愤极大的仓库管理员当场枪毙，开仓济贫。由于郑春在武装队伍中斗争勇敢，经党组织批准，光荣地参加了中国共产党。

1949年2月间，闽粤赣边纵队2支11团和12团在潮阳成立。6月间，2支11、12团，合并为11团。郑春被党组织任命为11团3连指导员。

1949年9月27日，2支主力团围攻流窜两英的国民党胡琏部的交通警察，第11团3连受命于两英埔美山警戒，阻击普宁方面来援之敌。战斗打响，敌被围困于两英金龙楼等几个碉楼里，正要准备投降。下午2时，普宁占陇敌人300多人快速驰援两英，3连首当其冲，与敌增援部队展开激烈战斗。不料，另一路敌人从金溪方面向3连背后袭来，3连腹背受敌，处境十分不利。但郑春和连长吴和沉着指挥，坚决阻击敌人。激战中，郑春腿部不幸中弹受伤，吴和一跃而上，正要抢救郑春，但也中弹倒下。郑春为了减少损失，掩护同志尽快撤退，他忍着剧痛，从衣袋里抽出连队花名册和笔记本，交给背他的战士，最终流尽最后一滴血，英勇牺牲。

杨健生（1931—1969）

杨健生，又名宜茂，普宁石桥头村人。1949 年 3 月参加游击队，是年 10 月加入中国共产党。历任潮阳县司马浦乡党委副书记、潮阳《练江报》副主编、棉城人民公社党委副书记兼社长、谷饶人民公社党委第一书记。1960 年 11 月起任西胪公社党委副书记、社长、书记、革委会主任等职。

杨健生在清匪反霸和土地改革运动中多次立功。在西胪工作期间，先后跑遍 470 多个生产队，同公社干群一起建成 14 个山塘、水库，基本解除旱、涝灾害，围海造田 4000 亩。从 1964 年起，西胪每年向国家提供商品粮 7000 吨。是年，杨健生抓改水工作，派员到温州学习建造砂滤池饮水井的经验，先后在全公社建起砂滤池 30 个，使 4 万多滨海群众饮上清洁卫生水。北京科影厂特为西胪拍摄了《饮水卫生》科教电影片。

1969 年 7 月 27 日，他在县城刚开完会，获悉强台风将正面袭击汕头地区，即于当天上午 11 时赶回西胪，部署抗风抢险，同公社干部李继壮等赶赴抗风抢险第一线的公社围海造田指挥部，他深入巡视堤围，对每个涵闸严加检查。当发现主堤的"八斗"涵有险情时，身先士卒，率众抢修。他因腰痛不能背沙包，就用双手把沙包抱在胸前送往险段，直至将险段加固。7 月 28 日晨，强台风和暴雨、海潮越来越大，大关排涝闸的副闸板顶不住风潮的冲击，不断上浮，潮水涌进大关，主闸安全受到威胁，他亲临指挥，组织一部分人潜入水中，把上浮的闸板往下压，同时组织岸上的人加固堤围。其时，台风强度超过 12 级，海潮铺天盖地涌向大关，杨健生在与风浪搏击中以身殉职，时年 39 岁。

杨健生被追认为革命烈士，汕头地区革委会追授为"完全彻底为人民服务的好干部"，追记一等功。1970 年 5 月 18 日，广东省革委会作出《关于学习杨健生的决定》。西胪人民为了永远纪念，要求把杨健生的遗体安葬在西胪内崟山，碑上錾刻"中国共产党党员，完全彻底为人民服务的好干部杨健生烈士之墓"。

（二）革命烈士英名录

根据《中共潮阳地方史》《广东省潮阳县革命烈士英名录》《潮阳县志》以及《潮阳英烈传》的记载，自党的创建和土地革命战争起至全国解放战争期间，在潮阳革命斗争中牺牲的469位烈士中，籍贯属现在潮阳区的67位。其中，土地革命战争时期40位，抗日战争时期4位，全国解放战争时期21位。另外，在土地革命战争时期肃反中因公牺牲的2位。名单及基本情况列表如下：

党的创建和大革命、土地革命战争时期

姓　名（曾用名）	性别	出生年月	籍贯	党团员	参加革命时间，牺牲时间、地点及原因	牺牲前单位、职务
罗杜畬	男	1893.07	城南街道大南居委		1925年参加农会，1927年4月在汕头市被捕，于涂坪就义。	大南农会财政员
许贞贵	男	1896.05	城南街道大南居委		1925年参加农民自卫军，1927年4月在汕头市被捕，于涂坪就义。	大南自卫军战士
姚永和	男	1898.04	城南街道五仙居委		1927年参加农民自卫军，同年在惠来县隆江战斗中受伤，于陆丰县博美医院治伤被捕就义。	五仙赤卫队员
胡边海	男	1877.09	海门镇西南门居委		1926年参加革命，1928年2月在海门被捕，于监狱中就义。	南山区农会执委

（续上表）

姓　名（曾用名）	性别	出生年月	籍贯	党团员	参加革命时间，牺牲时间、地点及原因	牺牲前单位、职务
成文迪	男	1909	海门镇		1924 年参加农会，1928 年 3 月在海门被捕，于县城就义。	海门建船工会负责人
庄瑞德	男	1906.05	贵屿镇玉窖村		1927 年 12 月参加赤卫队，1928 年 3 月在贵屿北林村被捕就义。	玉窖赤卫队员
庄松增	男	1907.10	贵屿镇玉窖村		1927 年 12 月参加赤卫队，1928 年 3 月在贵屿北林村被捕就义。	玉窖赤卫队员
庄白鹄	男	1905.11	贵屿镇玉窖村		1927 年 12 月参加赤卫队，1928 年 3 月在贵屿玉窖村被捕就义。	玉窖赤卫队员
林锡祺	男		关埠镇京北村		1928 年在袭击驻瓯坑乡国民党部队战斗中牺牲。	县委委员、第三独立团侦探部负责人
马金水	男	1896.05	和平镇里美居委		1925 年参加农民自卫军，1928 年 5 月参加潮阳县城劫狱斗争，负伤后牺牲。	南山区赤卫队小队长
马秋木	男	1897.10	和平镇塘围居委		1925 年参加农民自卫军，1928 年送信往大南山，在成田港头被捕就义。	南山区赤卫队通讯员
陈长源	男	1884	城南街道沧洲居委		1928 年在沧洲被捕就义。	沧洲农会执委
李老天	男	1869.04	海门镇洪洞村		1926 年参加农会，1928 年在海门示威游行被捕就义。	洪洞农会执委

（续上表）

姓　名 （曾用名）	性别	出生 年月	籍贯	党团员	参加革命时间，牺牲时间、地点及原因	牺牲前单位、职务
郑金莲	男	1902	城南街道 凤南居委		1925 年参加农民自卫军，1929 年在海门执行任务中被捕就义。	中共达濠区委书记
马友元	男	1879.05	和平镇 里美居委		1929 年在两英风吹寮被叛徒杀害。	里美赤卫队小队长
傅　荣	男	1902.12	海门镇 城北居委		1927 年参加红军，1929 年在大南山战斗中牺牲。	红军四十七团战士
马英俊	男	1898	潮阳区		1925 年参加农会，1930 年 1 月因叛徒出卖，在和平溪南牺牲。	中共东江特委委员、潮阳县委常委
林秀珠	女	1900	和平镇 里美居委		1930 年 1 月因叛徒告密，在和平被捕就义。	里美赤卫队联络员
李　求	男	1890	海门镇 洪洞村	党员	1925 年参加革命，1930 年 11 月在城郊径门岭被捕，于潮阳县城就义。	中共海门区委书记
曾锦清 （姚锦清）	男	1898.09	城南街道 沧洲居委		1925 年参加农民自卫军，1930 年在海门坑尾大巷战斗中牺牲。	沧洲农会执委
郑娘叶	男	1910.09	贵屿镇 坑仔村		1930 年参加红军，1931 年在大南山战斗中牺牲。	红军二团战士
许秋荣	男	1913.12	金灶镇 官坑村		1927 年参加红军，1932 年 5 月在揭阳县城执行任务被捕就义。	红军二团战士
陈炳技	男	1902.12	贵屿镇 东洋居委		1927 年参加红军，1933 年在东洋村被捕，于普宁县流沙就义。	红军二团战士

（续上表）

姓　名 （曾用名）	性别	出生 年月	籍贯	党团员	参加革命时间，牺牲时间、地点及原因	牺牲前单位、职务
林　董	男	1889.02	海门镇城南居委		1927年参加赤卫队，1933年在海门被捕，1934年于潮阳县城监狱中就义。	海门赤卫队队长
郑老湖 （张天福）	男	1906.08	海门镇坑尾村		1930年参加赤卫队，1934年在海门龙头山战斗中牺牲。	海门外四赤卫队队长
（张鸡母）	男	1906.07	谷饶镇深洋村	党员	1928年参加红军，1935年4月被捕，于普宁县流沙就义。	原红军二团战士
郭兴太	男	1894.11	贵屿镇东洋居委	党员	1930年参加红军，1935年7月在东洋村被捕，于普宁县流沙就义。	中共南山区地方组织工作人员
郭如松	男	1909.02	贵屿镇山联村	党员	1929年参加红军，1935年因叛徒出卖，于普宁县流沙被捕就义。	原红军二团战士
郭尔洪	男	1908.06	贵屿镇山联村		1929年参加红军，1935年在山联村被捕，于普宁县流沙就义。	原红军二团战士
陈桂林 （陈林）	男	1892.03	贵屿镇东洋居委	党员	1930年参加红军，1935年在东洋村被捕，于普宁县流沙就义。	原红军二团战士
陈荣城	男	1913.07	贵屿镇东洋居委	党员	1930年参加地下组织，1935年在东洋村被捕，于普宁县流沙就义。	中共贵屿地方组织工作人员
郑东发	男	1904.05	谷饶镇深洋村	党员	1931年参加赤卫队，1935年在谷饶屯内村被捕就义。	南山区赤卫队分队长

（续上表）

姓　名（曾用名）	性别	出生年月	籍贯	党团员	参加革命时间，牺牲时间、地点及原因	牺牲前单位、职务
马番仔	男	1914.02	和平镇里美居委		1931 年参加红军，1935 年在汕头市被捕就义。	原红军二团战士
郭启木（郭娘森）	男	1907.01	贵屿镇山联村		1931 年参加红军，1935 年在普宁县流沙被捕就义。	抗日救国宣传队副队长
李钦耀（李振辉）	男	1916.05	铜盂镇屿北村	党员	1932 年 4 月参加红军，1936 年 8 月在大南山大寮村被捕就义。	原红军二团秘书
李维福	男	1915.01	铜盂镇屿北村	党员	1932 年 4 月参加红军，1936 年在江西某革命根据地战斗中牺牲。	原红军二团秘书
邱金水	男	1908.10	金灶镇乐安村		1933 年参加赤卫队，1936 年在金玉新安村被捕就义。	乐安赤卫队员
郭汉潘	男	1898.09	贵屿镇山力村		1935 年参加红军，1936 年在山力村被捕就义。	原红军二团战士
郭汉忆	男	1906.05	贵屿镇山力村		1935 年参加红军，1936 年在山力村被捕就义。	原红军二团战士
郭如铃（郭秀和）	男	1904.10	贵屿镇坑仔村	党员	1928 年参加上海地下党活动，1937 年 7 月在贵屿新乡联络情报被捕，于普宁县流沙就义。	中共上海地方组织干部

抗日战争时期

姓　名 （曾用名）	性别	出生年月	籍贯	党团员	参加革命时间，牺牲时间、地点及原因	牺牲前单位、职务
马士纯 （马大宁）	男	1910.10	和平镇里美居委	党员	1929 年参加革命，1941 年因积劳成疾，于揭阳县沟尾乡病故。	梅县中心县委书记
马雪卿	女	1918.04	和平镇里美居委	党员	1938 年参加革命，1942 年因叛徒出卖被捕，于汕头市外滩就义。	中共潮阳县工委妇女部副部长
郭　才 （郭启文）	男	1923.07	贵屿镇坑仔村	党员	1941 年 6 月参加游击队，1945 年 8 月在普宁县流沙西陇村战斗中牺牲。	潮阳人民抗日游击队 2 支队班长
蔡书雄	男	1922.04	和平镇下寨居委		1945 年 3 月参加游击队，同年在南山战斗中牺牲。	潮汕人民抗日游击队班长

解放战争时期

姓　名 （曾用名）	性别	出生年月	籍贯	党团员	参加革命时间，牺牲时间、地点及原因	牺牲前单位、职务
李开立	男	1923.06	铜盂镇屿北村	党员	1940 年参加地下党活动，1945 年 9 月，在雷岭茶园被捕，于双溪就义。	潮阳人民抗日游击队独立大队第八中队指导员
李开国	男	1929 年	铜盂镇屿北村		1945 年参加抗日游击队，同年 8 月在普宁西陇的一次突围战斗中受重伤，后因伤口溃烂不治离开人世。	韩纵第 2 支队第二大队通讯员

（续上表）

姓　名 （曾用名）	性别	出生年月	籍贯	党团员	参加革命时间，牺牲时间、地点及原因	牺牲前单位、职务
吴元成	男	1921年	河溪镇华阳村		1945年5月参加游击队，同年11月在揭阳县大洋乡战斗中牺牲。	韩江纵队一支队副支队长
郭振桂	男	1925.11	贵屿镇坑仔村		1946年4月参加抗征队，同年6月在普宁县红坑突围战斗中牺牲。	潮汕人民抗征队副中队长
黄绍云	男	1908.07	关埠镇下底村		1945年2月参加抗日游击队，1946年10月在揭阳县月城雨亭被捕就义。	潮汕人民抗征队副中队长
张明辉 （张锡鸿）	男	1926.07	谷饶镇茂广居委会	党员	1941年参加地下党活动，1947年1月在普宁县被捕，于揭阳县就义。	潮汕特委交通组长
黄元福	男	1918.05	谷饶镇石光村		1944年参加抗日游击队，1947年12月在惠来县周田清水岩被敌人包围战斗中牺牲。	潮汕人民抗征队战士
黄好瑞	男	1911.01	谷饶镇石光村		1944年参加抗日游击队，1947年12月在惠来县周田清水岩被敌人包围战斗中牺牲。	潮汕人民抗征队战士
黄春益	男	1923.09	谷饶镇石光村		1944年参加抗日游击队，1947年12月在惠来县周田清水岩被敌人包围战斗中牺牲。	潮汕人民抗征队战士

（续上表）

姓　名 （曾用名）	性别	出生 年月	籍贯	党团员	参加革命时间，牺牲时间、地点及原因	牺牲前单位、职务
黄成来	男	1929.01	谷饶镇石光村		1944年参加抗日游击队，1947年12月在惠来县周田清水岩被敌人包围战斗中牺牲。	潮汕人民抗征队战士
吴水成 （吴粗）	男	1927.03	河溪镇东陇村		1948年参加抗征队，同年7月在关埠沟头掩护部队撤退战斗中牺牲。	小北山武工队员
郑光耀	男	1922.06	潮阳区	党员	1938年参加地下党活动，1948年8月在上海汤家庄战斗中牺牲。	中共江苏省高邮县县委常委兼组织部长
蔡阿强 （蔡强）	男	1921.04	铜盂镇岐美村		1948年参加抗征队，同年10月在惠来县清水岩战斗中牺牲。	潮汕人民抗征队战士
姚炯辉	男	1921.06	文光街道		1940年3月参加革命，1949年4月在解放上海战斗中牺牲。	上海工会会员
蔡金狮	男	1925.02	铜盂镇屿北村		1948年参加抗征队，1949年7月在和平桥头战斗中牺牲。	闽粤赣边纵队第11团排长
许和容 （许和太）	男	1927.03	铜盂镇东联村		1948年投诚参加解放军，1949年8月在东北战斗中牺牲。	解放军排长
吴　镇 （吴木兴）	男	1924.06	和平镇下厝居委	党员	1947年参加抗征队，1949年8月在两英十字街头战斗中牺牲。	闽粤赣边纵队第11团排长

（续上表）

姓　名 （曾用名）	性别	出生 年月	籍贯	党团员	参加革命时间，牺牲时间、地点及原因	牺牲前单位、职务
郑允春 （郑春）	男	1927.11	金浦街道 南门村		1947 年参加抗征队，1949年 9 月在两英战斗中牺牲。	闽粤赣边纵队 第 11 团指导员
吴　和	男	1921.04	河溪镇 东陇村		1945 年 1 月参加抗日游击队，1949 年 9 月在两英战斗中牺牲。	闽粤赣边纵队 第 11 团连长
周水林	男	1929.04	河溪镇 河溪居委		1949 年 5 月，同年 10 月在两英埔美战斗中牺牲。	闽粤赣边纵队 第 11 团战士
林临坤	男	1919.02	西胪镇 埔尾村		1949 年初投诚参加解放军，同年在解放上海战斗中牺牲。	解放军战士

土地革命战争时期

姓　名 （曾用名）	性别	出生 年月	籍贯	党团员	参加革命时间，牺牲时间、地点及原因	牺牲前单位、职务
吴焕梅	男	1889	和平镇 新龙居委		1927 年参加革命，1931年初在肃反中于成田区宁湖村因公牺牲。	大南山自卫军
吴焕轩	男	1891	和平镇 新龙居委		1927 年参加革命，1931年初在肃反中于成田区宁湖村因公牺牲。	大南山自卫军

附录五 重大历史事件

一、闽粤赣边区第一次党代会在大溪坝村召开

1930 年 9 月下旬，中共六届三中全会在上海召开。全会对以李立三为代表的"左"倾错误进行了批评，停止了组织全国总起义和集中红军进攻中心城市的冒险行动，结束了李立三"左"倾冒险主义在党中央的统治。

1930 年 10 月下旬，为贯彻中共六届三中全会精神，中共中央委员邓发和广东省委常委、组织部长李富春来到东江特委所在地大南山，是年 11 月 1 日在大南山大溪坝村余氏祖祠主持召开了闽粤赣边区第一次党代会。参加会议的有东江各县代表 70 多人（闽西、赣南的代表未能赶到），方方担任大会秘书长。

会议的主要内容是传达中共六届三中全会关于纠正李立三"左"倾冒险主义错误的决定，联系东江实际，批判此前"左"倾冒险强攻城镇，造成损兵折将的错误；并确定了今后的战略方向，要在"三不管"的边区建立巩固的农村革命根据地，加强政权建设，深入进行土地改革，扩大武装力量，发展游击战争，扩大苏区，以实现党中央提出的把闽粤赣三省边区根据地连成一片与中共苏区相连接的战略意图。

为实现上述意图，会议决定成立中共闽粤赣边苏区特别委员会，选举邓发为特委书记。同时决定在东江地区成立在中共闽粤

赣特委领导下的西南分委（辖潮阳、普宁、惠来、揭阳、海丰、陆丰、紫金7县）和西北分委（辖兴梅等7县），分别由颜汉章、刘琴西担任书记，还组建了潮普惠等7个边区县委和一个边区县工委。

这次会议对潮普惠地区的革命斗争具有重大意义。它停止了"左"倾冒险行动，使大南山革命根据地形成一个统一的整体，对大南山苏区的巩固和发展、红军和地方武装的壮大、土地革命的深入开展等都起到了积极的指导作用。会后，根据边区特委决定，潮普惠三县党组织合并，成立中共潮普惠县委，书记陈醒光（海丰人）。

为了便于组织领导，中共潮普惠县委把原来潮阳、普宁、惠来三个县的地域划分为棉城、玉峡、贵屿、普宁、大坝、流沙、云落、惠城、靖海、葵潭10个区，并抓紧成立了9个区委员会。1931年夏又增设了南山与北山特区，并建立了2个特区委员会。当时，潮普惠县委有260个支部，党员1400多人。南山特区的党员占全县的一半。

二、潮汕地区第一支武装队伍建立——峡山农民自卫军独立营

1925年2月，广东国民革命军举行第一次东征，于3月底击溃了盘踞惠州、潮汕一带的军阀陈炯明部，并进驻潮汕。3月，为响应东征军，潮梅军第一路司令周潜（峡山溪尾人，后背叛革命）在潮阳起义，改称潮阳民军，配合张民达师（叶剑英为参谋长）攻克潮阳，进逼汕头。3月12日，孙中山在京逝世。国共两党组织各界民众进行哀悼活动，广泛宣传孙中山遗愿和革命精神，形成一次全国规模的声势浩大的革命宣传活动。东山中学在潮阳各界民众的大力支持下，冲破各种阻力，率先发起潮阳各界追悼

孙中山活动，大力宣传孙中山"联俄、联共、扶助农工"的三大政策，号召全县人民加入反帝、反封建、反军阀的战斗行列。

是年6月，革命军回师广州讨伐滇、桂军阀杨希闵、刘震寰叛乱，潮梅又沦入军阀洪兆麟手中。当时，潮汕党组织指派方惟精、方方（方思琼）到峡山（潮阳县）建立潮汕地区第一支武装队伍——农民自卫军独立营。独立营以周潜部队作为掩护，营部设于峡山的关帝庙，营长方惟精。参加这支队伍的有潮阳、普宁、潮安等县的工人、农民近100人。

是年9月27日，国民革命军举行第二次东征，为配合东征军的行动，动摇盘踞在汕头的军阀洪兆麟部队，峡山农民自卫军独立营夜袭驻关埠的洪兆麟辖下谢文炳师部的留守处。是夜，独立营包围了关埠谢文炳部驻地的义仓、奎光书院，组织了几次冲锋，都未能奏效，天亮前部队撤出。后转移到潮安庵埠，在双溪嘴铁路桥上的铁轨插上铁楔片，以破坏敌人列车。

三、"潮汕七日红"对潮阳的历史影响

1927年，中国共产党领导的"八一"南昌起义，打响了反抗国民党反动派的第一枪。随后，起义军南下挺进潮汕，并建立了红色政权——汕头市革命委员会。起义军从1927年9月24日到汕头市，9月30日撤退，为时只有7天，潮汕群众把这革命的7天亲切地称为"潮汕七日红"。这段历史虽然短暂，但足以载入潮汕史册，永远昭示后人，是潮汕革命老区发展史闪光的一页，对潮阳有深刻的历史影响。

大革命失败后，中国共产党继续高举革命旗帜，开始了新的斗争。1927年7月中旬，中共中央决定举行南昌起义，武装反抗国民党反动派，成立了以周恩来为书记的中共前敌委员会，负责起义事宜。8月1日，周恩来、贺龙、叶挺、朱德、刘伯承等，

领导党所掌握的国民革命军两万余人，发动了南昌起义。8月3日，起义军开始撤离南昌，南下广东。这是中共中央的既定决策，中央认为，广东是孙中山先生从事40余年革命活动的根据地，"军事地理上占有优势，工农运动也可称之为核心"。起义军南下的任务是先得潮汕、海陆丰，次取广州，建立工农政权，恢复广东革命根据地。

部队离开南昌时，中共中央即致函广东省委："即刻以全力在东江接应。"为此，省委制定了暴动计划，并于8月20日派省委秘书长赖先声（赖玉润）到汕头组织暴动，成立了潮梅暴动委员会，负责指挥东江地区的策应工作。汕头市也成立暴动领导机构，即汕头市革命委员会，赖先声为委员长，市委书记黄居仁等4人为委员。同时，做出了组织800名工农武装等6项决定。此后，汕头市及潮汕各县迅速恢复了党组织和工会、农会组织，发展壮大工农武装。从8月下旬至9月中旬，潮汕各县的农民自卫军或发动攻打县城，或袭击区署、警署。潮汕铁路工人配合沿线各乡农会破坏铁路，阻滞敌军的运输。汕头市全市商店罢业，市井一片萧条。各地革命群众散发传单，张贴标语，号召打倒国民党反动政府，欢迎起义军进入潮汕。

广东是蒋介石集团的战略后方，蒋介石急令坐镇广州的李济深调兵遣将，阻击起义军。起义军沿途浴血奋战，击溃黄绍竑、钱大钧部，于9月19日进抵广东境内的大埔县三河坝。此时，总兵力仅有1万余人。虽兵员锐减，但将士斗志昂扬。前委决定，留朱德带2700多人扼守三河坝，牵制梅县方向之敌。周恩来、贺龙、叶挺、刘伯承等率主力8000人挺进潮州和汕头。9月23日下午，起义军占领了潮州。

起义军进入潮州的消息传到汕头后，23日下午，杨石魂以汕头市总工会委员长的名义发布紧急通知，号召全市工友响应起义军进城。当晚，工人武装经过激烈的战斗，占领了各区警察署，旋即合力围攻警察总局，杨石魂率领数百农军入城增援，敌人凭借武器精良负隅反抗。1927年9月24日晨，起义军前锋进入汕头市区，与工农武装并肩作战攻下警察总局。24日下午，前委及革命委员会成员和贺龙、叶挺等抵汕。24日，是汕头市人民难忘的一天。这天迎来了南昌起义军，盼来了红色政权汕头市革命委员会，汕头获得新生。这天，海关、车站、码头彩旗飘扬，大街小巷挤满迎军群众。赖先声第一个来到设于民权路95号大埔会馆的起义军总指挥部，会见了前敌委员会书记周恩来，并宣告汕头市革命委员会成立，赖先声为委员长，古汉忠为秘书长，李立三任公安局长（由徐光英代），郭沫若为海关监督兼外事交涉使，汕头市委同革委会组织各方力量，迅速开展工作，一是接管旧政权，安定社会秩序；二是大造革命舆论，宣传起义军南下意义；三是开展拥军慰问活动，军民亲如一家；四是组织复工复产，为起义军筹集军需。25日，汕头市上万群众在牛屠地隆重集会欢迎起义军，周恩来、贺龙、叶挺等先后在大会上讲话，鼓励工农大众奋起斗争求解放，场面十分感人。

英、日、美、法等帝国主义，调集了近10艘军舰，帮助运载国民党军队向汕头市登陆反扑。国民党反动派急忙从潮梅和广州调集十多个团共3万余人的兵力，从四面八方压向潮州、汕头和三河坝，起义军处于数倍于己的敌人合围之中。从9月27日起，起义军在揭阳的汾水，潮州的竹竿山、葫芦山，大埔三河坝的东文部、笔枝尾山和汕头市的市区，与强敌展开了殊死的战斗。此时，由于受广东军阀陈济棠部队的攻击，9月30日潮州失守，汕头市已失去依托。在敌强我弱的严峻形势下，起义军难以继续在汕头市坚持下去，以周恩来为书记的起义军前敌委员会和汕头市革命委员会领导当晚果断作出决定，撤离汕头，转战海陆丰，与当地农民运动相结合，开展土地革命战争。于是起义军在前委、革委的率领下主动撤离汕头市，在揭阳县炮台镇（今揭东区炮台镇）会合，渡过榕江，取道潮阳县境，开赴海陆丰。突围出去的起义军一部 1300 多人转战后进抵海丰，整编为工农革命第 2 师（后改为红 2 师），在东江一带开展武装斗争。另一部 1000 多人在朱德的带领下，沿闽粤赣边境进入赣南，于 1928 年 4 月上井冈山与毛泽东领导的秋收起义部队会师。

起义军撤离汕头市前，林国英等根据上级的指示，及时组织隐蔽的地下党骨干，积极做好迎送起义军通过潮阳县境的各项工作。

10 月 1 日黎明，榕江南岸的京北渡口，人头攒动，秩序井然。当先头部队横渡榕江上岸时，群众热情接应。

身材魁梧的贺龙军长，接过群众热情送来的开水连饮数口，激动万分。傍晚，部分起义军在关埠宿营，宿营地长达 1.5 公里，村里的祠堂、埠头和海堤都睡满了起义军将士。至深夜，前头的起义军又继续朝海陆丰方向转移。

1927 年 10 月 1 日，起义军前敌委员会机关及贺龙、叶挺率领的南昌起义部队数千人，急行军抵达今潮阳区谷饶镇深洋村附近的赤杜岭，于岭上驻军扎营，以感天大帝古庙作为临时军事司令部，錾刻"红军万岁""拥护红军"等革命标语。该址于 2016 年被定为第六批汕头市文物保护单位。

在市、区、镇党政的重视支持下，深洋村于 2016 年"八一"建军节鼎建《赤杜岭红军纪念碑》，开国元勋刘伯承元帅之子刘蒙将军题额碑名。

南昌起义军在潮汕时间虽短，但消灭了敌人有生力量，重创了国民党反动军队，沉重打击了国民党反动派在潮汕地区的统治。对潮汕尔后的革命产生了巨大的历史影响。南昌起义军既是战斗队，又是宣传队、工作队、播种机，它在潮阳革命老区播下了革命火种，唤醒了潮阳人民为自身的解放而奋起斗争。

四、大南山革命根据地红色石刻标语

粤东潮汕地区至今保留的大南山革命石刻标语群，共36石、57幅、467个字，分布在潮（阳）普（宁）惠（来）一带的大南山上，是土地革命战争时期火热的年代、峥嵘的岁月里，在海陆丰大南山革命根据地留下来的珍贵文物。在那战火纷飞的日子，英雄的大南山儿女，机智、勇敢地粉碎了敌人一个个的阴谋诡计，用生命和鲜血把它完整地保存下来，成为广东省文物保护单位。

（一）红军进山

海陆丰革命根据地潮普惠苏区地处大南山，是莲花山系南阳山的延续，西东走向。大南山地跨潮阳、普宁、惠来等地，总面积约1500平方公里。西北山岭盘错高峻，连接南阳山，连接大北山；东南丘陵起伏，濒临南海。主峰望天顶，海拔972.5米，周围群山耸立，怪石嶙峋，岩洞密布，利于潜伏隐蔽。1927年境内有自然村100多个，人口5万多，三县交错，民众来往频繁。大革命时期，这里的党组织和工农运动已有相当基础。1927年"四一二"反革命政变后，在中共汕头地委常委杨石魂等指导下，普宁、潮阳党组织发动了工农反蒋武装暴动。旋又在南昌起义军挺进潮汕的推动下，潮普惠三县分别成立了广东省东路工农革命军第3、第5、第6团。冬季掀起了年关暴动高潮，遭到国民党当局的镇压。中共组织和革命武装逐步向大南山转移。

1928年，海陆丰农民运动转入低潮，由于敌众我寡，东江特委机关被迫于1928年3月27日，在东江特委书记彭湃和红军第2、4师董朗、叶镛、徐向前、颜昌颐的率领下，从海陆丰转移到大南山，开辟了大南山革命根据地，并成立了潮普惠苏维埃政权。

大南山便成为海陆丰革命根据地党、政、军领导机关的所在地，是该地土地革命战争的领导、指挥中心，成为中央革命根据地南方外围前哨。海陆丰革命根据地是全国十三块革命根据地之一，潮阳是其重要组成部分，为中国新民主主义革命的胜利做出了重要贡献和巨大牺牲。

1930 年 10 月下旬，为贯彻中共六届三中全会精神，中共中央委员邓发和广东省委常委、组织部长李富春到东江特委所在地大南山。11 月 1 日，在大溪坝村余氏祖祠召开了闽粤赣边区第一次党代会，参加会议的有东江各县代表 70 多人（闽西、赣南的代表未能赶到），方方担任大会秘书长，会议决定成立中共闽粤赣边苏区特别委员会，选举邓发为特委书记。大南山根据地进入全面建设阶段，成为海陆丰革命根据地的中心。11 月中旬，潮普惠三县党组织合并，建立潮普惠县委，成立大南山特区。接着，潮普惠县工农兵代表大会召开，成立潮普惠苏维埃政府，县以下设南山特区、大坝、流沙、玉峡、惠城、葵潭、靖海等 7 个区政府，成立了 560 个乡级政府。根据中共中央军委南方办事处的指示，东江红 11 军改编为红军第 6 军第 2 师（不久又改为东江红军独立师），下辖两个团，第 1 团以第 49 团为基础，活动区域以海陆紫苏区为主；第 2 团以原第 47 团为基础，与从八乡山转移到大南山原第 46 团合编而成，活动区域以潮普惠为主，加强武装队伍的领导，发展地方武装力量。同时，党、政、军协作，开辟潮普揭边小北山根据地的建设。

同时，在林樟（今惠来县惠城镇林樟村）开办了彭杨军校第四分校，培训军事干部并附设赤卫队和儿童团干部训练班；扩建西南医院、开设军械厂、被服厂、粮站和设置电话总机等，加强了后勤建设。中共东江特委在大南山开办了党校，潮普惠县委开设印刷所，印刷出版《东江红旗》等 5 种报刊，成立了宣传队和赤花剧社,大南山革命根据地进入了全盛时期。这里是中国共产党东江特委领导下海陆丰革命根据地的重要组成部分,充分发挥了南方外围屏障前哨的作用,在革命根据地史上占有重要的地位。从1927年大革命失败后到1935年,它坚持了八年艰苦卓绝、英勇顽强的斗争,沉重地打击了当地的反动势力,有效地牵制了国民党一部分正规军,有力地配合了其他革命根据地的斗争,青史流芳。

(二)石匠翁千

中共东江特委为了加强政治宣传和文化教育,使土地革命深入开展,特意组织石匠翁千等在大南山的巨石上雕刻大批革命标语,这是当时红军所留下的不可磨灭的物证。

翁千,一名登科,今潮南区成田镇后坪村人,1879年生,因家贫只进私塾读书三个月,便跟父亲种田、打石。后坪村山地八千亩,山里蕴藏着无数油麻石,是刻制石砻、石臼等工艺品,或高级建筑物的好材料。翁千自幼心灵手巧,刻苦用心,不仅能刻出深沟平底的碑字,而且字迹清晰、精准,青壮年时就成为大南山一带著名的石匠。

他青少年时便具有强烈要求自由民主和反抗强暴的革命精神。1926年,成田和沙陇(今潮南区)农会成立,他就和几个年纪较大的儿子,带头联合全村的穷人,组织了后坪农民协会,并把该村的"三姓祠"作为农会会址。翁千为树立农会权威,还在芙蓉山边一块大石上刻下一张犁,长2.1尺,高1.5尺,犁身略高,似旗上的犁徽,象征红旗与石长存。还在附近的一块石上刻有"农民协会建造"的字样,并在对面山坡的石上也刻上犁徽。翁千刻犁之日,正是他为革命刻石之始。

1928年,大南山风展红旗如画,红军第47团已驰骋山上山下。是年夏,翁千受命于东江特委书记彭湃,全家三代人先后前往大南山参加革命。1930 年，东江苏维埃政府从丰顺八乡山南来，在潮属大溪坝对面的顶狮埔（今潮南区红场镇大溪坝村），主持"惠潮普工农兵第一次代表大会"，讨论如何在红五月夺取三县政权。翁千奉命前来，在石上錾刻下了"惠潮普工农兵第一次代表大会万岁""反对第二次世界大战""武装拥护苏联""完成西南总暴动"（"暴动"字未刻成）等四幅标语。从刻犁到刻标语，这是翁千为革命錾刻标语的跨越。同年秋，党中央决定成立闽粤赣边区，边区特委书记邓发、代理广东省委书记李富春前来指导。从此，潮普惠合为一县，大南山合为一个苏维埃特区。接着在赤竹丘建立红场（今潮南区红场镇），上级特派翁千专职在主要道路两旁，将岩石当白纸，专心雕刻。这个时期，党中央为纠正"左"倾路线，指明苏维埃要巩固才能发展。翁千便在阅兵台正面刻上了"巩固苏维埃政权"特别显眼的标语；还在盐岭径上刻上了"列宁主义万岁！"的标语。他的儿子笑称："爸爸高升石司令！"大南山人民以歌谣赞道："翁千高升石司令，刻苦耐劳心眼明，千山万石任调遣，点石成兵闹革命。"

　　翁千在敌人必经之道造"炮弹（刻标语）"，打击敌人。敌人对其恨之入骨，要置他于死地而后快，派出暗探打手寻机报复。有一次，翁千在芦鳗坑搭架刻石标语。全文是："苏维埃欢迎白军士兵拖枪到红军来"，分成两行，从上而下錾刻，当刻好上面七个字时，伪装成农民的敌人近身猛扑。翁千纵身跳入水中，敌人开枪猛打，水面泛起血花。次日，敌人大摇大摆到此收尸领取"花红银"（奖金），不料浮上水面的却是一条芦鳗。如今，那块大石上还留下"苏维埃欢（在右边）""兵拖枪（在左边）"，作为历史的见证。

　　从 1928 年夏至 1931 年冬，翁千和助手默契配合，冒着生命危险，由盐（岭）汤（坑）径到雷岭径，纵横数十公里的路边石，都刷上银朱色的革命石刻标语群。在那艰苦的革命斗争岁月，翁千带领儿子及亲属，一起坚持革命斗争，浴血奋战，其次子、四子、六子、堂弟、堂侄等五人，为了解放事业，为錾刻革命标语，先后相继为革命献身，翁千擦干眼泪，继续忍痛为革命錾刻标语。1933 年，翁千病危，临终嘱咐媳妇官美香道："你们不可离开本村，赤派一定会再来的！"他终年 54 岁。翁千遗下的铁锤、铁笔保存到 1963 年春，由官美香亲手献给文物工作组，现仍保存于潮南区大南山革命历史纪念馆。人们以歌谣赞道："血刻石标震南山，忠烈满门数翁千，赤派到底全家愿，留得丹心在人间。"

1963 年 2、3 月间，经文物工作组调查发掘，把仅存的石刻标语，逐字刷上红银朱，并逐一拍摄，让它"阴天代红日闪光，黑夜像星星发亮"。经查证核实，总数 36 石，57 幅，467 个字。计原潮阳市红场镇 25 石，37 幅，312 个字；普宁市汤坑径 7 石，10 幅，81 个字；惠来县盐岭径 4 石，10 幅，74 个字。这些革命石刻标语，字字含血，结合当时革命斗争形势，旗帜鲜明，犹似炮弹。除上述以外，还有"实行全国总暴动""建立全国苏维埃政权""实行土地革命""准备夺取全广东政权"等革命石刻标语。翁千呕心沥血，创造新文字，赋予新含义，丑化敌人，歌颂中国共产党。例如"巩固苏维埃政权"，"巩"字本是"工凡革"，改为"廿凡革"；"打倒帝国主义、国民党！"，丑化"国民党"是"猪狗党"，"党"字左边加个反犬偏旁；彭湃在日本留学时，为革命组织命社名"赤心"，回国创办刊物也名《赤心》，他给大南山人民也留下一颗赤心，翁千运用变体字，在"团结起来"的"团"字中间刻上"赤"字。

（三）标语长存

从反共头子南山管理局局长薛汉光到林达，这帮"活阎罗"对革命石刻标语，怕得要死，恨得要命，千方百计毁坏它，手法诸多：其一、借口修公路，可炸则炸，可盖则盖。雷岭公路边刻有标语的大石，被炸毁砌路坡。大溪坝附近的两块石刻标语在路心，被推土覆盖；其二、对难炸难覆盖的，则用水泥糊掉；其三、匪兵分段包干捣毁，未完成者或罚款或坐牢杀头。

大南山区的广大革命群众把革命石刻标语当作指路明灯，想尽办法地自觉保存标语。其一、用土泥代水泥糊盖，敌撤走后再复原文。其二、盖草种藤保标语。中华人民共和国成立后，文物组根据群众的指引，到汤坑径一块大石边，锄开刺帕藤，"红军绝对不杀白军士兵"10个深沟平底的石刻大字，展现人们眼前。这正是："苏区百姓好聪明，上盖山草下栽藤，转眼石身盖绿被，标语与藤同生根！"。其三、以退为进。大溪坝公路边一块大石上只留"红军官兵"四个字，群众协力把下面水泥挖掉，恢复原状，全文是"红军官兵伙生活一律平等"。其四、巧妙隐蔽。刻着"打倒国民党"的一块大石横在龙颈村外的大道中，为避开敌人炸毁，村民一起挑土铺高路面，把它掩埋起来。中华人民共和国成立后，文物工作组在三位农民的指引下，到达长辈当年埋石处，把其挖出来，恢复了原来面目。其五、甘洒热血，与敌周旋。敌人为把"红场"变"白场"，多次组织匪兵，妄图炸毁阅兵台前"巩固苏维埃政权"的革命石刻标语，诸多诡计尽落空。叛徒林某（乡长）暗中到两英南山管理局告状，伪局长狗急跳墙，立即亲率各乡保甲长驱车前来，主持所谓炸石反共誓师会。当天，这里的青壮年全部有意避开，年届耄耋的长者扶杖前来，背靠阅兵台，列成一排排，一老者说道："俺这石船社（红场镇旧称）是'飞鹅地'，你们要炸的这块大石是'鹅头'，'鹅头'炸毁地理破，人亡乡里散，若是不肯容情，俺这班老朽甘愿与石同炸！"有人暗中告诫林某某道："杜猴唔食洞口草，要钱好商量，你须为自己留条后路呀！"林听后心虚脚软，暗告局长，要求折衷办理。局长得钱，点头默许，把反共誓词贴在七字革命石刻标语上，匆匆宣誓后，带头驱车离开。经过多次反复斗争，终于使这幅革命石刻标语完好地保留下来。

从古大存离开大南山，率队北上兴梅坚持革命斗争的 1935 年算起，大南山的武装斗争虽然暂时中断了，但从大南山区广大人民群众冒着生命危险，自觉巧妙保护革命石刻标语来看，则革命斗争还在继续，他们与古大存这支队伍遥相呼应，红旗不倒，迎风飘扬，大南山人民百折不挠，直到建立了社会主义的今天。人们深信，老区人民一定会继往开来，完成革命烈士未竟的事业，付出更大的努力，创造绚丽多姿的明天。

（此文原刊于中央文献出版社出版发行的《中国工农红军石刻革命标语的时代特点与语言风格研究文集》一书，是广东省唯一入选该书的文章）

五、潮汕人民抗日游击队成立

1945 年 3 月 9 日，中国共产党领导的潮汕人民抗日游击队于普宁县白暮洋村正式宣告成立。党代表林美南，队长王武，政委曾广，政治处主任林川，军事顾问谢育才，军需处主任张珂敏。

游击队共 200 多人，设 2 个中队和 1 个短枪班。同月 11 日晚，游击队开赴大南山的锡坑，后在大窝村建立了司令部、后方办事处和党务工作委员会，同时设置了宣传、民运、后勤等工作机构。13 日，潮汕人民抗日游击队向社会公开发布《潮汕人民抗日游击队成立宣告》，给乡土沦亡的潮汕人民带来了希望，在社会上引起强烈反响。

潮汕人民抗日游击队根据队伍刚建立，缺乏作战经验，但士气高，熟悉当地民众和地形的实际，决定组织精干小型突击队开展抗日游击战。3 月下旬，由大队长王武等带领的两支突击队分别开赴普宁北部地区和潮普交界地区开展抗日游击武装斗争。

为了显示潮汕人民抗日武装的力量，扩大影响，潮汕人民抗日游击队主力440多人举行了武装大巡行。队伍从大南山下平原进流沙，经旱塘、南径、贵屿、南阳、赤寮等地，最后返回到普宁大坝葫芦地，一路高唱《潮汕人民抗日游击队歌》，沿途贴出《告伪政府伪军人员书》和发布《为准备反攻驱逐日寇告潮汕同胞书》，对敌人开展攻心战，号召潮汕爱国同胞武装起来，配合游击队杀敌卫乡，群众纷纷响应。当由许继带领的游击队进驻六区（今潮阳区铜盂镇）壬屿乡时，地下党员李开立热情接待和积极协助游击队开展动员青年入伍的宣传工作，李开立的家一时成为壬屿爱国青年参加抗日游击队的报名接待点。该村先后有李四海、李开国等13名青年加入许继率领的游击队伍。至5月下旬，潮汕人民抗日游击队发展至500多人，扩编为2个大队和1个警卫连。

抗日游击队到壬屿活动后，国民党六区区长林崇良派出区署警兵和宅美十三乡乡长及壬屿的保长查抄李开立的家，强令村民集中到"联中"的操场，以李开立参加"共匪"的罪名宣布取消其一家的户籍，并不准村民与李开立来往，违者以"通匪"论处。他们还搬稻草到李开立的家，准备纵火烧毁其家舍，幸得村民极力说理说情才免于遭难。

同年6月初，中共潮梅特派员林美南在大南山游击根据地的普宁陂沟村，召开了潮汕各地党组织和游击队主要领导人参加的关于发展抗日武装力量的会议，传达了中共广东省临委关于把潮汕人民抗日游击队扩编为广东人民抗日游击队韩江纵队的决定，林美南任韩纵党代表（后任司令员兼政委），谢育才任军事顾问。

六、解放赤寮乡　活捉黄少初

1948 年 4 月，国民党广东省潮汕（第八战区）专员兼剿共司令喻英奇，为加强各县防御力量，拼命地建立和扩大各县的自卫队、常备队或区、乡联防队，新编了一个省保安第 11 团。是年七八月间，他任命黄少初为潮阳县保安第 3 营少校营长。并令该部驻扎于小北山南麓重镇的赤寮乡（今潮阳区谷饶镇），扼住潮阳六、八区交通要道。该营 200 余人，是一支武器装备较好的地方反动武装。配有轻重机枪 10 余挺和一批新式步枪，除其第 7 连 70 余人驻于第八区外，营部和第 8、9 两个连分别据守赤寮的如意祖祠、若光楼和周围的镇南楼等炮楼据点，统辖潮阳六、八区和普宁四区等地区。

土匪黄少初摇身一变，成为国民党军官后，变本加厉地压榨百姓，抢劫民财，无恶不作。

全国解放战争取得节节胜利，蒋家王朝即将宣告覆灭的 1949 年 6 月底，中共潮汕地委和闽粤赣边纵队第 2 支队司令部，根据上级的指示和人民群众的迫切要求，为了抢在胡琏兵团进犯潮汕之前，且入汕"台湾新军"第 18 军第 11 师立足未稳之际，消灭地方反动武装，拔除潮汕平原敌人据点。因此，决定集中 2 支第 1、3、4、9、11 团和边纵直属第 5 团共 3000 多人的优势兵力，采取"围点打援"的战略战术，彻底歼灭黄少初部。

按照作战部署，兵分六路。是年 7 月 4 日（农历六月初九）傍晚至 7 月 5 日凌晨，负责主攻和打援的各路人马已先后悄悄地进入预定的地点，充分做好战前的准备。战斗打响，2 支司令员张希非和副司令员陈彬亲自指挥，主攻部队驻扎的各个制高点，枪炮声齐鸣，火力直压敌楼，战士们从埋伏点出击，直扑敌巢。

黄少初的大本营，位于赤寮乡的东南面，在上堡、华里两村交界处。若光楼楼高五层，顶部为亭台结构，它南面和大团楼相望，北面与楼上楼对峙，相距近百米，它的西面紧靠如意祖祠，东邻是一座四点金瓦屋。若光楼视野宽阔，易守难攻。若光楼守敌，凭借其武器优势和有利地势，继续负隅顽抗。

该部重新调整火力，在附近的炮楼集中火力封住敌楼北面的枪眼，掩护第 11 团第 5 连第一排攻坚，于底层楼墙炸开了一平方的大窟窿，战士们猫着身子冲了进去，并从楼梯口向楼上守敌开火。这时，大本营守敌在我军强攻的威慑下，在强大政治攻势的感召下，70 多名敌人不得不乖乖地放下武器，下楼列队投降。

在打扫战场时，搜索部队挨门逐间搜查，终于在左畔后房活捉了黄少初。

至此，保安团第 3 营全军覆灭，生擒黄少初的消息顷刻传遍潮、普、惠四乡六里，群众欢欣鼓舞。由于"围点打援"突出，该部顷接中共中央华南分局的嘉奖电报。

七、屡立战功的第 11 团印刷组

解放战争摧枯拉朽，大南山麓号角频吹。早在 1947 年，"潮汕人民抗征队印刷组"成立，活跃在大南山山区，组长李作宣，这便是闽粤赣边纵队第 2 支队第 11 团印刷组的前身。随着潮汕革命斗争的发展，1948 年 6 月，中共潮阳县委组建潮阳县四七区武工队，调李作宣任该队指导员，印刷组长便由吕登扬负责。鉴于革命斗争的需要，1948 年冬，大南山印刷组与大北山《团结报》合编。随着解放战争迅猛发展，根据上级指示，1949 年 2 月惠潮县委奉命于潮阳大南山组建第 2 支队第 11 团，第 2 支队政治部委派吕登扬负责筹建第 2 支队第 11 团印刷组。其时工作人员有：男同志包括黄振浩、黄胜、张卫、张耀源、吴雄、郑略、黄健华、郑剑青，女同志包括郑克鸣、郑秀珍、郑莹、马洁、林宝川等 10

多人，组长吕登扬、黄振浩（6 月始任）。印刷组没有固定的驻地，它是随敌情的变化和部队的转移而转移的，居无定所，背包在肩，工具在手，流动驻村，风餐宿露。该组先后驻扎于大南山的圆山仔、林招、林者世（苏林）、佳溪、四溪、大溪坝和大南山前哨的东浮山、梅林、白坟等村落。

印刷组的任务：翻印供部队、机关干部学习的 16 开和 32 开规格的小册子；经常缮印毛泽东著作《延安整风》《三大纪律，八项注意》《反对自由主义》《开展批评与自我批评》《反对党八股》《为人民服务》《纪念白求恩》《论联合政府》《论目前形势与我们的任务》等文章；抗"三征""减租减息"等文件；翻印军事教材、革命歌曲、民谣和中国人民解放军在前线的捷报、号外、宣传标语、布告、征枪借粮收据等等。当时，印刷组成员刻苦钻研，技术精益求精，每张腊纸最多曾印过 4000 多份，创造了当年的奇迹。在那战火纷飞的武装斗争环境里，印刷组为更好地服务前线，任务十分繁重，大家经常是夜以继日地埋头苦干。缮写手往往干得眼花缭乱，精疲力竭，头晕目眩；印刷手有时日夜站着印刷，站得两足浮肿。他们为了早日解放潮汕，孜孜以求，不下火线，无怨无悔，奉献青春。

印刷组的领导，以身作则，身教在先，对上级的指示不折不扣。他们在这块洒满革命先烈鲜血的土地上，率领组员冒着敌人的炮火勇往直前，自觉弘扬民族精神，争当民族脊梁。1949 年 6 月，印刷组率先在武装斗争前线建立了新民主主义青年团，大家主动申请入团，经战火考验，先后吸收黄振浩、郑莹、黄胜、郑略等为新民主主义青年团员。这些青龙活虎的青年，处处都能发挥团员的作用，他们有觉悟、有抱负、有热情、有能力，干起工作多是通宵达旦，以手中的钢笔和刷子当武器，以资料文件为子弹，痛揍国民党反动军队。他们在繁忙、动荡的工作中做到挤空学习，带头唱革命歌曲，激励自己，鼓舞士气，经常召开民主生活会议，开展批评与自我批评，互相关心，互相帮助，互相爱护。是年 9 月，表现最为突出的郑莹率先在火线光荣加入中国共产党，往后，印刷组建立了党小组，充分发挥了党团组织的先锋模范和突击作用。

印刷组凭着一颗红心，为了革命的需要和解放战争的胜利，为了广大劳苦人民的翻身解放，遇到任何困难，都能想出办法克服，这个"战地印刷厂"刻写—印刷—转运环环靠紧，文件、资料质量上乘，且能隐蔽包装，避开白狗耳目，不论白天黑夜，不论刮风下雨，争分夺秒，秘密转送。他们所到之处广泛深入宣传我军的性质和英勇善战的事迹，与老区群众结下了鱼水情谊。村民热情勇敢支援人民子弟兵，自觉以村为单位组织民工，积极为印刷组搬运文件，挑行李，一村转过一村，安全直达驻地。印刷组缮印的文件底稿，都属机要绝密，每到驻地，依靠当地可靠的地下党员、骨干，火速找最偏僻、野草高、没人到过的深谷山沟石洞藏放，决不落在敌人手中。印刷组枕戈待旦，每碰到敌情，需要转移，则不论白天或黑夜，必须立即把藏放于石洞的文件底稿取回带走。在战火纷飞的日子里，大家夜间均要轮班放哨，注视敌人动向，从没睡过一个安稳觉。1949 年 8 月间，印刷组驻扎于大南山前沿的现属潮南区仙城镇的梅林村，此夜 11 时许，顷接紧急情报，称国民党胡琏残部要进犯我解放区，印刷组与径口地下交通站有被包围的危险，必须火速撤出包围圈。于是由黄振浩、张耀源与几位当地群众迅速出发，他们冒着毛毛雨，飞步摸黑直达梅林山顶的深坑石洞取回文件，归途大家压低嗓音提醒"同志呀，要注意，枪上膛，防野兽，防敌人！"

印刷组翻印的宣传资料，总是大智大勇地及时由交通站转送第 2 支队第 11 团所属部队、各区武工队和地下党组织，乘夜间在白区张贴、散发，敌人看了密密麻麻的标语群和传单，既怕又恨，目瞪口呆，惶恐不安，从而大长我军威风，打下敌人嚣张气焰。

1949年9月下旬至10月中旬，正是印刷组工作最繁忙、最紧张、最兴奋的时刻，大家一鼓作气赶印潮阳县军管会、2支第11团、县人民政府的布告、标语以及对敌军政策、解放城市工商业政策等各种印刷品。此时，人人扬眉吐气，劲头十足，废寝忘食，一个多月经常通宵达旦，累了打个盹，渴了饮口水，争奉献，立新功，为解放潮阳县城做好宣传准备工作。

1949年10月20日，潮阳县城宣告解放，10月22日潮阳全境解放。第2支第11团印刷组随着革命的需要，改为中共潮阳县委宣传部新潮出版社，所有人员都服从组织调配，分别安排在中共潮阳县委员会、潮阳县人民政府、县税务局、县新华书店等单位工作。星移斗转，日月如梭，如今，他们健在的均是谈笑风生的老翁、老妇，孙儿绕膝。跟笔者在原潮阳市委党史办共事10年的当年印刷组组长黄振浩，已离开人世作古。印刷组漂亮地完成历史使命，红土地上的人民不会忘记你们，你们光辉的事迹，光辉的形象永留人间，青史流芳。

大事记

一、党的创建和大革命、土地革命战争时期（1919.5—1937.7）

1919 年

1917 年俄国的"十月革命"爆发。5 月，潮阳进步师生响应"五四"运动，成立"潮阳县学生联合会"，举行集会游行和演讲。

11 月 5 日，在县学联的组织下，县城学生举行反帝爱国大行动，罢课罢市，查禁洋货。

1920 年

春，潮阳县学联响应潮汕赈济会为支援北方地震、水灾的难民，号召中、小学生献手制工艺品，进行义展义卖，将售款支援北方灾民。

6 月，潮阳县首份宣传新文化的刊物《新潮报》在县城创刊出版。

1921 年

5 月，潮汕地区社会主义青年团代表参加在广州召开的全国第一次劳动大会。

1922 年

春，广东社会主义青年团负责人委托汕头的叶纫芳在汕头建立分团。

4 月 19 日，少共国际代表苏联人 C. A·达林和中国共产党主义青年团全国大会筹备处代表张太雷途经汕头，与汕头的先进青年会晤，介绍俄国十月革命的情况。

1923 年

年初，由潮州进步青年经营三年之久的"新刊贩卖部"发展为"青年书店"。该书店经营的数十种进步读物，宣传社会主义、马克思主义。

11 月，彭湃在汕头市成立惠潮梅农会筹备处。

1924 年

1 月 20 日至 30 日，在中国共产党的帮助下，孙中山领导的国民党在广州召开了有共产党人参加的"一大"，确定了"联俄、联共、扶助农工"三大政策，并改组了国民党中央党部，确定了形成国共合作革命统一战线，广东成为国民革命的根据地。

是年，旅新加坡和平人（今属潮阳区）马立三闻孙中山先生准备发动北伐战争，变卖不动产倡捐，发动华侨捐资，为广东国民政府募捐一笔巨款。

1925 年

6 月，方惟精、方方（方思琼）受潮汕党组织指派到峡山建立潮汕地区第一支武装队伍——农民自卫军独立营，参加这支队伍有潮阳、普宁、潮安的工人农民近 100 人。

国民革命军两次东征期间，周恩来以国民党东江党务组织主任身份主政东江。潮梅地区的国民革命运动得到了很快发展，潮阳的学生组织先后恢复了活动。

11 月，省农协特派员吴涵、林国英先后到潮阳发展农运。

同月，广东省总工会特派员方汝辑（中共党员）到潮阳组织成立县总工会委员会。1926 年 1 月，潮阳县总工会正式成立，全县会员达 1 万多人。同年秋，建立了工人纠察队。

11 月 12 日，共青团潮阳支部成立。

12 月，中共潮阳县第一个支部在潮阳国民党党部（今潮阳区文光街道）秘密建立，隶属中共潮梅特委领导，书记文农。

1926 年

1 月，广东省农协会在汕头建立了潮梅海陆丰办事处，主任彭湃，书记王寿征，辖潮梅、海陆丰地区 17 个县和汕头市郊。

2 月，潮梅海陆丰办事处委任几位潮阳农民运动特派员。根据省农会扩大会议决定和周恩来关于取缔假农会的通令，整顿发展农会组织。彭湃也多次到潮阳指导。全县乡村相继建立 140 多个农会组织。

秋，在潮阳县城召开全县农民代表大会，成立农协会筹委会。12 月在县城召开全县农民代表大会，正式成立潮阳农民协会。在县城陈氏祖祠设立农民自卫军总部，成立农军大队，上级党组织派黄埔军校毕业生钟鼓任大队长。

是年夏至 1927 年 4 月，中共潮阳组织领导工农会等革命群众组织举行罢工、罢市。

是年，旅暹侨领陈耀衢、马元利代表旅暹侨领向广东国民政府捐献水上飞机一架，并派 3 名飞行员支援北伐战争。潮籍华侨支援民主革命竭尽全力，孙中山先生称赞"华侨是革命之母"。

1927 年

1 月，中共潮阳县部委会在棉城大盐巷尾同善社乾坛楼秘密成立，书记文农。时全县党员 40 多人，部委机关初设棉城文祠，后迁石狮巷。

4 月 12 日，蒋介石在上海发动反革命政变，潮汕各县的革命团体也受到国民党的查封，很多共产党员和进步人士遭受捕杀。

4 月中下旬，潮阳县城及沙陇、达濠、海门、深溪、玉窖等地先后举行武装暴动。

5 月初，国民党第 20 师第一补充团第 2 连又进驻潮阳，与潮普惠保安队配合，"清乡""清共"，捕杀共产党员、工农会干部，白色恐怖笼罩了潮阳。

5 月中旬，各地武装暴动渐趋失败，中共东江特委把党的负责人和农军精锐集中到陆丰县新田，召开会议，把 1000 多人的农工队伍组建为"惠潮梅农工救党军"。后队伍北上武汉找中共中央和国民政府，一路受国民党反动军队追击围剿。

秋，潮阳二区（海门）、三区（河浦）秘密联合，建立 200 多人的武装队伍，经常活动于海门的外四乡和河浦一带，在反屠杀的战斗中，击毙国民党军警，缴获枪支。

8 月 1 日，"八一"南昌起义后，起义部队挥师南下广东。原汕头地委委员杨石魂与潮阳部委负责人林国英于武汉接受彭湃的指示，分别回到汕头和潮阳，组织武装暴动。

9 月 24 日，南昌起义军进抵潮汕后，汕头迅速建立了工农政权——革命委员会。英、日、美、法等帝国主义调集军舰帮助运载国民党军队向汕头登陆反扑。同时受广东军阀陈济棠部队的攻击，9 月 30 日潮州失守，汕头市失去依托。以周恩来为书记的起义军前敌委员会和汕头市革命委员会领导当晚果断决定撤离汕头，转战海陆丰，取道潮阳县境。因南昌起义军在汕头前后达 7 天，史称"潮汕七日红"。

1928 年

1 月 2 日，潮阳县在省委巡视员叶浩秀的指导下，在大南山的圆山乡召开了潮阳第一次中共党员代表大会，有 32 名党员代表参加了会议。组建了 13 人的中共潮阳县委员会。

根据香港联席会议的决定，中共潮阳县委将聚集于大南山的农民自卫军 80 多人正式建立为广东工农革命军第 3 独立团。

2 月 14 日，徐向前率领红军同大南山农民自卫军和赤卫队一起攻打惠来县城，国民党反动派黄旭初等部队拼命反扑，在激战中，徐向前腿部负伤。济美村地下党支部护送徐向前到雷岭尖石洞疗伤18个昼夜，使其康复。该洞命名"革命石洞"。

2月27日，中共潮阳县委公开发表了《中共潮阳县委号召全县工农兵大暴动宣言》，次日，潮阳第3独立团也印发了《全潮阳大暴动告工农兄弟书》，号召工农起来暴动，打倒国民党反动派。

3月27日，海陆丰苏区和红军第2、4师由于国民党反动派不断加紧围剿，敌众我寡，在彭湃、董朗、叶镛、徐向前、颜昌颐的率领下，东江特委机关和红2、4师被迫从海陆丰转移到大南山。

4月中旬，东江特委书记彭湃带3名身手不凡的红军，乔装农民，夜登小北山"老虎洞"，与杨振世、许继春、许春荣、邱金春秘密会晤，为创建海陆丰小北山革命根据地播下火种。

11月7日，中共潮阳县委在大南山的林招乡（今潮南区红场镇）召开全县农民代表大会，成立县农会。

1929 年

1月，陈开芹担任潮阳县委书记。县委机关从大南山的牛角丘迁至今潮阳区和平乡，开展平原党组织的恢复发展和农会活动。

6月1日，中共东江特委副书记方汝辑和特委秘书处秘书方其颐赴省委汇报请示工作，途经潮阳和平被捕。潮阳县委立即组织营救，调动各区农民武装共160多人夜间攻城劫狱，营救未遂。7日早两人遭杀害。

6月，中共潮阳县委发起成立中共南山临时军事委员会，统一大南山三县革命武装力量的调度指挥。相继两次打败了进犯之敌。

秋，为开展白区工作，中共潮阳县委机关秘密转移到今潮阳区和平港尾村，恢复平原地区党的组织建设和活动。

秋，潮阳县四区（今潮阳区和平镇），在东江特委委员、潮阳县常委、县农协会主席、四区区委书记马英俊的领导下，组织群众开展抗旱、抗租、抗债、抗收水费的斗争，深入开展土地革命。

10月20日，在中共东江特委常委林国英指导下，中共潮阳县委在大南山召开了第三次扩大会议，改组县委和部署新的斗争。

1930 年

1月17日，中共潮阳县委书记李绍发，东江特委委员马英俊在和平里美地下交通站开会，遭叛徒暗算遇难牺牲。

6月，中共潮阳县委在林招乡成立了潮阳县革命委员会，潮普惠三县的党组织已在大南山上各自建立了革命据点，形成了东江地区的一个重要革命根据地。

9月，在出身潮阳区海门洪洞村、二区区委书记李求的领导下，实现彭湃嘱托，农运兴起，该村率先为海陆丰大南山革命根据地输送红军15名，外四乡湖边等村先后共输送红军48名。

10月下旬，中共中央委员邓发和广东省委常委、组织部长李富春来到东江特委所在地大南山，于11月1日在大溪坝村余氏祖祠主持召开了闽粤赣边区第一次党代会。会议决定成立中共闽粤赣边苏区特别委员会，成立在特委领导下的西南分委（辖潮普惠揭、海陆丰、紫金7县）和西北分委（辖兴梅7县）。

11月中旬，中共潮普惠县委在大溪坝村石狮埔召开了全县工农兵代表大会，成立了潮普惠县苏维埃政府。随后有7个区分别召开工农兵代表大会，成立了区苏维埃政府。

11月20日，苏区召开潮普惠团员代表大会，成立共青团潮普惠县委。

是年，中共潮普惠县委加强对苏区外围平原地区的工作，在

500 多个赤色乡村中建立了农会和互济会，配合苏区根据地的斗争。

年底，为纪念潮普惠苏维埃政府的成立，革命石匠翁千（今潮南区成田镇后坪村人）在石狮埔的大石上錾刻"潮普惠工农兵第一次代表大会万岁"等 4 条大字标语。此后，在纵横数十里的潮普惠主要山路边錾刻 36 块石、57 条、467 个字的大标语，成为广东省文物保护单位。

1931 年

春，根据中共中央六届四中全会制定的《土地政纲》、东江特委的《关于没收分配土地问题的决议》等政策原则，潮普惠县委和县苏维埃政府成立土地委员会，实行土地革命。

东江特委于 1931 年春，任命广东省农运特派员梁良萼等担任揭阳县委书记，他率委员陈达、叶静山于危难中赴任，把县委机关设于潮普揭三县交界处的今潮阳区金灶镇徐厝寮、官母坑、外美村。

3 月 23 日，红军 1、2 团联合地方武装袭击驻扎于普宁流沙的国民党部队。

5 月 18 日至 20 日，中共广东省委派军委负责人徐德到大南山召开东江特委扩大会议，传达中共六届四中全会精神和广东省委的指示。会议贯彻"左"倾路线，宣布取消中共西北、西南分委，恢复中共东江特委，由徐国声任书记，由省委直接领导。并决定停止潮普惠县委工作，由东江特委直接领导所属区委。

是年，潮普惠县委和苏区政府在飞鹅山下平整了广场，建起戏台、球场、秋千场，并由石匠翁千在巨石上錾刻"巩固苏维埃政权"标语，还凿了 16 级台阶通往巨石顶部，成为阅兵台。东江特委书记徐国声把这里命名为"红场"。

是年春，彭湃的伴侣许玉磬（庆）当选中共东江特委委员，负责妇女工作，她来往于潮普惠边界山区，发动群众开展武装斗争。1932年2月，由于叛徒告密，被国民党反动派杀害。

是年，王明"左"倾路线在党内占统治地位，中共广东省委于5月、6月先后派军委负责人徐德和袁策夷到大南山贯彻"左"倾路线，开展所谓肃反和反"AB团"，大南山苏区被错杀的党政军干部和红军战士达500人。

二、抗日战争时期（1931.9—1945.8）

1931 年

9月18日深夜，日本帝国主义悍然向中国东北驻军发动进攻，东北三省沦陷，成立伪满洲国，而蒋介石在日本大举侵略面前一再退却。"九一八"事变爆发，潮阳东山中学率先成立了"学生抗日救国会"，全县城乡都相继成立了抗日联合会，并组织抗日罢课和示威游行，查禁日货。

1932 年

3月，国民党第3军军长张扬敬指挥5个师1.5万多人，大规模进攻东江革命根据地，重点为潮普惠的大南山、小北山。

3月25日，国民党第3军的独立第2师师长张瑞贵率领3个团和潮普惠三县警卫队，围剿大南山苏区，实行"移民"和"三光"政策。至4月中旬，大南山、小北山区被烧毁30多个乡村，被驱赶逃离山区的群众死伤不计其数。

4月15日，国民党军队退驻大南山、小北山周围，实行封锁，并继续组织进山搜索。

4月18日，东江特委在大南山召开有潮普惠、揭阳、陆惠、海陆紫、潮澄饶等地30多名代表参加的扩大会议，部署冲破国民党军队的"围剿"和度春荒，还改组中共东江特委，选举李茂崇任特委书记。会议决定停止错误的肃反斗争，并为受处理的同志撤销处分。

10 月 8 日，国民党反动派团长何宝书率部围剿徐厝寮、官母坑、外美等小北山革命根据地，中共揭阳县委与红军、赤卫队、村民同仇敌忾，全民皆兵、敌军溃退，何宝书险些丧命。

1933 年

1 月 10 日，李茂崇主持召开了中共东江特委扩大会议，从中央苏区回来的特委委员徐国声传达中央指示精神，决定在非苏区扩大红军，改组南山军委，调整特委领导成员，撤去袁策夷特委常委职务，原南山特区改为县，中共潮普惠县委改为中共潮普惠工委。

国民党反动派残酷围剿捕杀，革命力量遭受了严重损失。至 1933 年初，全县 700 多名党员锐减为 100 多名；常备赤卫队和第 1、3 游击大队损失三分之二以上力量；至 4 月底，原来有 5 万多人口的南山苏区仅剩 700 多人。

2 月，潮普揭县委会改为工作委员会，机关仍设于徐厝寮、官母坑、外美村，书记张锄。

6 月 19 日，国民党反动派为巩固对大南山、小北山的统治，在林招乡设立了"南山移垦委员会"，张瑞贵兼任委员长。

8 月 20 日，中共特委召开全体会议，发展兵员，增强武装，继续斗争。至 10 月，红军队伍又发展到 300 多人，经中央批准东江特委决定把原来的武装队伍改编为东江游击总队。

1934 年

年初，古大存调任东江特委政治保卫局局长，游击总队改为红 2 团，由卢笃茂任团长，在大南山及潮普揭一带开展游击斗争。卢笃茂率部转战原揭阳辖区（今潮阳区金灶镇）小北山。他 6 月 12 日被困五华、揭阳交界的胡头山，后负伤被捕（1935 年在广州就义）。

4月，潮阳区金灶镇外美、徐寮、官坑、下寮、高斗、乐安等6村的农民自卫军配合红军反"围剿"的血战，两位红军战士为了掩护群众，壮烈牺牲。村民流离失所，逃往他乡，许多成为绝户。这两位英雄和本地及外省籍红军共17位英烈长眠于小北山革命烈士纪念碑下。

年底，古大存主持召开中共东江特委第五次党代会，部署转入秘密斗争和安排特委领导人，决定把部队和地方武装整编成东江游击队。

1935 年

4月，国民党第3军第9师邓龙光围剿大南山、小北山，使尚留大南山、小北山一带坚持斗争的中共东江特委与群众陷入艰险处境。

5月，古大存在大南山西部的大溜山山洞中召开东江特委最后一次会议，决定部队和所有干部分成16个游击小组冲出重围分散打游击。

6月，古大存率特委保卫队17人从大南山冲出重围，转移到丰顺、大埔一带坚持斗争。

秋，敌军压境，潮阳小北山革命根据地乡村丧失，形势逆转，游击队分散活动，革命者有的被杀、被捕，革命转入低潮。

10月1日，国民党政府在大南山成立"南山管理局"。至此，坚持斗争长达8年之久的潮普惠大南山革命根据地丧失，革命转入低潮。

1936 年

9月，中共南方临时工作委员会在香港成立。10月，南方临时工委派李平到汕头恢复发展党的组织，开展抗日救亡斗争。12月，华南抗日义勇军潮汕大队在汕头市成立，并在潮汕各县发展义勇军队员。

1936 至 1937 年 7 月初，潮阳的革命斗争处于低潮，隐蔽中的中共党员、共青团员在失去组织联系的情况下，仍坚持隐蔽斗争。与青年学生的抗日运动相结合，积极组织革命群众开展抗日救亡斗争。

1937 年

7 月，"七·七"事变爆发，中共韩江工委和汕头市工委加强对潮汕抗日救亡的部署，先后调派一批党员骨干分别到潮汕各地开展工作。

8 月 13 日，汕头市的抗日救亡团体在中共汕头市工作委员会的秘密组织下，联合成立了具有合法地位的抗日组织——汕头青年救亡同志会（简称"汕青救"），并借助国民党军队的力量，组建"汕青救"随军工作队到潮汕各县建立基层"青救会"。

8 月下旬，中共汕头市工委调派共产党员王波（王孟泽）到潮阳加强"青救会"的组织领导工作。

9 月上旬，南山青年进德会骨干钟萍洲与汕头青救会联系后取得中共韩江工委指导，利用其在南山管理局合法身份，争取社会各界支持，建立了南山青年救亡同志会，积极开展抗日活动。

10 月，中共韩江工委潮汕分委派共产党员张鸿飞从汕头回潮阳赤寮发展党组织和开展抗日救亡活动。

11 月间，中共韩江工委调派从北平回潮汕的共产党员吴英（吴师光）和"汕青救"戏剧演出队的马毅友到潮阳和平里美乡开展工作。年底，刚从泰国回到汕头的共产党员姚念经组织安排到井都开展抗日救亡活动。

1938 年

1 月 18 日，"汕头青年救亡同志会"改名为"汕头青年抗敌同志会"，随后在潮阳、大南山各地"青救会"均改名为"青抗会"。

春，汕头市大中中学恐汕头市沦陷而迁至潮阳铜盂乡，在中共潮阳组织的指导帮助下，于潮阳县城召开了各中学学生代表座谈会。会议决定并成立了潮阳学生联合会，全县各地小学普遍成立了少工队，形成了一支数千人的少年抗日救亡宣传队伍。

3月，经潮汕中心县委批准，中共潮阳县中心区委在和平里美下寨乡校成立，在下寨乡校召开潮阳各地青抗会代表会议，决定成立"潮阳青抗会巡视团"，指导全县城乡青抗工作。

4月至6月，潮阳各地基层党组织陆续建立。

同月，中共潮汕中心县委派汕头青抗会创始人之一、共产党员王勐到潮阳，担任中共潮阳中心区委妇女委员。至1939年上半年，潮阳妇抗会会员发展到1200多人，成为潮阳抗日救亡运动一支重要力量。

7月，潮阳中心区委改为中共潮阳县工作委员会，隶属潮汕中心县委领导。机关仍设于和平里美下寨乡校。

10月中旬，中共闽西南潮梅特委书记方方到潮汕地区巡视和部署战时准备工作。中共潮汕中心县委在澄海县第四区岐山乡召开了执委扩大会议，方方传达中共中央关于"华南工作一切为着准备抗日游击战争"的指示，要求尽快在桑浦山、凤凰山、大南山、潮梅边界山区建立巩固抗日游击支点。

同月，中共潮汕中心县委决定以普宁工委为基础，成立潮汕中心县委领导下的潮（阳）普（宁）惠（来）南（山）分委。会后，方方到今潮阳区和平里美下寨乡，主持成立潮普惠南分委。

冬，广东省第八区（即潮普惠揭地区）民众抗日自卫团统率委员会改组为广东省第八区抗日游击区司令部，翁照垣任司令。中共潮普惠南分委促成翁照垣向各县派出战备"督导队"。

1939 年

年初，成立中共南山特区工作委员会，隶属潮普惠南分委领导，机关设于两英古厝公学。

2月，成立中共潮普边区委员会。

3月，潮阳县城各界召开国际妇女节纪念大会，会后上街宣传游行。

同月，中共潮普惠南分委通过抗战工作，发动成立暹罗华侨青年抗日同志会农村工作队。宣传抗日，募捐支前。

4月下旬，日本飞机经常轰炸潮汕沿海地带，日本军舰常在海门港外游弋封港，不准渔民出海捕鱼。

6月21日，汕头沦陷，日本侵略军登陆达濠岛，日机轰炸潮阳县城，下旬，澄海和潮州等地也相继被日军侵占。

同月，县城青、妇抗会基干队与达濠青抗会基干队联合，组成潮阳战时工作队，在县城、海门、大南山周围乡村开展抗日救亡。

7月，撤销中共潮普惠南分委，成立中共潮普惠揭中心县委，直属中共闽西南潮梅特委领导。潮普边区委改为中共潮普北边区委，潮普惠揭中心县委将南山特区工委改为中共潮普南边区委，直接受中心县委领导。

是年，国民党当局强令解散青抗会，各区、乡（镇）青抗会和妇抗会在中共潮阳县工委领导下转入地下活动。

1938年上半年开始至1939年底，中共潮阳县工委和潮普南、北边区委按照上级的部署，在党内开展教育运动，加强党的思想建设。

1940 年

2月，潮普惠揭中心县委抽调吴英、马毅友等人组成秘密武装小组，以南阳山樟树仔为立足点，开辟抗日游击据点。6月间，与黄玉屏带领的由汕青抗游击大队部分骨干组成的武装小组合并为潮普惠南武装小组。

4月，随着国民党反动派制造的反共事件的连续发生，形势逆转，潮阳和大南山党组织被迫从公开抗日救亡逐步转入地下斗争。中共潮普惠揭中心县委改组为潮普惠县委和揭阳县工委。潮普惠县委领导的潮属党组织有：潮阳县工委、潮普南边区委、潮普北边区委。潮阳县工委机关隐蔽于和平里下寨乡校和七区的神山乡等地。1940年9月，中共潮普惠县委决定把潮普北边区委辖下的潮属地区党组织与北边区委分开，成立潮阳县六区委员会，归属潮阳县工委领导。

4月、5月，潮阳县工委机关从和平乡校转移到井都神山上头仔村。

上半年，中共潮阳县组织全部转入地下斗争，领导机关转移到农村。有部分党员打入国民党的机关部门，以公开合法的形式坚持斗争。

7月下旬，在中共潮普惠南中心县委军事部部长张鸿飞领导下，南阳山武装小组骨干马毅友、黄玉屏等10人组成征枪行动小组，征得第六区（谷饶）大坑乡豪绅枪支弹药一批。

8月10日，日军登陆海门抢掠，后撤退。

11月，中共南方工作委员会（简称"南委"）成立，书记方方，机关设于大埔县。潮梅、闽西、闽南党分别成立特委，由南委直接领导。

12月，中共潮梅党组织代表会议在揭阳水流埔召开，传达南委有关决定：成立中共潮梅特区临时委员会（1941年改为中共潮梅特区委员会）。撤销中共潮普惠县委，成立由潮梅特委直接领导的中共潮惠南（山）县委会。下辖潮阳四区委员会、潮阳六区委员会、两英总支部和惠来总支部，以及潮惠南其他地区的各个支部。潮惠南县委成立后，县工委和潮普南边区委相应撤销。

1941 年

1 月，中共潮阳县地下党大量印发关于皖南事变的"快邮代电"，张贴声讨国民党蒋介石反动暴行标语。

3 月 24 日夜，日军板口大队步骑兵 2000 余人，在飞机掩护下，自达濠经河浦鸡心石、马滘和海门进犯潮阳县城，次日县城沦陷。日伪潮阳县政府自达濠迁县城。中华民国潮阳县政府、国民党潮阳县党部内迁庐岗，后迁港头，鹤洋等地。自此，和平桥东侧为沦陷区，西侧为后方区。

3 月 25 日，日军侵占海门后，经常过海侵扰井都古埕乡，抢掠财物，开枪滥杀群众无数。古埕人民，在乡长、原青抗会负责人姚俊崖等人的组织下，迅速组建一支抗日保乡队，开展抗日自卫还击战，多次击退日、伪，打死打伤日军多名，智取日兵枪支，活捉日本兵。

同月 10 日晚，内峑沦陷，日军焚屋六七十间，杀村民数十。11 日日机轰炸谷饶、仙陂、内峑、桑田、华阳，落弹 200 余枚。14 日轰炸关埠。

6 月 22 日，日军驻扰海门。

夏末，日伪军数百人进犯古埕，保乡队和乡民 1000 余人，手持刀械，于沿海岸堵击，消灭了一些日兵，但队员和乡民伤亡惨重。同年 11 月，日伪军先后三次洗劫烧杀古埕乡。

7 月 20 日，日伪军分水、陆两路进犯和平、成田、溪头、河陇，县长沈梓鹏指挥防军团队应战，次日尽复失地。是役，日伪伤亡数十。和平乡被日伪焚掠，毁屋 30 余间，死 7 人。同月 30 日，日军搜刮县城物资运往海门转汕头。

8 月 1 日，海门、县城日军撤走，只存少数伪军驻扎。2 日，国民党军推进城郊。

9 月，中共南委指示各地党组织实行特派员领导体制。中共潮梅各级党组织均由集体领导的党委负责制改为个人负责的特派员制，并实行单线联系，不开会议。

冬，小北山两侧竹林等乡村先后办起 7 个拳馆，入拳馆青年 300 多名，为建立抗日地下游击小组做准备。

1940 年下半年至 1941 年底，党组织先后开辟了田心、华林、磨洋、溪头、洋汾陈和金浦等学校阵地，吸收新党员，并建立了南阳、两英的新厝仔等农村党支部和神山、南阳上乡等学校党支部。

1942 年

2 月 14 日，日军攻陷香港并侵犯越、泰、马、新等地，侨胞纷纷取道归国。

4 月 13 日，日机轰炸第六区华美乡，炸死村民 12 人，炸毁祠堂、厝屋等四座。

5 月 26 日，中共南方工作委员会组织部长郭潜被捕后叛变，并于 6 月为国民党特务带路，查抄了驻大埔县高陂镇大埔角的"南委"机关，逮捕了南委副书记张文彬、宣传部长涂振农等，史称"南委事件"。南委书记方方及其他同志由于及时转移才幸免于难。

6 月 8 日，已获悉南委事件的周恩来及时向中共南委书记方方电示六点应变措施，但因南委电台受特务袭击而转移，方方未获此电。

8 月，为避免受牵连破坏，中共潮梅特派员林美南派普宁县特派员吴南生回潮阳，负责掩护南委和潮梅特委领导的安全转移。陈勉之于 8 月抵重庆向中央南方局书记周恩来及组织部长孔源汇报，周恩来指示南委、潮梅特委应坚决执行"荫蔽精干，长期埋伏，积蓄力量，以待时机"的方针。

9 月初，陈勉之返抵揭阳向中共潮梅特派员林美南和李平汇报，并通过林美南向南委书记方方传达了周恩来的指示精神。方方在贯彻执行南方局指示时，结合潮梅地区的情况提出了具体要求。

9月，中共潮普惠等县党组织负责人罗天先后到潮阳陈禾陂、上练公学和潮阳县城，分别向中共潮惠南特派员传达上级关于对"南委事件"作出的决定和指示，强调暂时停止党的组织活动。此后至1944年10月恢复党组织活动的两年间，不少社会进步人士和知情群众，主动接济，帮助渡过难关。

1943 年

9月，日军多次窜抵今潮阳区西胪烧杀抢掠，自卫队队长陈邦宪带领乡民奋起反抗，多次击退日伪军的进犯。

12月26日西胪军民袭击桑田日军据点，据点日军仓惶逃窜。28日，日军反攻西胪，被击败。

是年，海门港被日军封锁，渔船被烧毁，渔民被禁止捕捞作业。

1944 年

1月23—25日，日兵两次窜犯西胪，被西胪自卫队击退。

3月26日，日军犯竹林不逞。30日午夜，驻军186师557团与西胪自卫队和群众1000多人，分水陆两路夹击桑田日军，获大胜，晨7时返防。

5月15日凌晨，日伪纠集200多人兵分两路再袭西胪，被驻军和东凤自卫队阻击。西胪民众和当地驻军把这股进犯之敌围歼于塭田烂泥之中。是役共毙日军官兵49名、伪军100多名，俘获伪兵5名和枪支弹药一批。史称"西胪抗日自卫反击战"。

8月6日，日军暗经孤坑山小径，围袭第六区河陇村，被自卫队协同保安队击败。

秋，日军北撤南窜，犯潮汕内地。

11月，中共潮梅特委在揭阳组织处决了叛徒姚铎（原南委秘书长，在重庆叛变），使潮梅闽西南党组织避免了一次大的破坏。

12月12日至31日，日军数次进犯第八区虎山、泉塘、店后山，西胪自卫队抗击日军多次，互有伤亡，西胪等乡寨遭日军劫掠焚毁。西胪自卫队队长陈邦宪率队转移赤寮深洋，征集附近各乡300多人，成立潮阳县国民兵团独立大队，守乡杀敌。

年底，中共潮惠南党组织依照潮梅党组织指示，恢复金浦党组织的联系点，逐级审查，恢复党员的组织关系，复建农村党支部。

1945 年

年初，中共潮阳县党组织根据上级指示，以农村党支部为核心，于和平、两英等地秘密组织20多个抗日游击小组，先后发动50多人到普宁县的牛血坑秘密参加潮汕人民抗日游击队。

2月22日，占据沙陇的日军200余人，经风吹寮窜犯鹤洋，遭县政警大队阻击；同日，两英被日军侵占；24日，日军窜犯径头村，被村民及西胪自卫队击退；26日晨，日军坂本部及伪军100余人，潜袭南阳三尖山，陈邦宪带领独立大队与敌激战，毙敌指挥官。

2月，经中共潮惠南党组织批准，派党员钟震，打进钟廷中便衣队，后翁照垣（潮普惠南抗日自卫队团总指挥）联系便衣队，遂派代表与潮汕抗日游击队会商，合组广东省第八区民众抗日自卫团指挥部南山第1中队。

3月9日，党领导的潮汕人民抗日游击队于普宁的白暮洋村正式成立。

3月11日晚，游击队开赴大南山的锡坑，后在大窝村建立了司令部、后方办事处和党务工作委员会，设置了宣传、民运、后勤等工作机构。13日，向社会公开发布《潮汕人民抗日游击队成立宣言》。

3月，潮普惠地区全面恢复党的组织活动，中共潮普惠县委建立，书记林川。潮阳各区党组织恢复特派员制。青抗会、妇抗会也随着恢复，并成立潮阳县青抗会领导小组，筹募钱粮、武器、收集情报等，支援游击队。

4月，潮阳抗日武装小组成立，由潮惠南党组织直接领导。

5月下旬，潮汕人民抗日游击队发展至500多人，扩编为两个大队和一个警卫连。

6月初，中共潮梅特派员林美南在大南山游击根据地的普宁陂沟村召开会议，决定把潮汕人民抗日游击队扩编为广东人民抗日游击队韩江纵队。会后，又决定把潮普惠南方面的抗日游击队伍整编为韩江纵队第2支队。

6月下旬，潮汕人民抗日游击队潮普惠南方面的武装队伍，到普宁泥沟村集中整编，韩江纵队第2支队宣布正式成立。

8月14日，日本宣布无条件投降。次日晚，贵屿、两英等乡镇师生举行大规模灯火炬游行，庆祝抗战胜利。

9月28日，日本第23军司令田中久一派代表富田直亮在汕头市签署了投降书。至此，潮汕人民的抗日斗争胜利结束。

三、解放战争时期（1945.8—1949.10）

1945 年

10月上旬，林美南到大南山锡坑召开潮普惠县委会议，潮普惠县委在潮阳下尾欧召开会议，贯彻锡坑会议精神，转变策略，在疏散隐蔽中坚持斗争。

11月，根据潮汕特委决定，建立中共潮阳县委员会，两英和惠来的党组织均属中共潮阳县委领导。

冬，国民党反动派大规模进行"清乡"。中共潮汕特委由张希非带领的短枪突击队隐蔽在潮阳，帮助开展反"清乡"斗争。

1946 年

上半年，潮汕国民党当局在广东省第五"清剿"区行政督察专员兼保安司令郑绍贤的指挥下，残酷"清乡"。在南山管理局所在地两英设立潮普惠南联防办事处，清剿共产党。

10 月，中共潮阳县委于铜盂下岐村召开各区负责人参加的整风会议，开展革命坚定性教育。

1947 年

年初，中共中央发出关于开展蒋管区农村游击战争的指示。中共广东区委在香港召开会议，决定发动群众开展反"三征"，要求逐步建立游击根据地。

5 月下旬，中共潮汕特委组织部长吴坚参加香港会议回来，和受命担任潮汕地委副书记刘向东到潮阳金浦，向中共潮汕地委书记曾广作会议精神的传达。他们研究恢复发展武装力量，开展公开武装斗争等问题。之后，曾广、吴坚先后上大北山开展组建武装队伍的工作。

6 月 7 日，根据中共潮汕特委的决定，特委直属武工队和普宁、潮阳武装经济工作小组及原韩江纵队部分军事骨干共 70 多人，在大北山天宝堂召开潮汕人民抗征队成立大会。司令员刘向东、政委曾广。下辖一个大队。

同月下旬，中共潮汕特委在大北山粗坑村召开特委扩大会议，传达贯彻了党中央和香港分局的指示，还宣布中共广东区委的决定：中共潮汕特委改为中共潮汕地委。

9 月 29 日，潮汕人民抗征队把原来的一个中队扩编为北山队和南山队。

1948 年

1 月，国民党第五区保安司令兼督察专员喻英奇在潮安召开

"剿共"会议，叫嚷要在一至三个月内"剿灭"大南山及大北山的抗征队和根据地。根据中共潮汕地委的指示，抗征队第3大队先发制人，组织队伍东征。

2月9日（除夕夜），小北山武工队在地下党的配合下夜袭潮阳县城警察，俘获警察3名，后教育释放。正在县城部署各县"戡乱"的喻英奇下令枪毙了这3名警察。

3月15日，喻英奇调动第五区保警第3大队协同汕警3个中队、惠来保警共三四百人，由林贤察指挥，分3路进攻大南山，中共抗征队第3大队同当地民兵伏击其1路后转移。

3月21日，小北山武工队、东区武工队统一行动，烧毁广汕公路的太和、和平、作新、西洋、溪尾、陈厝围等6座桥梁，使磊口至流沙段交通中断，军运停顿。喻英奇的第一次围剿宣告失败。

4月5日，喻英奇调动3个营1000多人，分3路进攻八乡山。中共抗征队第1大队组织群众坚壁清野，在1000多民兵配合下分路反击，抗征队第3大队出击大南山东区。经10天战斗，毙伤喻部110余人，粉碎其第二次围剿。

同月，中共潮汕地委根据中共香港分局的指示，设立中共潮普惠南分委，加强反"清剿"和发展平原游击斗争的领导。

同月13日，小北山武工队、东区武工队和抗征队第3大队短枪队袭击内輋、华阳乡公所，缴获枪支弹药一批，枪决内輋副乡长胡志壬。

同月15日夜，小北山武工队突袭关埠下底田赋谷仓，分散赋谷1000余石给贫苦农民度荒，并烧毁地税串册一大批。

7月20日，小北山武工队配合金浦地下党组织突袭金浦乡公所，缴获武器弹药一批。

8月，根据中共潮汕地委决定，撤销中共潮阳县委，建立中共潮惠南边县工委和中共小北山县工委。

是月，中共潮惠南边县工委成立，县工委组建了"四七"武工队。

同月中旬，潮汕人民抗征大队第2主力团第五大队马毅友部，沿华湖、田心等一带袭击敌人，粉碎了沙陇反动头子郑星企图建立联防的阴谋，使其无法进攻大南山。

同月下旬，根据潮汕地委决定，潮揭丰边县委领导的潮阳八区武工队合编入潮阳小北山武工队。

9月15日，中共两英党总支和四七武工队、抗征队第5大队在赵公卫（中共党员、南山管理局军事科长）配合下，乘夜突袭两英镇镇长黄应秋赌场，处决叛徒、南山管理局第三联防处主任兼刑警队长陈壬癸。

冬，四七武工队根据潮惠南边县工委指示，先后炸毁大南山边沿山区风吹、仙斗、圆山、鹤洋、胪岗等乡炮楼，以牵制国民党部队对大南山根据地的进剿。

1949 年

1月4日，小北山武工队袭击今潮阳区铜盂中练、下练田赋仓库，分粮给当地群众，并烧毁地税串册一批。

同月7日，小北山武工队突袭上练仙马田赋仓库，分粮2000石给当地群众。

同月，中国人民解放军闽粤赣边纵队在大埔县樟溪村成立，下辖5个支队，潮汕部队为第2支队（简称边纵2支），支队司令员刘向东，政委曾广，副司令员张希非。

2月，中共潮惠南边县工作委员会改建为中共惠潮县委。

根据中共潮汕地委和边纵2支队的部署，以大南山区华湖武工队，关外武工队和潮南武工队三支武工队为基础，扩编组建为边纵2支第11团。

3月初，小北山地区的武装队伍组建为边纵2支第12团。

5月6日，边纵主力部队东征，与潮汕2支队主力团配合，解放鲤湖、流沙，乘胜进攻陈店，守敌90多人投降，陈店解放。

同月8日，2支队第11团配合边纵主力和2支队第1团、第4团联合作战，解放两英。是役，全歼守敌一个大队260多人，缴获枪支弹药一批，活捉南山管理局局长林达。两英军管会成立。

同月中旬，喻英奇部2个营400多人，从县城经溪头，分成田、港头两路向边纵营地流汾水进攻。2支队第11团登上尖山、虎岗山歼敌，敌溃退。

中共小北山县工委在九区陈店陈厝围召开青妇工作会议，传达潮汕青妇工作联席会议精神，布置筹建新民主主义青年团、民主妇联、青联组织。

6月14日，2支队第11团配合2支队第1、3团包围了敌驻和平的保安团第2营，由于地下党及武工队事先策反，加上被我军重重围困，敌营长林运济率全营官兵150多人携械投诚。和平、峡山相继解放。

6月，中共潮汕地委决定小北山县工委和惠潮工委合并，组成中共潮阳县委。边纵2支队第11团、12团合编为第11团。

7月1日，中共潮阳县委会同2支队第11团在仙斗小学召开建党28周年纪念大会。既是祝捷大会，也是迎接全县解放的誓师大会。

7月5日，边纵2支队第1、3、4、5、9、11团共3000多人联合作战，解放谷饶。全歼守敌110多人，毙伤从县城前来增援的敌人60多人，活捉县保卫团第3营营长黄少初，缴获枪械及军用物资一批。

7月中旬，原属胡琏兵团18军11师的三个团由台湾窜入潮汕，准备接应胡琏残部。7月底，原驻江西瑞金一带的胡琏兵团残部及台湾新军进入潮阳县，占领县城及交通要冲，抓丁抢物，全县处于极端恐怖状态。

7月23日，原驻峡山的潮阳县保安团第2营第7连连长周礼，经2支队司令部情报科和中共峡山地下党教育、策反，率官兵65名往陈店投诚。

同月，沙陇、成田、简朴、华林、井都相继解放。

9月3日，为抗击胡琏兵团窜掠，武工队埋地雷炸毁广汕公路西洋桥上过桥敌军车一部。

9月20日，成立潮阳县迎军动员委员会，方维新等7人为委员。之后，各区政府做好迎接中国人民解放军南下部队的各项准备工作。

9月27日，胡链残兵200余人窜掠两英，占据新圩、老圩、金龙楼等高地。2支队第11团包围敌人。驻占陇胡军驰援，2支队11团8营3连予以阻击。但因我军力量薄弱，连长吴和等7人牺牲；副连长林佛带队撤入大南山。

9月底，100余名胡链残兵在第九区径口村包围成立不久的陈店民兵大队。民兵大队突围上山，大队长韩乌目等3人牺牲。

10月1日，中华人民共和国在北京宣告建立。中国人民解放军四野先遣部队五一支队南下进入潮汕。

9月底至10月初，中共潮汕地委召开扩大会议，部署配合南下大军作战，解放全潮汕和接管城镇等工作。尔后，中共潮阳县委吴扬在两英主持召开会议进行贯彻落实，研究设置接管城镇的工作机构和人事安排。

10月5日，根据华南分局的指示，闽粤赣边纵队在梅县研究决定由直属团和2、3、4支队解放潮汕的军事计划。

10月13日，闽粤赣边纵队、潮汕地委、南下工作团和支队领导人，在揭阳五经富召开军事会议，确定分两路军解放潮汕的战略部署：东路军为主力，以边纵和 2 支队 4 个团及暂编的 3 支队从揭阳解放区东进，解放揭阳、潮安、澄海，从北面包围汕头市，边纵 5 个直属团从揭阳直接东进汕头市；西路军为配合，由 2 支队 4 团、9 团、11 团从普宁东进，解放潮阳，配合东路军从南面包围汕头市。

10 月 19 日，西路军从普宁急速东进。流窜潮普一带的胡琏兵团残部从海上逃命。

10 月 20 日凌晨，闽粤赣边纵队西路军指挥员派出短枪队进入棉城镇，在当地党组织的配合下，控制电话通讯，查封国民党政府的机关单位。由于边纵 2 支特工科事先做好策反，是夜，国民党的潮阳警察局及县城自卫大队宣布起义。同日上午，中共潮阳县委及其机关，边纵 2 支 4 团、9 团和 11 团部队开进棉城镇，潮阳县城宣告解放。当日，潮阳军事管制委员会和潮阳县人民政府宣告成立。

20 日下午，2 支 11 团派一营配合 2 支 4 团、9 团挺进南塘、海门，追歼残敌。2 支 11 团侦察连与 2 支 9 团的一个连开赴礐石，国民党汕头警察局礐石分局的局长带 30 多名官兵宣布起义。

10 月 22 日，边纵 2 支部队乘胜追歼达濠、广澳一带残敌，部分敌人乘船从海上逃跑。至此，潮阳全境解放。

后记

　　本书的出版问世，得到国家、省、市老区建设促进会的关心指导，特别是区委、区政府的重视和支持。区有关部门和镇（街道）、村（居）的热情协助，提供校核史料，拍摄照片。揭阳市榕城区史志办提供史料，与潮南区老区建设促进会交流切磋。在本编委会的统一领导下，区老区建设促进会同仁通力协作，由郑会侠同志负责整理、撰写、总纂，林瑶钦、郭亨渠、郭义荣等老同志积极协助配合，如期完成了国家、省、市老区建设促进会交付的任务。借此机会，对潮阳区委、区政府及有关部门、镇（街道）、村（居）和为此书付出辛勤劳动的同志，表示深切的谢意。

　　本书的资料来源：分别于 1985 年、1990 年出版的《潮阳英烈传》第一、二辑，1987 年 9 月出版的《大南山苏区史料汇编》，1994 年 4 月出版的《潮汕百科全书》，1997 年 5 月出版的《潮阳县志》，1998 年出版的《中共潮汕地方史》，1999 年出版的《中国共产党广东地方史》，1999 年 12 月出版的《中共潮阳地方史》（新民主主义革命时期），2006 年 12 月出版的《汕头政区概览》，2008 年 2 月出版的《中共揭阳县地方史》，2010 年 10 月出版的《广东省汕头市革命遗迹》，2016 年 7 月出版的《红色家园巍巍大南山》，2017 年 6 月出版的《潮阳党史选编》等。

　　编纂《潮阳区革命老区发展史》是一项十分艰巨而繁重的任务，潮阳区在中华人民共和国成立后多次变更行政区划。地处潮普揭三市（县）交界结合部的金灶镇徐寮、官坑、外美、下寮、高斗、乐安等6村，是海陆丰小北山革命根据地的重要组成部分，中华人民共和国成立前隶属揭阳县管辖，中华人民共和国成立后划归潮阳金玉镇，致党史资料缺失，几经周折，深入调查、取证、核实，才形成此翔实的潮阳区革命老区发展史。本书经反复讨论、推敲和修改而写成，毕竟时间跨度较大，牵涉的事件、人物和问题较多，而且篇幅较长，编纂者囿于阅历，限于水平，时间仓促，难免会有疏漏之处，编委会以至诚之心，敬请诸位学者、广大读者批评指正。

汕头市潮阳区革命老区发展史编委会

汕头市潮阳区老区建设促进会

2018 年 12 月